최소한의 시민

최소한의 시민

뉴스에 진심인
사람들의
소셜 큐레이션 16

강남규
박권일
신혜림
이재훈
장혜영
정주식

디플롯

혼자였다면 무력해졌을 것이다. 세상이 던지는 의제들이 무겁고 무서워서 도망치고픈 고단한 개인에게 '최소한의 시민'이 될 용기를 주는 책. 대화를 통한 신뢰, 신뢰를 통한 대화의 선순환은 '저자-저자'에서 출발하여 '저자-독자'의 관계에서 증명되는 놀라운 솔루션이 될 것이다. 다정하고 용감했던 토론의 끝에서 지금 한국 사회가 가장 필요로 하는 대화의 시작을 기대해본다.

— 김소연(〈뉴닉〉 대표)

황폐해진 인터넷 담론장과 극심한 정치적 양극화로 건강한 공론장이 메말라버린 지금, 단비와도 같은 책. 각 분야에서 일가를 이룬 이 시대의 논객들이 한국 사회의 뜨거운 이슈들을 통찰력 있게 파헤치고 있다. 무거운 주제이나 경쾌한 문장 덕에 지루할 틈 없이 읽히는 것은 덤이다.

— 홍성수(숙명여자대학교 법학과 교수, 《말이 칼이 될 때》 저자)

이 책 자체가 숙의민주주의의 근사한 축소판이자 신선한 실험대다. 2년간 98번, 한국 사회의 뜨거운 현안을 쥐고 여섯 사람이 모였다. 승자와 패자를 가르는 토론 대신, 사유하고 연대하는 시민들의 협업으로서 토론을 이어갔다. 토론이 끝난 뒤, 각자의 방으로 돌아가 한층 다듬어지고 확장된 사유를 진득하게 써 내려갔다. 그렇게 응축한 토론의 핵심이 이 책 안에 16개의 키워드로 남았다. 그 결과, 극단으로 치닫는 말만 남은 공론장의 빈 곳을 메꿔줄 말들이 존재하게 되었다. 바로 효율지상주의 사회를 살아가는 우리가 빠뜨린 게 무엇인지 골똘히 들여다보는 시민의 언어다.

이 책에는 싸우기 위한 말이 아니라 연결하려는 말이 담겨 있다. 적대와 심판이 아닌, 존중과 평등을 회복시키는 말이다. 이 독서가 소비자주의에 갇힌 개인에게 정치적 주체로서의 자신을 맑게 비춰볼 하나의 거울이 되어주리라 확신한다. 이런 '최소한'을 발판 삼아 우리가 토론할 수 있다면 '다른 세상, 더 나은 세상, 몫 없는 자들의 몫을 찾는 세상'이 한 뼘 더 가까워질 것이다. 폐허가 된 공론장에서 제대로 된 언어를 찾아 헤매온 모든 동료 시민에게 권한다. 끊임없이 말을 걸어오는 여섯 필자의 치열한 생각을 읽으며 그들의 대화에 묵독으로 참여하는 경험부터가 쾌락이다. 이 책을 읽은 사람들과 밤새워 토론하고 싶다.

— 김인정(저널리스트, 《고통 구경하는 사회》 저자)

차례

'다른 의견'에서
'나의 의견'을 얻기까지

초등학교 3학년 때였나. 담임선생님이 대뜸 며칠 뒤 필통 검사를 하겠다고 말했다. 필통에는 반듯하게 깎인 연필 세 자루와 지우개가 들어 있어야 한다고 했다. 검사 날이 되었다. "왜 넌 연필 말고 볼펜을 들고 다니니?" 선생님의 꾸짖음이 좀 이상하다고 생각했다. "죄송해요"라고 반성한 나의 대답도 좀 이상했다. 그때였다. "왜 연필 세 자루여야 해요? 그게 왜 학생다운 거예요?" 선생님은 그 친구를 어이없다는 표정으로 쳐다봤다. 걔도 선생님을 빤히 쳐다봤다. 그때의 불편하고 긴 정적을 잊을 수가 없다. 난 걔가 좀 멋져서 작게 피식 웃었다. 별것 아닌 에피소드가 지금껏 기억에 진하게 남은 이유는 아마도 내가 마주했던 인생 최초의 **다른 의견**이었기 때문일 것이다.

자신의 의견을 밝히며 산다는 것. 그것은 결코 쉬운 일이 아니다. 요즘같이 복잡한 세상일수록 더 그렇다. 학생 인권이 없던 시절에 선생님은 누가 봐도 악인인 경우가 적지 않았는데, 지금은 내 친구가 선생님이 되어 학부모의 불합리한 민원으로 힘들어한다. 어떤 친구는 사장인데 월급쟁이만큼도 돈을 못 번다. 어떤 친구는 '갭투자'를 하고, 다른 어떤 친구는 전세 사기를 당한다. 많은 이가 노동자이자 동시에 투자자다. 사람들은 자유, 진보, 공정, 혐오와 같은 단어를 제각기 다른 개념으로 쓴다. 특정 개인이나 집단을 규정짓기도 규합하기도 점점 어려워지는 가운데, 정치는 평범한 시민의 삶과 자꾸만 동떨어져 간다. 이럴 때일수록 더욱 정치적으로 고민하고 말할 필요가 있다. 근데 말할 데가 없다. 일상에서 정치적인 대화는 꺼낼 생각도 않는 게 '국룰'이니까. 다른 의견을 공적으로 밝히면 언제, 어떻게 불이익을 당할지 모르니까.

고요해진 사회에 작은 파동을 일으키는 사람이 좋다. 여기 모인 멤버들은 내가 아는 한 그런 사람들이다. 서로를 잘 알지도 못했던 이들이 '토론의 즐거움'이라는 모임명 아래 매주 모여 정치 사회 현안에 대해 의견을 나눈 지 어느새 2년이 지났다. 많게는 띠동갑 이상의 차이가 나기도 하고 직업도, 출신 지역도, 가족 구성도 제각각이다. 소위 운동권이라고 할 만한 학창 시절을 보냈던 사람도 있고, 운동권이 무엇인지도 모른 채 졸업한 사람도 있다. 공통점이 있다면, 주류와는 조금 **다른 의견**을 각자의 스타일대로 밝히며 살아온 사람이라는 것이다.

이들이 내 어릴 적 '그 교실'에 있었다면 어땠을지 상상해본다. 강남규 어린이는 주목받는 걸 싫어한다. 하지만 필요하다고 느낄 땐 적극적으로 나서는 사람이기 때문에, 학생회 같은 공적인 경로를 통해 이후에 그런 요구가 다시 없어야 한다고 말했을 것 같다. 박권일 어린이는 '무논리'를 참지 못한다. 선생님의 논리 없음을 얄밉게 지적하다가 교무실에 불려가고 말았을 것 같다. 이재훈 어린이는 예의 바르지만 부조리를 보면 그냥 넘어가는 일이 없다. 그래서 박권일 어린이보다는 정중하지만 '얄짤 없는 노빠꾸' 스타일로 반발했을 것 같다. 정주식 어린이는 그냥 귀찮다는 듯 엎드려서 자거나 밖으로 나가서 교실에 나타나지 않았을지도 모른다. 장혜영 어린이는 정곡을 찌르는 질문을 가장 먼저 던졌던 그 친구였을 수 있다.

멤버들은 평소 사안마다 **시민으로서** 어떤 태도를 견지할 수 있을지, 다른 사람들과 어떤 관계를 맺으며 살아야 할지에 대해서 필요한 질문을 던지며 살아왔다. 나아가 그 고민을 과감히 더 많은 이들과 공유해서 같은 고민을 하고 있는 이들에게 '너만 고민하는 게 아니다'라는 감각을 깨워주려고 한다. 나는 이러한 삶의 방식에 공감해 모임에 합류했고, 주로 카메라 뒤에서 관찰자의 시선으로 대화를 지켜봐왔다. 멤버들은 대화를 나누며 서로의 의견을 덧대고, 받아치고, 때때로 헤매기도 했다. 사회를 바라보는 관점이 비슷한 편인 것 같다가도 묘하게 어긋나서 긴장감이 돈

적도 많았다. 가장 두근거릴 때는 멤버들이 서로 말을 얹는 과정에서 실시간으로 생각이 자라나고 성장하는 순간을 포착할 때다. 이러한 과정이 오롯이 담긴 성긴 토론문 전문을 별다른 편집 없이 매주 공개했다. 다른 사람들도 함께 더 많이, 더 거리낌없이 말하게 되기를 바랐기 때문이다.

이 책에 담은 글들은 그런 토론 뒤에 각자가 익혀낸 결과물이다. 'PC 논쟁' '문해력' '도파민 중독'과 같은 현대인의 커뮤니케이션 문제를 고찰하기도 했고, 〈더 글로리〉와 같이 대중적으로 큰 인기를 얻은 콘텐츠에서 '사적 복수'와 같은 문제적 키워드를 뽑아내 철학적 사고를 밀어붙이기도 했다. '소비자주의'와 같은 사회문제의 뿌리를 짚어보기도 했으며, '장애 담론' '기후위기' '혐오 정치'와 같은 큼직한 시대적 의제를 살피기도 했다. 답 없는 우울한 주제도 함께 모여 얘기하면 묘한 즐거움이 있었다. 밀린 잠 빚을 갚기 딱 좋은 토요일 오전에 지금껏 꾸준히 모여온 것이 그 증거다.

이 책을 어떤 사람들이 읽게 될까. 나 같은 사람이 읽었으면 좋겠다. 《자기 결정》을 쓴 페터 비에리Peter Bieri의 표현을 빌리자면, 갖가지 사회문제를 마주하면서 내 안에 소용돌이가 맴돌고 있음을 느끼는 사람, 삶의 내적 연출권을 놓치고 싶지 않은 사람이다. 나는 매주 토론을 관찰하며 머릿속 생각들을 펼치고 뭉쳐보고 있다. 그 과정에서 내 생각은 강화되기도 하고, 충돌하기도 하며, 수정되기도 하고, 때때로 반기를 든 덕분에 발명되기도 한다. 이전까지 토론은 내게 그저 '무서운 것'이었는데, 멤버들의 이야기를 듣다보면 나도 모르게 '최소한 이 의견만큼은 꼭 말하고 싶다'는 생각에 입이 씰룩거렸다. 그런 변화를 보며 멤버들도 즐거워했다. **최소한의 시민**이 탄생하는 순간이다. 아무리 기술이 진보하고 있다 하여도, AI가 절대 대신해줄 수 없는 한 가지가 바로 **다른 의견을 발명하고 밝히는 일**이다. 복잡한 시대에도 흔들리지 않을 '나의 의견'을 획득하고 싶다면 이 책이 도움을 줄 수 있을 것이다.

당신이 이 책의 모든 내용에 동의할 필요는 없다. 우리 함께 그저 소용돌이를 다스려보자. 그렇게 조금만 더, 능동적이고 중요한 개인이 되어보자.

신혜림

힘내는 게 너무 지겨운
문동은이 바라는 세상

사적 복수

정주식

정주식

저는 사람들이 진짜 바라는 게 뭔지 좀 헷갈려요. 〈더 글로리〉가 나오고 사람들이 공분하면서 문동은에 감정이입 하잖아요. 그래서 사람들이 바라는 것이 사적 복수를 통쾌하게 하는 것인가, 아니면 사적 복수가 필요 없는 세상을 만드는 것인가, 어느 쪽인가 하면 저는 전자라고 느껴지거든요.

강남규

그래도 다른 드라마에 비해서 〈더 글로리〉는 사적 복수의 테마를 되게 잘 풀어낸 거라고 생각해요. 모든 공적인 경로가 다 막힌 이후에 스토리가 시작되는 드라마이기 때문에 그런 점에서는 나름대로 영리하게 도덕적인 비판을 피해 가려고 했다라는 걸 알 수 있어요.

장혜영

저는 "문동은은 행복해질 수 있을까?"라는 질문을 계속하면서 작품을 봤던 것 같아요. 문동은은 '눈에는 눈 이에는 이'라는 얘기를 하는데 눈은 뭐고 이는 뭘까, 결국 고통이 아닐까. '고통에는 고통'이라는 복수의 세계관에서 최고의 '글로리'는 공멸이죠. 이 모든 복수의 과정을 통쾌하게 보고 있는 우리들은 마지막에 복수의 주체이자 도구인 문동은이 파멸하는 걸 보면서 어떤 마음을 갖게 될까.

박권일

고통 그 자체를 사람들이 즐기지 않게끔 하면서도 괴롭지만 피해자의 고통을 계속 느낄 수밖에 없게 만드는 그런 윤리, 즉 고통을 보여주는 윤리는 분명히 이 드라마에 있는 것 같고 일종의 미덕이라고 생각하고요. 반면에 사적 복수라는 측면으로 넘어가버리면 그때부터 이 드라마는 사실 별다른 도움이 되지 않는다고 생각합니다.

하마스는 따로 신병을 모집할 필요가 없다. 훈련도 필요 없다. 평범한 팔레스타인 소년이 복수revenge 기계가 되는 데는 그의 아버지가 이스라엘 군인들에게 굴욕당하는 현장을 목격하는 것으로 충분하다. 하마스의 공격에 친척을 잃은 이스라엘 소년의 마음에는 그들이 영원한 원수라는 믿음이 들어선다. 어린이들의 마음속 심연에 복수심이 이글거리는 이상 이 나라에 평화는 없다. 프랑스는 프로이센·프랑스전쟁 때 독일에 당한 패배를 갚아주기 위해 제1차 세계대전에 참전했다. 26년 뒤 독일은 이 전쟁의 패배를 되돌려주려고 제2차 세계대전을 일으켰다. 영국을 폭격한 나치 독일의 미사일 V-1은 '보복무기Vergeltungswaffe'의 약자였다. 21세기에 일어난 이라크전쟁과 아프간전쟁, 코소보학살 같은 참극들의 배후에는 복수심이 있다. 복수는 국가, 민족 단위에서만 작동하지 않는다. 박스 오피스 순위나 서점의 베스트셀러만

슬쩍 살펴봐도 사람들이 복수 이야기를 얼마나 좋아하는지 알 수 있다. 모든 집단과 집단 사이에, 개인과 개인 사이에, 인간이 있는 모든 곳에 복수는 피어난다.

2023년 상반기 대한민국은 한 인간의 장엄한 복수극에 빠졌다. 넷플릭스 드라마 〈더 글로리〉는 파트 1, 2 모두 세계 각국에서 인기 순위 1위를 휩쓸었다. 김은숙 작가는 "엄만 내가 맞고 오는 게 좋아, 때리고 오는 게 좋아?"라는 딸의 질문을 듣고 단숨에 스토리를 써내려갔다고 했다. 작가 본인의 가상 복수극인 셈이다. 작가만 문동은(송혜교 분)이 되었던 것이 아니다. 방영 직후 전국에서 학교폭력 피해자들의 폭로가 쏟아져 나왔다. 회를 거듭해 가해자들의 악행을 지켜보면서 시청자들은 더욱 강력한 복수를 주문했다. 그해 봄 우리는 모두 문동은이었다.

사람들에게 '사적 복수를 허용해야 하는가?'라고 건조하게 묻는다면 시원한 답이 돌아오지 않을 것이다. 우리는 원한을 청산할 권리를 정부에 일임한 사회에 살고 있다. 적어도 지각 있는 현대인이라면 사적 복수는 바람직하지 않다고 답할 것이다. 전근대사회에서도 복수는 오직 군주에게만 허락된 권리였다. 전제군주시대의 형벌은 범죄로 상처받은 군주의 권한을 회복하는 의식이었다. 가혹한 군주의 복수극은 18세기 형사사법체계의 개혁 이후 사라졌다. 사회계약을 통해 형벌의 목적이 응보주의적 **처벌**에서 교화를 통한 **회복**으로 옮겨가면서 사회는 개인에게 복수하지 않는다는 원칙이 확립된다.

그러나 여전히 많은 사람들이 통쾌한 사적 복수를 갈망한다. 〈더 글로리〉에서 문동은과 조력자들 사이의 어색한 관계를 묶어주는 건 복수심이다. 가정폭력에 시달리는 강현남(염혜란 분)은 문동은에게 남편을 살해해달라고 부탁하고, 주여정(이도현 분)은 아버지의 목숨을 뺏은 후 교도소라는 안식처에서 충분하지 않은 대가를 치르는 중인 강영천(이무생 분)의 숨통을 끊어버릴 날을 기다린다. 복수라는 감정이 화면 안에서는 문동은과 조력자들을, 화면 밖에서는 작가와 시청자를 연결하는 강력한 매개다.

복수의 특성 중 하나는 **자해성**이다. "복수의 여정에 오르기 전에 무덤부터 두 개 파둬라"는 일본 속담이 있다. 그러나 복수자들에게 이런 경고는 대개 무시된다. 원한을 가진 사람들은 복수의 이득이 전혀 예상되지 않는 상황에서도, 오히려 치명적 손해가 예상되는 상황에서도 복수를 꿈꾼다. 문동은이 가해자들을 모두 단죄한다고 해도 몸의 상처와 지나간 세월은 돌이킬 수 없다. 복수에 실패할 경우 목숨을 잃거나 오랜 세월을 감옥에서 보내야 할 위험도 있다. 그럼에도 주인공은 공멸의 복수를 꿈꾸고 시청자들은 그 감정을 타당한 것으로 여긴다. 인간은 왜 이런 일에 집착하는 걸까?

1968년 파푸아뉴기니에서 일곱 명의 광란증 환자와 면담한 정신과 의사는 그들의 정신 상태를 다음과 같이 요약했다.

나는 중요하거나 큰 사람이 아니다. 나는 단지 한 인간의 존엄성을 갖고 있다. 참을 수 없는 모욕으로 내 삶은 파탄에 이르렀다. 따라서 나는 모든 것을 잃고 목숨만 남았으나 이제 그것조차 무가치하므로 사랑받는 너의 목숨과 교환하고자 한다. 이 거래는 나에게 유리하므로 나는 너만 죽일 것이 아니라 너희들 가운데 여럿을 죽일 것이고, 그와 동시에 우리 집단에 속한 사람들이 보는 자리에서 나의 명예를 회복할 것이다. 그 과정에서 죽을 수도 있겠지만 신경 쓰지 않겠다.

이것은 가해자들을 향한 문동은의 감정이기도 하며 만국의 복수자들이 느끼는 공통의 감정이다. 복수자들이 원하는 것은 **죄와 벌의 거래를 통한 명예의 회복**이다. 진화심리학자 스티븐 핑커Steven Pinker는 인간의 억누를 수 없는 복수심을 둠스데이 머신Doomsday Machine에 비유했다. 둠스데이 머신은 상대가 나한테 핵미사일을 발사하면 자동으로 그를 향해 핵미사일로 반격하는 행동 프로그램이다. 내가 반드시 보복할 것이라는 믿음은 상대의 폭력을 억제하는 훌륭한 수단이 된다. 그런데 이 복수 기계는 일단 작동되면 무의미해진다. 상대국 사람들을 죽인다고 해서 우리나라 사람들이 살아나지는 않는다. 냉정하게 판단한다면 보복은 딱히 이득이 되지 않으므로 포기하는 편이 현명하다. 그러나 이런 생각이 바로 상대의 폭력을 부른다. 내가 복수하지 않을 것이라는 확신을 준다면 상대의 폭력은 더욱 과감해진다. 당하면 반드시 보복할 것이라는 신호를 주어야 한다. 상대가 복수의 결의를 믿게 하려면 우선 나부터 그렇게 믿어야 한다. 복수심은 인간의 원초적 감정으로 진화했다. 우리는 모두 문동은의 후예다.

폭력의 가해자들은 피해자의 복수심을 잘 이해하고 두려워한다. 영화 〈대부 2〉에서 시칠리아 마피아는 복수의 싹을 자르기 위해 자신들이 죽인 적의 어린 아들들을 찾아서 살해한다. 〈더 글로리〉에서 박연진(임지연 분) 일당은 수십 명의 급우 중 가장 복수의 가능성이 작아 보이는 피해자를 선택했다. 경제적으로 궁핍하고 부모의 돌봄도 기대할 수 없는 문동은이 최적의 개체다. 만약 문동은에게 만만치 않은 복수의 수단이 엿보였다면 가해자들은 안심하고 그의 몸에 고데기를 대지 못했을 것이다.

복수심의 속성을 깊이 이해할수록 그 필연성에 두 손을 들게 된다. 세계의 주요 종교들이 수천 년간 복수를 금지하고 인내와 용서를 가르쳤지만 복수심은 그대로 남아 있다. 우리는 언제든 버튼만 누르면 작동하는 잠재적 복수 기계인가. 복수심이 이토록 인간 내면에 깊이 자리한 감정이라면 공동체가 개인의 복수심을 어떻게 다뤄야 할지 난감하다. 하지만 이 감정을 그저 이해하는 수준에 멈춘다면 세상은 만성 분쟁 상태에 머물 것이다.

1682년과 1714년 사이 코르시카섬에서는 두 가문 사이의 유혈극이 벌어졌다. 각 가문의 엄마들은 아들에게 죽은 가족의 원수를 갚으라는 신성한 의무를 상기시켰다. 죽은 사람의 피 묻은 옷을 아들의 옷에 꿰매고, 망자의 유해를 놓고 복수의 노래를 불렀다. 인구 12만 명에 불과했던 이 섬에서 양측의 가혹한 복수로 2만 8천 명이 넘는 사람이 죽었다.

시칠리아, 사르데냐, 북아프리카 사막, 발칸반도, 서부개척시대의 미국, 봉건제 일본, 중세 아이슬란드, 고대 스코틀랜드 고지 등에서도 코르시카섬과 같은 복수의 잔혹극이 벌어졌다. 또 초원에서 유목 생활을 하는 목축 사회와 길거리 폭력배들의 사회 역시 복수의 의무를 구성원들에게 강요한다. 지리적으로 보면 공권력의 영향이 미치지 못하는 변경과 도서 지역 공동체가 복수를 통제하는 데 취약했다는 공통점이 발견된다. 우리 어머니들은 코르시카 어머니들처럼 앙갚음의 의무를 가르치지 않는다. 이처럼 복수가 사회적 조건에 따라 다르게 발현된다는 사실은 복수의 완충지대를 찾을 수 있다는 희망을 품게 한다. **왜 어떤 사회에서는 명예가 목숨처럼 강조되고, 어떤 사회는 그렇지 않은가?**

복수가 강조되는 사회들의 공통점은 공권력의 부재와 명예심의 강조다. 그렇다면 공권력 강화와 가해자 엄벌로 복수를 억제할 수 있지 않을까? 엄정한 공권력은 사적 복수를 억제하는 중요한 조건 중 하나다. 그러나 모두가 만족할 만한 복수의 대안이될 수는 없다. 현대 사법체계는 동해보복의 원칙('눈에는 눈, 이에는 이')을 포기했기 때문이다. 피해자가 원하는 방식과 정도의 처벌은 불가능하다. '부산 돌려차기 사건'*의 범인에게 돌려줄 수 있는 것 가운데 돌려차기는 없다. 피해자의 일상을 회복하는 길은 감옥 밖에서 찾아야 한다.

남는 것은 명예의 문제다. 니체는 "만약 원수가 명예를 훼손했다면, 복수로 그것을 복구할 수 있다. (…) 복수는 내가 원수를 두려워하지 않는다는 것을 증명하고, 거기서 비로소 합의와 조정이 의미를 가진다"고 말했다. 니체는 복수와 명예의 긴밀한 관계를 설명한다. 복수는 잃은 것 자체를 되돌릴 수 없지만, 상실한 명예는 회복할 수 있다. 모든 복수자는 명예의 세계에 산다. 명예를 인정받기 위해서는 명예를 가진 것처럼 행동해야 한다. 중세의 결투는 이런 속성이 잘 드러난다. 승패보다 중요한 것은 결투에 응했다는 사실 자체다. 그들은 목숨을 건 대결을 통해 자신이 명예를 가진 인간임을 주장한다. 명예의 세계에서 모욕을 참는다는 것은 명예를 갖지 못했다는 것을 인정하는 것과 같아서 실제 느끼는 모욕감과 별개로 결투를 신청해야 한다는 압박을 느낀다. 이 세계에서는 모루가 되지 않으려고 기꺼이 망치가 된다.

사회학자 피터 버거Peter Berger는 우리가 명예의 세계를 떠나 존엄의 세계로 옮겨왔다고 말한다. 그는 명예의 중요성을 평가절하하는 태도가 개인의 존엄성에 대한 깊은 관심과 동시에 나타났

---

*   2022년 5월 22일 부산광역시 부산진구 부전동의 한 오피스텔 공동현관에서 30대 남성 이현우가 일면식 없는 행인이었던 20대 여성을 폭행한 사건이다.

다는 데 주목한다. 명예가 사회질서 안에서 개인들이 갖는 위치 감각에 기반하고 있다면, 존엄은 사회적 역할 규범에서 벗어난 고유의 인간성과 관련되어 있다. 그것은 나에 대한 타인의 의견과 무관한 고유한 자아다. 버거는 도덕성의 방점이 명예에서 존엄으로의 옮겨진 것이 현대 사회의 특징이라고 설명한다.

드라마 속 문동은은 어떤 세계에 살고 있을까? 그는 결투를 신청하는 중세인의 모습으로 가해자들 앞에 나타난다. 그의 내면에 가득한 것은 모든 것을 잃어도 좋다는 결투자의 정열이다. 문동은의 상처를 본 뒤 사적 복수의 도우미가 되기로 결심하는 이들을 보라. 이 무기력한 사회는 핏빛 코르시카섬과 얼마나 다른가.

복수자들의 소망은 **인간다움의 재건**이다. 복수심에 불타는 사람을 돕는 최선은 복수를 하지 않아도 되는 삶을 제공하는 것이다. 부모의 보호도 없고, 가난과 폭력이 일상이었던 사람이라도 스스로 존엄을 느끼며 살 수 있다면 문동은에게 꼭 망치가 될 필요는 없다고 말해줄 것이다. 그에게는 더 나은 회복을, 조력자들에게는 더 나은 개입을 건넬 것이다. 명예의 세계에서는 복수가 명예를 회복하지만, 존엄의 세계에서는 복수가 존엄을 해치기 때문이다.

문동은은 인류사에 남을 복수 활극을 펼친다. 그러나 그 초인에게도 복수는 너무나 힘든 길이다. 시청자들은 문동은의 스펙터

클한 복수에 열광하지만 복수의 삶은 누구보다 그에게 가혹하다. 힘내라는 사람들의 위로에 그는 이렇게 답한다.

우리는 왜 매일 힘을 내야 하는 걸까?
힘내는 거 힘들어. 힘내는 거 너무 지겹다. 연진아.

문동은을 위한 세상은 그가 힘내지 않아도 되는 세상이다. 피해자 대신 공동체가 힘을 내는 세상이다. 하지만 그가 사는 공동체는 무기력하다. 이런 조건에서 복수에 성공할 수 있었던 문동은의 무기는 무엇이었을까? 교원 자격증, 괜찮은 외모, 바둑 실력? 아니다. 역설적이지만 인생을 건 복수에서 그가 정말로 기대고 있던 힘은 **공공의 도덕**이다. 그래도 세상 사람들이 선을 추구하고 악을 미워할 것이라는 믿음. 모든 진실이 드러났을 때 대중의 분노가 가해자들을 파멸시킬 것이라는 기대. 교사에게 외면받고 부모에게마저 버림받았지만, 끝까지 세상 사람들이 자신의 편이 될 것이라고 믿었다. 삶의 밑바닥에서도 놓지 않았던, 선한 사람이 더 많다는 순진한 믿음. 이 믿음은 가해자들도 공유한다. '그날의 일'이 널리 알려질수록 문동은의 편은 늘어나며 가해자는 궁지에 몰린다. 이것이 그의 복수가 성립되는 조건이다. 우리가 매일 인터넷 세계에서 마주하는 폭로자들의 기대이기도 하다. 이상하다. 많은 사람이 그토록 선을 추구하고 악을 미워한다면 문동은의 인생은 왜 그 모양이었단 말인가? 왜 다수의 선한 사람은 더 나은 세상을 만들지 못하는가? 이것이 복수를 응원하기 전에 먼저 마주해야 할 질문이 아닐까.

끊임없이 누르는 자,
끊임없이 치받는 자

꼰대론

이재훈

강남규

카페에 갔는데 나이 많으신 두세 분께서 세대론에 대한 얘기를 나누고 계신 거예요. 저를 옆에 앉혀놓고 "최근에 《90년생이 온다》를 읽었는데 90년대생들은 꼰대를 이렇게 싫어한다더라"며 "맞아 맞아"라면서 둘이 대화를 하셨어요. 그런데 단 한 번이라도 저한테 "90년대생들은 정말 그래?"라고 묻지 않았어요. 저는 병풍이었어요. 묻지 않고 듣지 않는다. 나는 다 알고 있다.

박권일

기자 하던 시절에 국회 출입할 때 국회의원 중에서 몇몇이 갑자기 반말을 하는 경우가 있었어요. 제가 어려 보인다는 이유만으로, 아니면 자기보다 당연히 어릴 것이라는 이유만으로 그냥 반말로 시작하는 일이 비일비재했어요. 저는 그런 얘기를 하면 웃다가도 갑자기 정색하면서 "언제 봤다고 반말이냐"고 대응을 했거든요.

이재훈

류호정 의원이 원피스를 입고 나왔을 때 온갖 지적들이 나왔는데, 그 거는 정말 상꼰대질이잖아요. 그런데 다른 한편으로는 먼저 태어난 세대들이 가지고 있는 축적된 경험과 지식들이 전수되어서는 안 되는 건지, 가르침을 주고받는 과정이 있어서는 안 되는 건지에 대한 질문 도 해봐야 할 것 같아요.

신혜림

자기 사수가 그렇게까지 대단한 사람이 아닐 확률이 높잖아요. 그렇 지만 분명히 배울 부분이 존재할 텐데, 그거를 구분해서 어떤 거는 배 워야겠다고 되게 '리스펙'을 하고, 어떤 거는 반면교사를 해야겠다고 구분 짓는 것 같아요.

꼰대. 고지식하고 권위주의적인 사고방식을 지닌 윗사람 혹은 연장자를 지칭하는 말이다. 원래는 젊은 세대가 아버지나 선생님 등을 불량스럽게 부르는 용어로 쓰였지만, 2010년대 이후에는 사회 곳곳에서 대상을 막론한 '꼰대 담론'이 등장했다. 한국 사회가 급속도로 고령화하면서 중장년층의 비중이 늘어난 것이 표면적인 까닭이다. 총인구를 연령순으로 나열할 때 정중앙에 있는 사람의 연령을 뜻하는 중위연령이 2005년 34.9살에서 2023년 45.6살이 될 정도로 한국은 급격히 고령화했다. 그만큼 청년들이 일상에서 꼰대들을 마주할 확률 자체가 커진 셈이다. 압도적인 숫자로 뭉친 중장년층이 고도성장기를 겪어온 자신들의 경험만을 일반화한 채 저성장시대를 살아가는 청년층의 삶을 이해하지 않으려는 태도를 보이면서, 꼰대라는 용어는 개인적인 관계를 넘어 사회적 담론으로 쓰임새가 확장됐다.

최근에는 '젊은 꼰대'까지 등장했다. 젊은 꼰대는 중장년층이나 노년층이 아닌 같은 청년층이면서도 나이, 직급 차이가 별로 없는 아랫사람에게 '꼰대 짓'을 하는 이들을 일컫는다. 고용노동부는 2020년에 젊은 꼰대의 네 가지 유형을 소개한 적이 있다.

1. 진짜 사나이형: 부하의 생각은 무시한 채 상명하복을 강요한다.
2. 백전노장형: 자신의 경험을 마치 무용담처럼 늘어놓는다.
3. 나르시시스트형: 자화자찬이 과도하다.
4. 비평가형: 태도나 외모를 지적한다.

우선 꼰대의 특징은 다른 사람들의 태도에 대해 **개방적이지 못하다**는 점이다. 자신보다 나이가 어리거나 지위가 낮은 사람들의 의견은 아예 묻지도 않거나 혹은 자유롭게 의견을 말하라고 해놓고서는 듣지 않는다. 그러고는 오로지 자신이 원하는 답을 강요한다. 상대가 어떤 상황에 부닥쳐 있는지 파악하지도 않은 상태에서 쉽게 판단하고, 자신의 경험만 들이대며 가볍게 '고나리질'*을 한다. 나아가 주변 사람들이 자신의 오류를 비판하거나 상황을 제대로 따져보자고 하면 뭘 그렇게 꼬치꼬치 따지냐며 발끈

---

*   '관리'라는 단어를 빨리 칠 때 발생하는 오타 '고나리'에 접미사 '-질'이 더해진
        단어. 쓴소리를 하거나, 이것저것 간섭하거나, 가르치려고 하거나, 이유없이 비
        평하는 행위를 가리키는 말로 쓴다.

하거나 복잡한 건 묻지 말고 그냥 없던 걸로 하자고 눙치고 넘어가려 한다. 상황을 논리적으로 해석하고 실수를 반복하지 않는 것보다 자기만의 완결성과 권위 유지를 더욱 중요하게 생각한다. 이런 사람들 앞에 선 사람들은 대화를 포기하고 이어폰을 끼게 되는 것이다.

꼰대들은 무엇보다 나중에 태어난 세대가 **자신과는 다른 시대를 살아온 사람들이라는 사실을 알려고 하지 않는다.** 2022년 5·18 민주화운동 42주년 기념식에서 박지현 당시 더불어민주당 비상대책위원장이 〈임을 위한 행진곡〉을 부르면서 소책자에 적힌 가사를 읽은 모습을 두고 나온 비판도 그런 사례 가운데 하나다. 더불어민주당을 지지하는 이들을 중심으로 "어떻게 민주당 대표(비상대책위원장)가 〈임을 위한 행진곡〉을 가사를 보면서 부를 수 있느냐" "나 때는 그런 건 상상도 할 수 없었다"는 식의 비판이 쏟아졌다. 박 위원장을 "지현아"라고 부르며 조롱한 이도 있었다. 이런 비판을 두고 청년 세대들은 "가사를 외우는 것과 노래를 존중하는 것에는 아무런 상관이 없다" "세대가 다른 지금의 청년들이 〈임을 위한 행진곡〉 가사를 외워야 한다는 건 엄청난 편견"이라고 반박했다.

이렇게 꼰대론이 확산하면서 '나이와 지위를 무기로 한 부당한 억압은 낡은 것'이라고 규정할 수 있는 프레임이 생겼다. 권위주의적 행태에 대한 정당한 도전이 위계질서에 의해 부당하게 억압당할 때, "그거 꼰대질이에요"라고 말하면서 억압을 돌파할 수 있는 힘이 생긴 것이다. 이전 세대는 권위주의적 위계질서에 저항하려면 그 당사자 개인이 '또라이'가 되는 걸 각오해야 했다. 또라이가 된다는 건 그 집단의 모난 돌이 되는 것이었다. 모난 돌은 언제든 축출될 수 있는 소외된 존재다. 그런 존재가 되지 않기 위해 아랫사람들은 늘 윗사람의 기분을 배려하면서 표정까지 완벽하게 준비해야 했다. "표정이 왜 그따위야?" "눈빛이 왜 그래?"와 같은 폭력이 아무렇지 않게 통용되는 시대였기 때문이다. 아랫사람의 '저녁 있는 삶'에 대한 존중 따위는 없었고 윗사람이 "오늘 저녁에 회식하자"는 말을 거리낌없이 할 수 있는 시대이기도 했다.

꼰대가 창궐한 사회에서 가장 큰 문제는 조직을 건강하게 만드는 합리적 견해가 **아래에서 위로 올라가지 않는다**는 점이다. 윗사람들은 아랫사람들의 견해를 듣지 않았고, 듣는다면 도용하기도 했다. 이들에게는 조직을 건강하게 만드는 것보다 자기들 윗사람의 기분을 거스르지 않는 것이 중요했기 때문이다. 하지만 꼰대론이 확산하면서 이런 시대는 서서히 저물었다. 꼰대로 낙인찍히는 것이 부정적인 평판을 낳는다는 담론이 확산하고, 청년 세대가 옳고 그름을 넘어 아랫사람의 '기분권'까지 당당하게 주장하면서 한국 사회에 만연했던 갑질 문화를 하나씩 청산하기 시작한 것이다. 그러면서 개인보다 집단의 위계질서를 우선시하는 시대에서, 개인의 존재와 권리를 집단보다 우선시하는 시대로 넘어오게 됐다. 꼰대론이라는 사회적 담론은 '중장년층'이라는 압도적 다수의 억압에 저항하는 힘을 만들 수 있다는 사실을 명징하게 보여준다.

하지만 '부당한 억압은 낡은 것'이라고 규정할 수 있는 프레임이 순기능만 하지는 않았다. 윗사람이나 연장자의 정당한 조언이나 지적을 모두 낡은 것으로 규정하고, 그들을 꼰대로 규정하는 '역꼰대'가 등장하게 된 것이다. 역꼰대는 꼰대보다 나이가 어리거나 경험이 부족할 뿐, 공존하는 상대에 대해 알려고 하지 않는다거나 사회보다 자신만의 세계가 더 중요하다고 여긴다는 점에서 꼰대들의 특징을 거의 그대로 가지고 있다. 구인구직 매칭 플랫폼 '사람인'에서 설문조사를 통해 조사한 역꼰대의 대표적인 유형은 다음과 같다.

1. 답정너형: 윗사람의 지시는 무시하고 자신의 의견만 내세운다.

2. 벽창호형: 정당한 지적도 꼰대 같다며 무시한다.

3. 몰염치형: 어려운 일은 당연한 듯 윗사람에게 떠맡긴다.

4. 내로남불형: 규칙과 규율이 부당하다고 일일이 따지면서 정작 본인은 규칙을 잘 안 지킨다.

역꼰대의 등장으로 한국 사회에서 배움과 전수라는 개념이 빠른 속도로 소멸하고 있다. 먼저 태어난 세대는 축적된 경험과 지식을 전수하는 걸 주저하거나 포기한다. 오로지 자신의 삶을 유지하는 데에만 골몰한다. '나중에 태어난 세대를 가르치기 위해 시간과 공력을 낭비해야 하는가'라고 생각하게 된 것이다. 괜히 말 한마디 잘못했다가 오해를 살 수 있어서 조심스럽다 못해 대화를 회피하거나 차단하는 이들까지 생겼다. **대화가 없는 사회에서 배움은 없다.**

나중에 태어난 세대 역시 마찬가지다. 이들은 앞선 세대의 경험과 지식을 배우려 하지 않는다. 그러면서 먼저 태어난 세대가 자신들과 비슷한 경험을 했을 때 겪었던 실수를 똑같이 반복한다. 꼰대질을 단순히 '사적 재난' 정도로 여기며 먼저 태어난 세대로부터 불이익만 받지 않으면 된다는 생각에 머무른다. 기껏 사회적 담론을 형성해놓고 이를 통해 어떤 운동movement을 일으키기보다는 개인의 영역을 지키는 일에만 몰두한 것이다. 배움과 전수가 사라지면서 민주주의, 노동, 페미니즘과 같이 사회 구성원 모두가 공유하고 토론해야 할 가치의 문제들은 되레 퇴행하는 결과가 나타나기도 한다.

꼰대와 역꼰대가 함께 판치는 세상에는 사회가 존재할 수 없다. 자신만의 세계에 갇혀 **끊임없이 누르려는 자**와 **끊임없이 치받는 자**만 남을 뿐이다. 한쪽에는 다른 사람의 귀에 대고 소리를 지르는 사람이 있고, 다른 한쪽에는 그 사람의 이야기를 듣지 않기 위해 귀를 막은 이들만 남은 세상. 이곳에서 조직의 구성원들은 서로 교류하며 생산적인 대화를 주고받기는커녕 뒷담화를 통해 불신만 쌓아간다. 문명사회라기보다는 각자도생하는 호모사피엔스들의 정글에 가깝다. 진정한 배움을 갈구하는 이들과 잠재적 스승들은 그저 침묵할 수밖에 없는 곳이다.

배움이 없는 세상은 '**옳은 나**'들이 가득한 세상이다. 이 말이 무슨 뜻일까. 우선 **배움**이란 무엇인지에 대해 생각해볼 필요가 있다. 철학자 우치다 다쓰루內田樹의《스승은 있다》에 따르면, "배움이란 선생이 지식과 기술을 제공하고 학생이 대가를 지불해 성립하는 거래가 아니다". 대신에 그는 "우리들이 배우는 이유는 만인을 위한 유용한 지식과 기술을 습득하기 위해서가 아니다. 자신이 이 세계에서 다른 것과 바꿀 수 없는(다른 것과 교환할 수 없는) 존재라는 사실을 확인하기 위한 것"이라고 했다. 또한 "자신이 옳다는 확신을 전제로 한 배움은 성립하지 않는다. 자기 결점의 보정과 미숙함의 발견이라는 작업에서 나는 옳다는 전제는 방해가 될 뿐"이라고 했다.

사람은 배움을 통해 자신의 존재 가치를 깨닫는다. 배움을 통해 자신의 미숙함과 무지는 물론이거니와 무한한 가능성까지 파악하게 된다. 그런 개인들이 모인 사회는 끊임없이 '내가 틀린 것은 아닐까'와 같은 질문을 던지며 의심한다. 그리고 그 회의는 인간의 지적 해방으로 이어진다. 철학자 자크 랑시에르Jacques

Ranciere는《무지한 스승》에서 "해방이란 모든 인간이 자기가 가진 지적 주체로서의 본성을 의식하는 것"이라며 "보편적 가르침의 모든 실천은 다음의 질문으로 요약된다. 너는 그것에 대해 어떻게 생각하는가"라고 했다.

하지만 지금의 한국 사회에는 '배움은 곧 거래'라는 인식이 팽배하다. 족집게 강의를 해주지 않는 학교는 등한시하고, 입시 학원의 일타 강사에게 기꺼이 돈을 지불하고 심지어 이들을 추앙한다. 입시뿐일까. 취업과 승진은 물론이거니와 연애와 결혼, 옷을 어떻게 입는지, 요리는 어떻게 하는지, 집은 어떻게 사거나 빌리는지에 더해 급기야 글을 어떻게 쓰고 생각은 어떻게 하는지까지 **배운다며** 기꺼이 돈을 지불한다. 이들에게 자신의 존재 가치를 알게 한다거나 지적 해방을 꾀하는 일로서의 배움은 냉소의 대상일 뿐이다. 한국 사회에서 아무런 교환가치가 없다고 여기기 때문이다.

이런 문제가 일본에서도 똑같이 발생했다. 앞서 얘기한 우치다 다쓰루는《하류지향》에서 한 교사가 현장 경험을 바탕으로 쓴《오레사마화하는 아이들オレ様化する子どもたち》이라는 책을 소개했다. **오레사마**おれ様는 1인칭의 인칭대명사로 **나 자신을 높여 부르는 말**이다. '오레사마가 되어간다'는 말은 학생들의 자기중심적 가치관이 점점 더 강해진다는 의미다. 과거에는 학생들이 나쁜 짓을 했다가 교사에게 지적받으면 최소한 그 행동이 나쁜 짓

이라는 자각 정도는 했었지만, 요즘은 눈앞에서 교사에게 발각되어도 자신의 잘못 자체를 아예 인정하지 않는다. 이런 모습을 거듭 지켜본 교사 스와 테츠지諏訪哲二는 다른 교사들과 여러 차례 토론을 벌인 끝에 '아이들은 등가교환을 하려는 것 같다'는 가설을 세웠다. "아이들은 자신의 행위에서 인정하는 마이너스 부분과 교사가 내릴 처분을 등가교환으로 만들고 싶어 한다. (…) 그래서 자신이 생각하는 공정성을 확보하기 위해 사실 그 자체를 없애든가, 가능한 축소하는 길을 선택한다"는 것이다. 다쓰루는 그런 면에서 학교에 막 들어와 글자와 산수를 배우는 아이들이 '이걸 배우면 무슨 득이 되나요?'라고 묻는 것도 결국 등가교환을 하려는 것이라고 설명한다. 이 질문은 곧 '50분 동안 교실에 가만히 앉아서 선생님이 하는 이야기를 들어야 하는 **고역**을 **지불**하는 대신, 선생님은 내게 무엇을 줄 거냐?'라는 말이다. "학생들은 고역이 가져오는 **불쾌함**을 **화폐**로 바꾸어 교사가 제공하는 교육 서비스와 등가교환을 원한다"는 명제는 이렇게 성립한다.

2023년 논란이 됐던 우리나라의 교권 침해 문제에서도 비슷한 현상을 볼 수 있다. 일부 학생과 학부모에게 교사는 학생을 가르치는 존재가 아니라 등가교환을 통해 교육 서비스를 제공하는 자에 불과하다. 그러니 조금이라도 서비스가 불충분하다고 느끼면 더욱 양질의 서비스를 제공하라고 교사를 압박할 권리가 있다고 생각하는 것이다. 교권 추락 논란이 불거졌을 당시

한 고등학교 교사는 이렇게 말했다.

> 나는 솔직하게 말해서 학교에서 인권 의식은 '누군가 나에게 불이익을 줬을 때 참지 않겠다'에서 멈춰버렸다고 생각한다. 내 인권이 소중한 만큼 다른 이의 인권도 소중하며, 내가 다소 불이익을 입더라도 타인의 인권을 보장해야 한다는 생각의 근처에도 가지 못했다.

이 말은 한국의 교육 현장에 깊이 침투한 **소비자주의**consumerism를 극명하게 보여준다. "등가교환을 무너뜨리는 **나의 불이익을 조금도 참지 않는다**." 소비자주의보다 이를 더 잘 담아낼 수 있는 말은 없다.

모두가 다른 사람의 입과 귀를 막고 옳은 나로만 존재하려는 세상. 이곳에서 사회가 추구해야 할 옳은 가치를 찾기 위해 성찰하고, 반성하고, 흔들리면서도 그 가치를 꿋꿋하게 세워나가려는 사람들이 설 자리는 없다. **배움이 없는 자리에는 가르침도 없다.** 고정된 입장에만 우뚝 깃발을 꽂은 채 서로 자기만 옳다고 뇌까렸던 결과가 바로, 자신의 생각과 대척점에 있는 이들을 무조건 적대하면서 극단으로 달려가는 이분법적 정치만 추종하는 지금의 한국 사회가 아닐까. 우리가 고민해야 할 지점은 꼰대, 역꼰대라는 두 단어에 함축된 이런 현실이다.

시간을 되찾는 말하기

도파민 중독 사회

×

신혜림

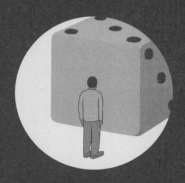

신혜림

요즘 시대에 공평하다고 여겨지는 건 시간이 유일한 것 같아요. 시간이 곧 돈인 거고 그래서 시간을 가장 효율적으로 써야 되고, 효율에 계속 집착하게 되고 그러는 거 같아요. 저는 소비자가 아니라 생산자 입장에서 생각을 하는데, 모두가 콘텐츠 생산자가 될 수 있는 시대에는 인생을 콘텐츠화하는 일이 일어나기도 해요. 내 인생을 조회수와 지속시간으로 치환하고 자꾸만 내가 소중하게 쓸 시간을 콘텐츠화해서 팔아요.

정주식

저는 한국에서 '덜 익은 콘텐츠'가 제일 많이 양산되고 있는 분야가 정치인들의 말이라고 생각해요. 이 사람들은 생각을 숙성할 시간이 없는 상황에서 실시간으로 모든 이슈에 임기응변으로 대응해내야 하니까 숙성된 콘텐츠가 나올 수가 없는 거예요.

이재훈

뉴스를 생산하는 사람들도 마찬가지죠. 하지만 뉴스는 사건이 터지면 단순히 그 사건이 터졌다는 걸 알리는 거로 끝나지는 않죠. 사회적 의미가 무엇인지, 그걸 숙고하게 만드는 마중물이 될 만한 기사를 써야 하는 게 저널리즘 생산자의 진짜 할 일인 건데요, 그렇게 고민을 담아서 만든 콘텐츠는 또 소비자들에게 외면을 당해요.

박권일

'관종'이라고 하죠. 관심을 끌려는 태도에 대해서 과거엔 일정 정도 사람들이 비난하는 분위기가 있었죠. 지나치게 주의를 끌려고 선을 넘어가는 사람들한테 '그런 식으로 얘기하면 안 되지'라는 식으로 제지하는 분위기가 분명 있었어요. 지금은 아니에요. 관심받는 게 바로 돈으로 교환되는 시대입니다.

PD님, 요즘 〈씨리얼〉이 제 알고리즘에서 사라졌어요.

며칠 전 〈씨리얼〉의 오랜 구독자라는 분을 만났다. 알고 보니 나 또한 예전에 소셜미디어 계정들을 팔로잉해놓고 관심 갖고 지켜보던 디자이너였다. "아, 저도 예전에 하시던 작업 기억해요!" 그러자 멋쩍은 대답이 돌아왔다. "저 지금도 하고 있어요." 집에 와서 그의 이름을 검색해보았다. 그는 정말 작업을 멈추지도 않았고, 홍보용 게시글도 꾸준하게 올리고 있었다. 우린 서로 '구독 취소'를 하지 않았지만 서로를 까맣게 잊었다. 그저 알고리즘이 우리를 서로에게 띄워주지 않았기 때문이다.

요즘은 야속한 알고리즘 때문에 조금 우울하다. 유튜브나 페이스북과 같은 소셜미디어 플랫폼을 기반으로 하는 저널리즘 콘텐츠 생산자가 된 지 어느덧 10년 차. 돌이켜보면 내가 PD로 일하는 동안 갖고 있던 에너지는 '소셜미디어 플랫폼을 내 의지대로 활용할 수 있다'는 자신감에 상당 부분 뿌리내리고 있었다. 대학을 졸업하고 소셜미디어 덕분에 닿았던, 밀도와 심도를 모두 갖춘 정보에 큰 영향을 받았고, 나 또한 누군가에게 영향을 미칠 수 있을 것이라고 생각했다.('토론의 즐거움' 멤버도 모두 그런 과정에서 알게 된 것이다.) 비록 미디어 환경은 여러 치명적인 문제가 있지만 순기능을 영리하게 이용한다면 **성숙한 시민들이 모이는 새로운 장**을 만들 수 있을 것이라고 낙관했다. 널리 퍼지지 않는 콘텐츠를 보면 '더 잘 만들면 되지'라는 오만한 생각도 했다.

그러나 지금 나의 피드feed는 무엇으로 이루어져 있나. 죄다 **어쩌다 클릭한 것**들의 연장선이다. 비교적 최근에 화제가 된 이슈 아니면 썸네일이 자극적이어서 클릭하지 않을 수 없는 이야기. 혹은 흔한 말로 '꿀팁'이라 불리며 일상생활에 실제적인 도움을 주는 것들. 그것도 아니면 홍보비를 써서 인위적으로 확산한 콘텐츠. 자연스러운 콘텐츠 도달은 지금의 미디어 환경에서 불가능한 수준에 다다랐다. 정성을 들여 질 좋은 결과물을 만들어도 기존 구독자의 알고리즘에서 사라지는 주기는 날이 갈수록 빨라지고, 새로운 구독자 눈에 들기는 더더욱 어렵다.

9년 전, 〈씨리얼〉은 청년의 시선에서 한국 사회 이슈를 바라보는 미디어로 출발해, 지금은 주류 담론에서 소외된 다양한 이야기를 전하는 미디어로 발전했다. 초기에는 플랫폼 환경 변화의 흐름을 적절하게 활용하며 알고리즘의 수혜를 입었고, 투입 인력 대비 나쁘지 않은 성장 가도를 달렸다. 당시 우리 채널 말고도 비슷한 미디어들이 존재했고, 완벽에 가까운 콘텐츠를 선보이며 뛰어난 역량을 펼치는 이도 적지 않았다. 그러나 모두가 지속가능성의 한계에 다다르며 활동을 종료했고, 현존하는 미디어는 사실상 〈씨리얼〉뿐이다. 자연스럽게 손이 가는 건 아니지만 누군가는 장기적으로 관심을 둘 만한 주제들, 우리가 주로 다루는 다소 답이 없고 고민스러운 주제들은 일부러 검색해서 찾지 않으면 순식간에 잊힌다. 이 상황은 자의인가, 타의인가? **이 알고리즘은 진짜라고 말할 수 있는가?**

미디어 플랫폼의 설계 자체가 점점 더 우리 손끝을 짧고 자극적인 세계로 인도하고 있다. 가령 엄지손가락으로 '무한 스크롤'을 내리며 끝없이 등장하는 영상을 끝없이 소비하는 개미지옥 같은 설계 말이다. '요즘 어쩌다 클릭한 것들' 모음집은 이렇게 시작한다. 드라마 명장면 쇼츠Shorts에 한번 빠져들면, 이 드라마를 본 것도 아니고 안 본 것도 아닌 상태가 되는 데에 모든 자유시간을 꼬박 쓰게 된다. 이것이 단순히 개인의 의지의 문제가 아니라는 사실은 《도둑맞은 집중력》을 포함한 여러 책에서 증명되었다. 사람들은 골치 아픈 맥락을 생략한 채 결론만 남은, 혹은 도파민을 솟구치게 하는 이슈만 선별한 짧은 영상만을 본다. 아니면 길더라도 예능 프로그램의 DNA를 이식한 뉴스만 본다.

도파민 중독 사회

애초에 콘텐츠 풀pool부터 편협해질 수밖에 없는 구조다. 개인의 검색, 시청 기록을 토대로 수익을 창출하는 감시자본주의 세계에서는 수익이 되는 쪽, 즉 광고를 붙일 수 있는 주제만 살아남을 수 있다. 콘텐츠 생산자는 결국 '알아서' 돈이 되는 주제로 콘텐츠를 구성하는 자발적 검열을 거친다. 당연하게도 소비자에게는 오로지 돈과 연결될 수 있는 콘텐츠만 보이게 되는 것이다. 나의 피드는 맞춤형이기는커녕 처음부터 **조작된 취향**인 셈이다.

이러한 환경에서 저널리즘이 설 자리는 없다. 낙관이 사라지니 길을 잃었다. 마치 기후위기를 생각하면 힘들어진다는 '기후우울증'처럼, '저널리즘 멸종 우울증'이 내게 찾아왔다. 그런데 이 상황은 오로지 미디어 플랫폼의 탐욕 때문인가? 그 기업만 때려잡으면 될 일인가? 가짜 알고리즘의 기저에는 분명 인간의 욕망이 자리하는 것처럼 보인다. 플랫폼 기업은 어떠한 욕망 위에서 있길래 승승장구하고, 그 안에 종속된 저널리즘은 자꾸만 고꾸라지고 있는 걸까?

낙관이 희미해진 상황에서 읽었던 하르트무트 로자Hartmut Rosa의《소외와 가속》은 내가 우울해진 근본적인 이유를 정확한 언어로 정리했다. 로자에 의하면 우리는 지금 **속도의 독재**를 겪고 있다. 플랫폼에 취향을 도둑맞은 과정을 다시 천천히 생각해보자. 우선 나는 시간적 여유가 없다. 먹고 자고 일하는 시간을 빼고 나면 자유시간은 끽해봐야 하루에 4~5시간. 그 시간 안에서 가장 쉽고, 가장 안전한 선택을 하고 싶다. 온갖 OTT 서비스에 가입되어 있으니 선택지는 많은데, 너무 많아서 문제다. 뭘 하나 애써 선택했다가 재미도 의미도 없이 소중한 시간을 허비하면 어떡하나. 이때 **설계된 유혹**에 쉽게 굴복한다. 습관적으로 유튜브를 켜서, 아무 생각 없이 바로 나오는 콘텐츠를 누르고, 무한 스크롤의 세계로 빠져들어 당장의 도파민을 탐닉한다.

올해의 키워드로 '시성비'가 여기저기서 등장했다. 우리는 머릿속에서 매분 매초 시간 대비 성능을 따지며 산다. 이는 단순한 트렌드가 아니다.《소외와 가속》의 표현을 빌리자면 시간 규범은 사회의 지배적 규범이 되었다. 우리는 최대한 적은 시간 안에 더 많은 일을 해내려는 욕망, 가장 똑똑한 선택을 하고 싶은 욕망, 도파민을 터뜨리고 싶은 욕망에 완전히 사로잡혀 있다. 악랄한 독재자가 없어도 자발적으로 **시성비의 노예**가 된다. 이것이 속도의 독재가 지닌 가장 무서운 점이다.

왜 시간에 이리도 집착할까. 아무리 부자여도 시간만은 공평하다고 흔히들 말한다. 맞는 말인 것 같다. 어디에 살든, 나이가 많든 적든, 남성이든 여성이든, 하루는 24시간이니 말이다. 그러나 말 그대로 형식적으로만 공평하기 때문에 문제의 핵심은 손쉽게 은폐된다. 신분제가 사라지고 근대를 거쳐오며 점차 자기결정권이 확장되는 것 같지만, 사회적 가속이 심화할수록 빈부 격차는 더 커져서 개인의 재량권은 온전히 보장받지 못한다. 영화

〈미안해요 리키〉에서 주인공 리키가 처음 택배회사에 일하러 갔을 때, 매니저는 모든 행위가 그의 '선택'임을 강조하며 이 일이 세상에서 가장 자율적이라고 위장한다. 그렇게 리키에게 책임을 완전히 전가한다. 현실은 '총알배송'을 보장하기 위해 오줌 눌 시간도 없어 페트병을 갖고 다녀야 하는, 시간에 완전히 종속된 삶이다. 결국 시간은 불평등을 자유로 포장하는 데 일조한다. 배달하지 않는 직업이라고 다를까. 윤석열 정부의 노동시간 유연화 정책은 자유를 가장하여 모두를 옭아매는 것의 대표적 사례다. 지금처럼 자유라는 단어가 기만적으로 쓰이는 시대가 또 있었을까.

기술 진보에 따른 생산성 향상 역시 우리 삶을 풍성하게 하는 듯하지만, 꼭 그렇지도 않다. 이전과 비교해 같은 시간동안 더 많은 일을 처리하면 분명 시간의 잉여, 즉 여가가 생겨야 하는데 어째 시간은 갈수록 부족해지는 것 같다. 그리고 모든 것이 불평등한 듯한 사회에서 형식적으로나마 유일하게 공평한 시간을 우리는 어떻게든 잘 활용하고 싶어서 안달이 나 있다. 바로 이 지점에서부터 속도의 독재가 시작된다.

지금 당장은 먹고살 만하더라도 미래에 비슷한 생활양식을 유지하기 위해서는 여가를 자기계발에 끊임없이 투여해야만 한다. 부업으로 사람들이 주목할 것 같은 일상을 영상 콘텐츠로 만들어서 돈을 번다. 시청 지속시간이 길수록 돈을 많이 벌 수 있으니 잉여시간을 빼앗기고, 빼앗는 작업인 셈이다. 종종 효율적으로 시간을 쓰는 법, 잉여시간을 돈으로 만들어내는 법을 역설한다. 아니면 주기적으로 교체해야 하는 물품을 추천하기도 한다. 정보를 더 빠르게 얻기 위해 퇴물이 된 스마트폰을 2년마다 교체하는 게 당연하고, 유행이 순식간에 바뀌었으니 고가의 롱패딩을 두고 숏패딩을 또 구매하고, 심지어 쓰는 데 문제가 없는 수건도 1년마다 교체하라고 말한다. '깨끗하고 멀쩡한 쓰레기'를 양산하는 정보를 주고받는 동안, 데이터 센터는 쉴 새 없이 돌아가며 막대한 양의 탄소를 토해낸다. 이 와중에 어떤 콘텐츠는 앞서 말한 그런 콘텐츠에 휘둘리지 말고 '너 자신을 아는 데' 시간을 쓰라고 충고한다. 그러자 사람들은 잠시나마 현실의 억압에서 벗어나기 위해 비행기를 타고 날아간 곳에서 명상을 한다. 여비를 벌기 위해 다시 열심히 돈을 모으고 여가는 부업에 투입한다. 모든 이가 생을 바쳐 시간에 대한 한 편의 부조리극을 찍고 있다.

시간을 뺏는 말하기가 아니라 **시간을 되찾는 말하기**가 필요하다. 그 말을 전하는 일이 내가 정의한 가속 사회에서의 진짜 저널리즘이다. 모든 것이 빨라지는 시대에 오직 재분배의 속도만 느려지고 있는 게 맞느냐고, 끝자락에 가서 보니까 모든 이가 자율성을 박탈당하는 사회가 옳으냐고, 최대한 적은 시간 안에 많은 일을 해내야만 살아남고 그렇지 않으면 도태되는 사회를 놔둘 것이냐고 물어야 한다. 시대의 속도를 맞출 수 없는 이들을 배제하지 말자고, 이동권조차 보장되지 않는 장애인과 집에서 누군가를 돌봐야만 하는 노동자의 시간에 사회가 시계를 맞춰야 한다고 말해야 한다. '용돈 없는 청소년'*이 같은 시간을 살아가는 또래보다 뒤처질 수밖에 없었던 이유, 대형 병원 간호사들이 힘든 근본적 이유, 기후위기가 심각하다고 말하지만 탄소 배출이 줄어들지 않는 이유는 같다. 사회가 가속되고 있기 때문이다.

곳곳에서 분투 중인 저널리스트들의 결과물이 알고리즘의 수혜에서 점차 멀어지는 이유는 빨라져야만 살아남는 세상에서 **감속**을 말하고 있기 때문이라는 생각이 든다. 느리게 가자고 요청하는 목소리는 돈이 안 된다. 광고 따위는 없다. 그래도, 오늘도, 어떤 이는 시간을 되찾는 말을 부르짖다가 퇴근할 것이다. 소외에서 벗어나기 위해서는 현실을 인지하는 것부터 시작하라고들 말한다. 묻고 싶다. 여러 억압에서 비교적 자유로워졌다고 자평하는 우리는 왜 여전히 무언가에 옭아매인 채로 사냐고. 우리들의 알고리즘은 정말로 진짜냐고.

---

* 〈씨리얼〉은 저소득층 청소년들의 기회의 양극화에 대한 내용을 담아 '용돈 없는 청소년'이라는 시리즈 영상을 제작했다. 이 시리즈는 국제앰네스티 언론상(2022), 전국언론노동조합 제31회 민주언론상(2021) 등을 비롯해 여러 상을 수상했다.

어디까지 올바름이라고 해야 하는 거예요?

PC 논쟁

강남규

강남규

중요한 거는 어쨌든 나의 올바름을 전시하는 게 아니잖아요. 내가 올바르다고 믿는 것들이 중요하니까 다른 사람들도 올바르게 됐으면 좋겠다는 거죠. PC 담론에 대한 최근의 반발은 교조주의적인 태도에서 가장 크게 나오는 것 같은데, 남을 설득하려면 교조적인 태도로는 사실 불가능한 거고, 나를 전시하는 게 목적이 아니라고 한다면 좀 더 계몽주의적이면서 덜 교조적인 태도로 접근해야 한다는 고민이 있습니다.

박권일

도덕심리학자 조너선 하이트Jonathan Haidt에 따르면 사람들은 차이에 우열이 있고 우선순위가 있는 것처럼 이야기한다는 거죠. 갈등과 전쟁이 그런 지점에서 일어납니다. 결론은 서로가 각자의 가치 기준을 절대적이라고 생각하면 안 된다는 거예요. 내가 틀릴 수 있다는 마진을 두지 않고 '내가 절대적으로 옳고 너는 틀렸어'라는 독선적 태도 자체가 PC하지 않은 것이죠.

정주식

다양성을 제일 인정하기 힘든 분야가 윤리인 것 같아요. 취향이나 다른 선호들은 타인의 것을 얼마든지 인정할 수 있는데, 이 사람이 나랑 다른 윤리관을 가졌다 그러면 이거는 참기 힘들어지는 거죠. 어떤 사람이 다른 어떤 이의 기준에서 봤을 때 부도덕한 일을 밥 먹듯이 하면서 자기는 그게 도덕이라고 생각한다면, 그 사람을 가까이 하기 힘들어지는 거죠.

신혜림

디즈니는 결국 상업적인 이유로 PC한 콘텐츠를 만드는 거겠지만, 어쨌든 사람들이 원하는 걸 만들어줘서 만족감을 주기도 하거든요. 그런데 사람들이 원하는 콘텐츠를 만들려면 그 세계관 대로 만들어야 하는데 그래도 PC적인 창작은 해야 하니 혼종이 탄생한 거죠. '그럼 어떻게 고전을 리메이크할 것인가?'라고 했을 땐 약간 물음표가 남는 것 같아요.

몇 년째 똑같은 전쟁이 반복되고 있다. 영화, 드라마, 게임, 문학 등 거의 모든 문화 영역에서 벌어지고 있는 난전이다. 이 싸움을 잘 알지 못하는 사람은 오늘날 어떤 콘텐츠에 쏟아지는 평가들을 제대로 이해하기 어렵다. 왜 저렇게 분노에 찬 혹평을 던지는지, 혹은 반대로 왜 저렇게 열성적으로 호평을 조직하는지. 이토록 양극화된 평가 양상을 이해하는 데 여러 개념이 필요하지는 않다. 정치적 올바름Political Correctness, 이른바 PC 하나만 알면 된다. PC를 미워하는 이들과 PC를 지켜내려는 이들의 전쟁. PC는 어쩌다 이토록 중요한 화두가 되었으며, 이 뜨거운 대결 속에 우리가 놓치고 있는 것은 무엇인가.

　먼저 PC라는 개념에 대한 이해가 필요하다. 이 개념은 크게 세 가지 내용을 포괄한다. 첫째, **말의 교정**이다. 특히 미국에서 1980년대부터 전개되어 온 흐름인데, 차별적인 표현이 차별적인 인식을 확산한다는 문제의식을 가지고 특정 표현을 올바르게 교정하는 것이다. 'Black'을 'African American'으로, 'Fireman'을 'Firefighter'로, 'Merry Christmas'를 'Happy holiday'로 바꿔야 한다는 주장이 여기에 해당한다. 한국에서는 장애인이 아닌 사람을 '정상인'으로 표현하던 것을 '비장애인'으로 바꾸거나, '결손가족'을 '한부모가족'으로 바꾼 사례가 있다.

둘째, **내용의 교정**이다. '다양성 영화'라는 말을 들어봤을 거다. 여성, 장애, 성소수자, 소수 인종 등 그동안 주류 문화에서 잘 다뤄지지 않았던 내용을 콘텐츠의 서사 소재로 사용하는 것이다. 흔히 여성 서사로 분류되는 콘텐츠, 장애인이나 성소수자가 주인공으로 등장해 직접 자신들에 관해 전하는 이야기, 소수인종의 삶을 그려내는 서사가 여기에 해당한다. 이러한 콘텐츠는 보통 '다양성'이라는 장르로 묶인다.

셋째, **재현의 교정**이다. PC 논쟁의 가장 주요하고 피 터지는 현장이 바로 여기다. 실제 현실에 여성은 물론이고 장애인·성소수자·소수 인종이 남성·비장애인·이성애자·백인 못지않게 존재하고 있으므로 현실을 재현한 콘텐츠라면 소수자들이 충분히 등장해야 한다는 것이다. 내용의 교정과 달리 이 지점에선 그들이 반드시 소수자 서사를 갖출 필요는 없다. 보통은 소수자 서사가 어떤 식으로든 표현되긴 하지만, 그것이 주요 서사까지는 아니다.

이 관점이 전폭 반영된 작품이 바로 〈스타워즈: 라스트 제다이〉

(2017)다. 〈스타워즈〉 시리즈는 그간 백인 남성이 주를 이뤘다면 이 작품에 이르러 백인 여성, 흑인 남성, 아시아계 여성이 중심에 서거나 새롭게 등장한다. 〈고스트 버스터즈〉(2016)는 백인 남성 3명과 흑인 남성 1명이 등장하는 기존 시리즈를, 백인 여성 3명과 흑인 여성 1명을 등장시켜 리부트했다. 이 과정에서 백인 남성을 멍청한 조수 역할로 써먹기도 했다. 제2차 세계대전을 소재로 한 게임 시리즈 〈배틀필드 V〉에서도 여군 캐릭터들이 등장했고, FPS게임 〈오버워치〉에서는 기존 캐릭터의 서사를 풀어가는 과정에서 성소수자 설정을 도입하기도 했다. 최근에 가장 뜨겁게 논란을 일으킨 작품은 디즈니의 〈인어공주〉(2023)다. 1989년에 개봉했던 애니메이션을 실사화 리메이크하면서 원작에서 하얀 피부를 가진 주인공 에리얼 역에 흑인 배우를 캐스팅했다.(이외의 목록을 모두 쓰기엔 시간이 한참 필요하기 때문에 여기에서 마무리한다.)

말의 교정은 미국 현대사의 중요한 논쟁거리였다. 오늘날 PC 콘텐츠에 대한 우리나라 일각의 반발처럼, 말을 교정해야 한다는 움직임도 큰 반발에 직면해왔다. 그러나 문화 영역에서 일어난 반발은 아니었다. 주로 정치 운동의 영역에서 일어난 반발이었다. **내용의 교정**은 상대적으로 반발이 없다. 애초에 주류에서 벗어난 고유의 영역처럼 여겨져왔기 때문이다. 다양성 장르를 즐기는 사람들과 주류 장르를 즐기는 사람들은 서로 다른 극장, 서로 다른 커뮤니티에서 끼리끼리 모인다. 결국 **재현의 교정**이 최근 몇 년간 문화계의 핵심 갈등 소재가 되었는데 당연히 그럴 만한 이유가 있다.

도마 위에 오른 작품들이 대부분 **시리즈물이거나 원작이 있는 작품이라는 점**이다. 짧게는 몇 년에서 길게는 몇십 년의 역사를 가진 시리즈물과 원작 들은 대부분 훗날의 재현을 고려하지 않은 채 창작됐고, 그렇게 꾸려진 내용으로 팬층을 쌓아왔다. 시리즈가 지속되는 와중에 시대의 분위기가 바뀐 것이다. 우리나라에서는 2010년대 들어 페미니즘을 비롯한 소수자 담론이 급격히 대중화되었다. 미국에서는 '미투#MeToo' '흑인의 생명도 소중하다Black Lives Matter' 등의 대규모 사회 운동이 진행되는 한편, 그 안티테제 격인 도널드 트럼프Donald Trump가 대통령으로 당선되면서 엘리트 창작자들이 각성하기 시작했다.

이런 흐름에 힘입어 소수자 담론이 반영된 재현을 요구하는 소비자들이 나타났고, 창작자들도 이에 기꺼이 응답했다. 그 방식은 시리즈의 새 작품에 소수자 캐릭터들을 투입하는 것이었다. 여기서 논란이 발생한다. 시리즈의 기존 작품들은 딱히 **정치적으로 올바른 세계관**이 아니었는데, 갑자기 **정치적으로 올바른 캐릭터**가 개입하면서 시리즈의 방향성이 바뀌기 시작한다. 올바름과 무관했던 원래 방향성에 매혹돼 팬이 되었던 이들은 갑작스럽게 맞이한 새로운 방향성에 즉각 반발한다. 올바름이라는 새로운 방향성에 매혹된 이들이 새롭게 팬덤을 형성하며 등장하고, 이들과 기존 팬덤이 작품을 사이에 두고 논쟁을 벌인다. PC 논쟁은 대개 이런 패턴으로 흘러간다.

PC에 합리적으로 반발하는 주된 논리는 '소수자 담론을 억지로 개입시키는 데만 신경 쓰느라 작품의 개연성과 완성도가 무너졌다'는 것이다.(혐오하기 위해 혐오하는, 단순한 혐오주의자는 논의에서 배제한다.) 이 논리는 일리가 있다. 앞서 얘기한 것처럼 시리즈물이거나 원작이 있는 경우, 이런 작품들은 이미 쌓아온 과거의 담론을 바탕으로 기존 세계관을 크게 뒤엎지는 않으면서(혹은 못 하면서) 소수자 캐릭터만 삽입하는 방식으로 이야기를 구성한다. 세계관과 캐릭터라는 이야기의 핵심 요소 두 가지가 서로 조화되지 못하니 개연성과 완성도가 떨어지기 쉽다. 많은 창작자가 이 문제를 더 정밀한 창작으로 보완하기보다 당위적 훈계, 즉 **가르치려는 태도**로 보완하려 들었다. PC를 반대하는 주장들은 이러한 일련의 과정에 대한 반작용에 가깝다.

PC를 옹호하는 사람들도 논리를 갖추고 있다. 재현의 교정에 관해 설명한 대로, 오늘날의 현실 속에 이미 존재하는 정체성들을 문화 콘텐츠에서 감추는 것은 그 자체로 부적절하고 부자연스럽다. 즉 소수자 캐릭터의 등장이 **인위적인 삽입**인 것이 아니라 오히려 소수자 캐릭터를 감추는 것이 **인위적인 은폐**라는 말이다. 이것이 현재의 재현이라면, 미래 지향적 재현도 중요한 쟁점이다. 롤 모델로서 문화 콘텐츠의 역할이 있다는 것이다. 소수자 정체성을 가진 캐릭터가 활약하는 이야기를 통해 현존하는 당사자들이 더 나은 세계를 꿈꿀 수 있게 된다는 의미다. **무해한 작품**에 대한 수요도 이런 입장의 근거 중 하나다. 정치적·사회적·윤리적으로 마음에 걸리는 요소 없이 편안하게 소비할 수 있는 작품이 더욱 많아져야 하고, 이를 위해서는 현실을 적절하게 재현하는 것은 PC를 옹호하는 소비자들에게 중요하다.

양쪽의 입장 모두 나름의 설득력은 있으니 물러설 수 없는 대결의 양상으로 가게 된다. 그런데 이 뜨거운 격론의 현장 속에서 우리가 무언가를 놓치고 있는 것은 아닌가? PC라는 주제에 관해 반발과 지지 외에 다른 선택지는 정말로 없을까?

오늘날 PC를 다룬 콘텐츠는 비판자에게나 지지자에게나 지나치게 과대평가되어 있다. 비판자들은 해당 작품들의 논조가 너무 급진적이라고 지적하고, 지지자들은 반드시 필요한 주제 의식이라고 옹호한다. 이런 시각들은 PC의 범위를 **소수자 재현 정도로 제한하는 한계**를 갖는다. 이 한계에 대해서는 디즈니의 주요 작품들을 살펴봐야 한다.[*] 특히 디즈니가 본격적으로 재현에 관심을 두기 시작한 2010년대 중반 이후의 작품들이 힌트가 될 수 있다. 애니메이션 원작을 실사화하며 각색한 작품들도 중요한 단

---

[*]　이후 본문에서 〈겨울왕국 2〉 〈알라딘〉에 관한 내용은 스포일러를 포함하고 있다.

서가 된다. 무엇을 바꿨는지, 어떤 장치를 추가했거나 삭제했는지를 비교하면 디즈니가 고려한 올바름의 범위와 내용을 확인할 수 있을 테니까.

〈주토피아〉(2016)는 단순히 재현에 그치지 않고 차별과 편견이라는 주제를 주요한 스토리 라인으로 다뤘고, 육식동물과 초식동물의 비유를 통해 PC 논란 없이 흥행을 이뤄내는 데 성공했다. 하지만 이 작품에 결정적으로 빠진 것이 있다면 바로 **계급**이다. 여성 성우가 연기하는 주인공 주디 홉스는 홍당무 농사를 하는 부모 밑에서 성장하면서 가업을 이어받을 것을 요구받지만, 그런 평범한 삶 말고 경찰이 되는 꿈을 꾼다. 결국 경찰이 된 그에게 주어진 임무는 주차 단속. 주디는 자신의 능력이 주차 단속이나 할 수준이 아니라며 억울해한다. 이 영화는 '누구든 무엇이든 될 수 있다'는 메시지로 가득하지만, 홍당무 장수와 교통경찰은 그 '무엇'에서 적극적으로 제외된다. 농부와 경찰 사이에 위계가 있고, 주차를 단속하는 '보통 경찰'과 범죄를 수사하는 '진짜 경찰' 사이에 또 위계가 있다. **정치적으로 올바른 〈주토피아〉는 노동에 대해서는 도무지 올바르지 않다.**

〈겨울왕국 2〉(2019)의 노력과 그 한계에 따른 경로도 흥미롭다. 이 작품에는 디즈니 시리즈에서 보기 드물게 **속죄**라는 주제가 담겨 있다. 주인공 엘사와 안나의 선조가 오래전 그들의 터전에 앞서 살고 있던 원주민과 정령을 몰아내기 위해 거대한 댐을 세우는 음모를 꾸몄다. 이 사실을 알게 된 엘사와 안나는 그들의 왕국이 수몰될 위험까지 감수하며 댐을 무너뜨려 원주민과 정령에게 속죄한다. 이는 원주민을 학살한 미국의 과거를 떠올리게 한다. 하지만 이 이야기에서도 구원자의 역할은 백인인 엘사에게만 주어진다. 엘사와 안나는 그들의 모든 것을 잃을 각오까지 했지만, 끝내 정령들의 용서와 엘사의 능력으로 **그들은 아무것도 잃지 않는다.** 이런 한계는 불가피한 구석이 있다. 애초에 〈겨울왕국〉 시리즈의 세계관과 주요 캐릭터가 백인 중심으로 구성되었기 때문이다. 이 기본 구조를 무너뜨리지 못한다면 어쩔 수 없는 것이다.

그래서일까? 디즈니는 〈겨울왕국 2〉 이후 동남아시아를 배경으로 한 〈라야와 마지막 드래곤〉(2021), 콜롬비아를 배경으로 한 〈엔칸토〉(2021)를 만든다. 소수인종의 세계관을 배경으로 소수인종 캐릭터들이 등장하는 이야기. 디즈니는 PC라는 지향을 실현하고 싶으나, 두터운 팬덤과 수익이 보장되는 기존 시리즈를 포기하고 싶지는 않은 것 같다. 〈겨울왕국 2〉 등의 작품을 만들면서 최선의 노력을 다하고 있는 셈이겠으나 그런 절충적 시도는 언제나 한계에 부딪힐 수밖에 없다.

실사화 시리즈들을 들여다보면 이 한계는 더욱 명확하게 확인된다. 각색된 것은 무엇이고 그대로인 것은 무엇인가? 1992년에 나온 동명의 애니메이션을 실사화한 영화 〈알라딘〉(2019)은 히로인 캐릭터 자스민을 완전히 바꿔버린다. 애니메이션에선 수동적이고 심지어 성적인 대상으로 그려졌지만, 영화에서는 능동적이며 지식을 활용할 줄 아는 캐릭터로 그려진다. 중반부 위기의 순간에 악당 자파가 지니의 능력으로 왕(술탄)이 되어 모두를 복종시키고 자스민은 끌려 나가는데, 여기서 자스민은 '더는 침묵하지 않겠다'며 단단히 각오하고 자파에게 저항한다. 그런데 이 저항이라는 게 다소 맥이 빠진다. 자파에게 복종하려던 경비대장 하킴을 향해 '옳다고 믿는 일을 하라'고 호소한 것이다. 하킴은 이 호소에 응답해 자파에게 반기를 들었지만, 두 번째 소원으로 강력한 마법사가 된 자파는 하킴을 간단히 무릎 꿇린다. 여성 캐릭터를 **능동적이고 용기 있는 모습**으로 재구성했지만, 그가 할 수 있는 일은 **힘센 남성 캐릭터를 설득하는 것**뿐이었다. 심지어 그마저도 실패로 끝났다. 재현은 올바르게 했을지 몰라도 기본적인 세계관을 그대로 둔 까닭에 그 이상의 변화는 이뤄내지 못했다.

이런 문제는 애니메이션을 실사화한 다른 영화 〈미녀와 야수〉(2017, 원작 1991년)와 〈라이온 킹〉(2019, 원작 1994년)에서도 똑같이 반복된다. 두 영화 모두 원작에선 수동적이었던 여성 주인공이 능동적이고 지적으로 변화하는 각색이 이뤄지긴 했다. 하지만 역시 그뿐이었다. 1990년대 초반의 낡은 스토리 라인은 조금도 바뀌지 않았다. 특히 〈미녀와 야수〉에서는 흑인 캐릭터나 동성애자 캐릭터가 등장하는 등 재현의 문제를 교정하려고 했지만, 이들은 모두 그저 부록처럼 삽입되는 수준으로 그려졌다.

아주 많은 논쟁을 불러일으킨 〈인어공주〉(2023)도 흑인 배우를 주인공으로 세우고, 여러 조연을 소수인종 배우들로 캐스팅한 것치곤 기본적인 스토리 라인에 어떤 변화도 없었다는 평가를 받았다. 영화의 바깥에서는 소수인종을 캐스팅했다는 사실 하나만으로도 별별 모욕적인 악플과 논란이 이어졌는데, 정작 영화 속에서 인종적 변화는 주인공들에게 아무런 영향도 주지 않았다.

요컨대 디즈니의 PC는 다양한 한계를 보여준다. 계급에 대해 철저히 무관심하거나 자본주의적인 방식으로 직업에 위계를 부여하고(〈주토피아〉), 소수자를 재현하되 그들을 지키는 백인에 더욱 주목하여 소수자를 타자화하고(〈겨울왕국 2〉〈미녀와 야수〉), 소수자를 재현했으나 차별과 혐오가 존재하지 않는 아주 매끈하게 올바른 세계에 위치시키고(〈인어공주〉), 캐릭터만 바꾸고 세계관을 그대로 둔 탓에 이야기를 어색하게 풀어간다(〈알라딘〉).

모든 문화 콘텐츠가 반드시 계급의 문제를 다룰 필요는 없고, 현실의 갈등을 그대로 가져올 필요도 없다. 하지만 PC가 말 그대로 '정치적 올바름'을 지향하는 방향성이라면 이런 정치적 한계들은 중요한 쟁점이 된다. **올바름의 범위를 정하는 것이 곧 권력이기 때문이다.** PC의 선봉장으로서 디즈니는 자본과 타협의 논리 속에 정치와 올바름을 가두고 있다. 그들로부터 정치와 올바름 모두를 구해내고 그 영역을 넓히기 위해 끈질기게 두드리고 정색하고 비판하는 일이 진정 정치적으로 올바른 비평일 것이다.

오늘날 PC를 둘러싼 논쟁이 과열될수록 사라지는 것이 있다면 바로 이런 작업일 테다. 별점 0점과 10점만 존재하는 시대, 불매와 구매만이 유이(唯二)한 선택지인 시대, 반대하지 않으면 찬성해야 하는 시대. 이 양극단에 휩쓸리지 않고 단단히 버티고 서서 사라져가는 비평 작업을 되살릴 때, 우리는 좀 더 나은 이야기를 나눌 수 있게 되리라 믿는다.

국뽕의 대체재를
찾아서

개인과 국가

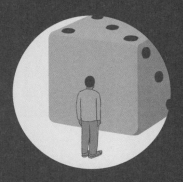

박권일

박권일

제가 10대 때는 어쨌든 홍콩과 일본의 대중문화가 뛰어났고, 제 세대는 이 두 나라를 동경하며 자랐어요. 그런데 어느 순간 케이컬처가 세계를 뒤덮고 저보다 나이 많은 세대들이 국뽕에 취해서 매일같이 케이컬처를 찬양하고 있는 거예요.

강남규

'케이'라는 라벨에 한국인으로서도 외국에서도 어떤 프리미엄이 있다면, RM이 딱 얘기한 그대로 '70년 전에 황폐화됐던 땅에서 이만큼 성장을 해서 세계적인 뭐가 됐다' 여전히 그런 감성이 '케이'라는 어쩌고저쩌고에 들어 있는 것 같아요.

정주식

"케이는 프리미엄 라벨이다"라는 RM의 발언도 주체적인 개인 RM
이 개인 인격체로서 한 발언이라기보다는 케이팝 산업의 대변인으로
서 한 말로 보여요. 여기서 개인의 주체성은 느껴지지 않아요. 그걸
보고 어떤 사람들은 '사이다'라고 했지만 그 감정조차 인격체 RM으
로부터 나온 거라기보다는 그냥 국뽕의 대리인 자격으로 한 말에서
온 것 같아요.

신혜림

저는 RM의 말에 깊이 수긍했어요. 저도 스스로를 '괴물'이라 여겨서
뭔가 다 같이 쉬어야 하는 상황에서 쉬지 않고 일을 해야만, 그래서
뭔가를 뛰어넘어야만 좋은 결과물이 나올 것 같고… 그 압박 속에서
살고 있는 사람이기는 해요.

일본 회사들이 울면서 정부에 부탁해도 안 되는 이유! 한국 없으면 망한다고 제발 들어달라는데.

독일 오디션에서 한국어로 노래 불러 심사위원 전원 기립시킨 한국인.

중국에 일 시킨 프랑스가 울면서 다급히 한국을 찾은 이유, "돈 아끼려다 대참사, 지구상에서 한국만 해결 가능".

유튜브의 썸네일 제목들이다. 영상은 거의 모든 내용이 대한민국과 한국인에 대한 찬양과 경탄으로 일관한다. 이런 유치한 걸 누가 볼까 싶지만 적게는 몇 만, 많게는 몇백 만 조회수를 자랑한다. 실제로 엄청나게 많은 사람이 이런 영상을 보고 있다는 것이다. 이른바 **국뽕 콘텐츠**라 불린다. 국뽕은 '국가'와 '히로뽕'의 합성어로, 어떤 성과에 대한 자국 또는 자국민의 과도한 도취를 의미한다.

최근 국뽕 유튜브가 이슈가 되면서 여러 분석이 나오고 있다. 대부분 국뽕 현상을 주목경제attention economy나 민족주의 개념으로 설명한다. 즉, 자극적이고 선정적인 문구와 과도한 민족주의 정서가 조회수를 올리는 데 매우 유용하기에 국뽕 콘텐츠 인기가 높다는 것이다. 설득력이 있다. 디지털 미디어 시대에는 내용의 타당성 또는 가부와 호오를 떠나 **많은 이의 관심 그 자체가 바로 화폐로 교환될 수 있으며**, 주목경제는 이런 미디어 환경의 특성을 잘 보여준다는 점에서 유용한 개념틀이다. 또한 민족주의는 본디 인화성 강한 이념이기에 주목경제하에서 더 위력을 발휘할 수 있다.

본질적인 질문을 던져보자. 국뽕은 왜 비판받아야 할까? 조금 바꿔서, 국뽕에 대한 진지한 비평은 필요한가? 물론 국뽕에 담긴 사실 왜곡, 아전인수식 해석, 과도한 자아도취는 그 자체로 오류인 경우가 대부분이다. 그저 우스꽝스럽지만 세상에는 그런 일이 한두 가지가 아니다. 어떤 개인이 이상한 신념을 가지거나 비이성적인 행동을 할 수 있는데, 그때마다 진지한 사회적 비판이 필요하지는 않다. 어떤 현상이 사회적으로 논의 대상이 되려면 그만한 공적 이유가 있어야 한다. 그렇다면 국뽕 현상에 그런 면이 있는지부터 확인해야 한다. 지금으로부터 20년 전, 국뽕이 심각한 사회문제라는 사실을 극적으로 보여준 사건이 있었다. '서울대 황우석 교수 배아줄기세포 논문 조작 사건(이하 황우석 사태)'이다.

2004년,《사이언스》의 속보는 황우석 사태라는 롤러코스터의 출발 신호였다. 서울대학교 수의학과 황우석 교수팀이 난자를 이용해 체세포 복제를 통한 배아줄기세포 실험에 성공했다는 소식이었다. 전 세계 학계가 놀랄 만한 뉴스였지만 한국인의 열광에 비할 바는 아니었다. 이제 대한민국에서 황우석은 누구도 건드릴 수 없는 성역이 됐다. 황우석 자신의 표현을 빌리자면, 그의 핵치환 기술은 "젓가락을 사용하는 한국인이 아니면 할 수 없는" 민족적 우월성의 상징이 되었다. 그리고 이런 사회 분위기를 가장 적극적으로 주도한 주체가 대한민국 정부였다.

참여정부는 황우석의 성과를 대대적으로 홍보했고, 그에 관한 문제 제기가 터져 나오기 시작할 때도 계속 옹호하는 모습을 보였다. 당시 교육부총리 김병준, 청와대 과학기술보좌관 박기영, 정보통신부장관 진대제는 비공식적인 황우석 지원 세력이었다. 이들과 황우석의 머릿글자를 따 일명 '황금박쥐'로 불렸을 정도다. 그렇다면 황금박쥐만 문제고 정부와 여당은 피해자였을까. 그럴 리 없다. 참여정부와 열린우리당 대다수가 황우석 광풍에 일조하거나 열정적으로 올라탔고, 그 정점에는 대통령이 있었다. 참여정부의 대통령직인수위원회 자문위원이던 송상용 한림대학교 명예교수는 황우석 사태가 있고 몇 년 뒤 기고문에서 이렇게 썼다.

> '사이비 과학자' 황우석을 과학 영웅으로 만든 것은 청와대 과학 기술보좌관 박기영을 포함한 '황금박쥐'였지만 최종 책임은 노무현에게 있었다. (…) 2001년 생명윤리자문위원회가 어렵사리 만들어낸 인간 체세포 핵이식 연구의 잠정적 금지를 담은 생명윤리 법안을 노무현 정부가 받아들였다면 황우석 사건은 막을 수 있었을 것이다.

모두가 알고 있듯, 대한민국을 과학기술 선진국으로 올려놓았다던 황우석의 신화는 불과 몇 달 사이 어처구니없이 무너졌다. 난자 채취 과정에서의 위법, 연구 윤리 위반, 연구비 횡령, 자금세탁 등 불법행위와 함께 심각한 수준의 실험 조작이 밝혀진 것이다. 최초로 문제가 제기된 시점에는 조심스럽게 지켜보던 전문가, 언론 들도 구체적인 근거들이 나오자 심상치 않다는 걸 직감하고 그의 비리를 본격적으로 파헤치기 시작했다. 그런데 반전은 여기서부터였다. 이들의 검증은 곧바로 일부 지식인과 대중의 어마어마한 비난과 협박에 직면했다. 사소한 트집으로 국민적 영웅의 발목을 잡지 말라, 차세대 성장 동력에 재 뿌리지 말라는 논리였다.

보수우파들 뿐 아니라 소위 진보 세력도 예외가 아니었다.《오마이뉴스》에서 활동했던 정치평론가 유창선은 2005년 12월 5일 〈황우석 몰아세운 '일그러진 진보주의'〉라는 글에서 이렇게 썼다.

> 황 교수 지키기에 나서는 것은 주류 언론이고, 황우석이라는 '우상'을 '이성'으로 깨뜨리는 것은 비주류 언론이라는 식의 발상. 그 같은 발상이 지속되는 한 주류 언론과 비주류 언론의 위치가 바뀌는 일은 없을 것이라는 비감한 예감마저 들었다.

MBC 〈PD수첩〉의 황우석 취재를 둘러싼 논란이 있을 당시, 대표적인 진보 정당이었던 민주노동당의 인터넷 매체인 판갈이넷에 올라온 기사의 제목과 부제는 충격적이었다.

> MBC 사태, 취재윤리가 아니라 숭미간첩죄가 본질.
> 숭미-친유대금융자본 반국가 매판 세력을 일망타진하라.

당시 열린우리당 국회의원이었던 유시민은 2005년 12월 7일 전남대학교 특강에서 이렇게 말했다.

> 〈PD수첩〉 프로듀서가 황우석 교수를 검증하겠다는 것은 터무니없는 짓이다. 내가 가서 검증하는 것과 똑같다. 기자나 나나 생명

개인과 국가

공학에 대해 모르는 것은 마찬가지다. 그래도 나는 보건복지위원을 2년이나 했기 때문에 좀 안다. 〈PD수첩〉이 부당한 방식으로 과학자를 조지니까 방송국이 흔들흔들하고, 광고 끊어지고 난리 아니냐.

한편 김어준은 이미 황우석의 논문 조작이 명백해진 시점에 이르러서도 집요하게 황우석을 옹호하는 음모론을 제기했다.《딴지일보》에 실린 2006년 2월 28일 〈새튼의 특허에는 음모가 있다〉라는 글에서 그는 단언한다.

새튼의 특허와 그로 인한 어마어마한 이권, 그리고 그 이권을 새튼에게 돌아가게 하고 그 반대급부로 이권의 일부를 공유하거나 관련 이익을 보장받기 위해 동조, 협조한 세력이 존재한다.

황우석 사태는 단순히 타락한 과학자의 예외적 일탈로 환원될 수 없다. 국뽕 앞에서 진보와 보수도, 좌파도 우파도 없었다. 지식인도 대중도 별 차이가 없었다. 우리나라의 힘이 더 강해지고, 그 힘이 닿는 곳은 더 많아지고 더 커져야 한다는 무분별한 욕망 앞에서 비판적 이성과 윤리적 성찰을 요구하던 목소리는 납작하게 짜부라졌다. 이 사건은 국뽕이 얼마나 거대한 해악이 될 수 있는지를 보여줬다.

짚어볼 대목은 국뽕이라고 모두 똑같지 않다는 점이다. 어떤 국뽕은 자기 나라의 거의 모든 것을 긍정하고 찬양하는 반면, 어떤 국뽕은 그중 일부만 긍정한다. 예를 들어 고대나 중세에 한반도에 존재하던 부족이나 국가에 모종의 위대한 정통성을 부여하고 그 면모가 21세기 대한민국까지 이어져오고 있다고 믿는 사람들이 있다. 과거의 역사에는 무관심하거나 심지어 부정적이지만 당대 대한민국의 성취, 예컨대 '선진 자본주의'와 '케이컬처' 따위에 광적으로 도취하는 사람들도 있다. BTS와 영화 〈기생충〉의 세계적 성공을 눈물 흘리며 자랑스러워한 이들 상당수는 산업화 이전의 한국을 그만큼 자랑스러워하지 않을 수도 있다. 이런 측면을 구별하는 일은 국뽕에 내재한 욕망이 정확히 어떤 성격인지를 드러내어 대안적 가치를 모색하는 데 도움이 된다.

어떻게 구별할 것인가? 국가의 성취를 보는 관점에 두 개의 시간 축, **과거**와 **현재**라는 요소를 도입해볼 수 있다. 그리고 국가의 과거와 현재를 각각 어떻게 평가하는지에 따라 크게 네 가지 입장이 나온다.(국뽕을 보다 잘 이해하기 위해 자의적으로 만들어본 것으로, 일반적 분류법은 아니다.)

우선 현재를 부정하는 두 가지 입장을 간략히 살펴보자. 이 둘은 논지와 크게 관련이 없기에 짧게 소개만 하고 넘어갈 것이다. 먼저 현재를 부정하고 과거를 긍정하는 입장인 **복고주의**다. 옛날이 지금보다 더 나았다는 생각은 단지 노인의 한탄이 아니라 혼

		현재	
		긍정	부정
과거	긍정	국수주의	복고주의(반동주의)
	부정	사회진화론	변혁주의

란과 무질서를 막고 안정을 추구하는 현실 정치의 운동으로 존재했다. 프랑스혁명 이전, 즉 앙시앵 레짐ancien regime으로 돌아가자는 빈 체제가 대표적 예다. 한편, 현재를 부정하고 과거도 부정하는 입장이 있을 수 있다. 현재 상태를 계속 부정하고 지양함으로써 더 낫게 변화시키자는 관점으로, 여기에는 목표의 완성이나 달성이 있을 수 없다. 일종의 영구혁명론이다.

현재를 긍정하는 입장도 두 가지다. 먼저 국가의 과거도 긍정하고 현재도 긍정하는 입장이다. 이런 관점은 세계 어느 나라에나 존재하며, 보통 **국수주의**라 정의된다. 실제로 많은 극우 사상을 보면 근대국가 성립 이전으로 거슬러 올라가서 자민족의 정통성과 우수성의 기원을 찾는다. 독일의 나치가 로마 역사가 타키투스Publius Cornelius Tacitus가 쓴 30쪽 가량의 소책자《게르마니아》에서 민족의 연원을 찾았던 게 대표적인 예다. 우리나라에도 학계에서 오래전 위서로 판정된《환단고기》를 진본으로 확신하면서 한민족의 위대함을 주장하는 사람들이 상당히 많다. 한국어 사용자는 다음과 같은 이야기를 유튜브에서 쉽게 발견할 수 있다. "단군 이전 한민족이 세계 4대 문명인 메소포타미아 지역 수메르왕국을 세웠다." 모두 이 범주에 속한다.

국가의 현재를 긍정하지만 과거는 부정하는 입장도 있다. 과거에는 비록 미개하고 후진적인 국가였지만, 열심히 노력하고 발전해서 오늘날 빛나는 문명국가, 선진국이 될 수 있었다는 것이다. 조선을 철저한 암흑기로 폄하하면서 제국주의의 생산력과 진취성을 칭송한 일제강점기 지식인 윤치호, 이른바 '뉴라이트'라고 불리는 이영훈 등의 식민지근대화주의자들, 봉건성을 혐오하며 산업화를 폭력적으로 밀어붙인 박정희 대통령과 그 추종자들, 그리고 특별한 이념 지향은 없지만 과거의 한국이 아니라 지금 잘나가는 대한민국에 열광하는 대중들과 국뽕 유튜버들이 여기에 속한다.

이런 입장을 근대화지상주의라고 말해도 큰 무리는 없다. 하지만 이 입장은 근대화나 산업화뿐만 아니라 '미개에서 문명으로의 선형적 진보'를 긍정하는 사상이라고 보는 게 더 정확하며, 따라서 그런 의미를 포괄하는 **사회진화론**이란 말로 묶는 것이 적절해 보인다. 사회진화론은 영국의 사회학자 허버트 스펜서Herbert Spencer가 주창한 사상으로, 다윈Charles Darwin의 진화론과 강한 친연성을 가지고 있으나 별개의 경로를 통해 발전하고 확산했다. 사회진화론은 우승열패優勝劣敗, 약육강식, 강자생존 등의 유사 진화론적 법칙을 인간사회의 현실을 설명하는 원리로서만이 아니라 마땅히 지향해야 할 당위로 제시한다.

오늘날 한국의 국뽕은 순혈주의에 입각한 내셔널리즘의 형태보다는 경제지상주의와 결합한 사회진화론으로 표현되는 경향이 있다. 특히 2000년대 중반부터 본격화된 한국의 넷우익* 담론이 그러한데, 이 특수한 형태의 국뽕 담론을 **국익주의**라 정의할 수 있다. 국익주의는 내셔널리즘과 시장주의가 결합한 형태로, 국가를 글로벌 시장경쟁의 주요 단위로 사고하며 국익이 모든 사안에서 가장 먼저 고려되어야 한다고 주장한다. 이는 글로벌 경제가 대한민국에 끼치는 영향 등을 분석하기 위한 학술적 개념이라기보다 정부의 다문화 정책을 비판하고 편의에 따라 외국인 노동자 등을 배척하기 위해 경제와 시장의 권위를 활용하는 전략에 가깝다.

국가의 과거와 현재를 보는 관점 네 가지 중 국뽕에 해당하는 건 두 가지, **국수주의**와 **사회진화론**이다. 둘은 결과적으로 현재의 자국과 자국민을 긍정한다는 점은 같아도 거기에 이르는 과정과 내용이 다르다. 또한 사회진화론은 경쟁을 통한 끝없는 진보를 추구하는 사상이어서 통합된 동질적 공동체에 대한 강한 향수를 기반으로 하는 국수주의와 충돌하는 지점도 적지 않다. 제국주의 시기 본격적으로 아시아에 수입된 사회진화론은 각국의 상황에

---

* 인터넷상에서 주로 활동하는 제노포비아, 국수주의 성향의 일본 우익 네티즌들을 가리키는 말. 네토우요ネトゥョ라고도 부른다.

따라 상당히 변용되었다. 이에 따라 아시아의 어떤 사회진화론들은 개인주의를 강조한 스펜서의 그것과는 다르게 집단주의와 국가주의적 성격을 강하게 띠게 되었다.

그럼에도 국수주의와 사회진화론은 복고주의나 변혁주의와 달리 현실에 대한 강한 긍정이라는 점에서 결정적으로 유사하다. 이는 결과적으로 **지금 그리고 여기**에서 일어나는 착취와 억압 같은 공동체의 부정의를 은폐하거나 덜 보여주기 쉬우며, 현재 기득권 세력에게 유리하게 작동할 가능성이 크다. 따라서 기득권 세력은 이런 이념에 극히 우호적일 뿐 아니라 이를 유포하고 고취하는 데 강한 동기를 가진다.

국뽕의 문제점, 이를테면 기득권 옹호성을 비판하면 과도한 일반화라고 반박하거나 국뽕의 순기능을 꼽는 반론이 나온다. 국뽕에 빠진 사람이라고 해서 덮어놓고 모든 사안에 찬성하지 않는다는 것이다. 특히 국뽕을 '내집단을 향한 신뢰'라는 차원에서 해석한다면, 이는 공동체의 성원으로서 자연스러운 반응이기도 하다. 긍정적 자아상은 개인 차원에서만이 아니라 집단 구성원으로서의 의미 있는 삶을 위해서도 필요하다. 또한 이런 감정이 집단의 통합성을 높여 생존에 유리하다는 주장도 설득력이 없지 않다.

혹자는 절충론을 말한다. 국뽕도 문제가 있지만 그렇다고 **국까**가 답은 아니라고. 국까는 온라인에서 종종 쓰이며 '무조건 대한민국을 비난하고 한국인의 성취를 폄하하는 태도'를 뜻한다. 덮어놓고 자국을 '까는' 태도도 극단적이긴 마찬가지이니 그 사이에서 적절히 균형을 맞추어야 한다는 것이다. 과도한 국뽕이 문제이지 **적당한 국뽕**은 해악이 크지 않거나 바람직하다는 것이다.

일단 이 주장들을 수용하면 문제가 되는 것은 단어다. 국뽕이라는 말 자체가 비하에서 시작되었다. 이를 중립적이거나 긍정적으로 표현할 말이 필요한데, 그와 유사한 정서를 가리키는 '애국(심)'은 사실상 사어라고 해도 될 정도로 인기가 없다. 30~40년 전만 해도 일상어에 가깝던 애국은 자녀를 많이 출산했을 때(출생률 올리는 데 기여한 애국자)나 특정한 정치 부족의 전유물(애국우파)로 쓰일 때만 소환된다. 자기가 태어난 나라를 사랑하는 마음은 어쩌면 매우 자연스러운 감정임에도 선뜻 그 마음을 가리키는 단어를 사용하지 못한다. 왜 그럴까?

애국은 과거 군부독재, 권위주의 시대에 너무 남용되었기 때문이다. 20세기 후반 대한민국 현대사는 **애국이란 미명하에 저질러진 수탈과 폭력의 역사**이기도 했다. 우리만의 이야기는 아니다. 거의 모든 국가에서 엘리트들은 국가적 재난이 닥치거나 전쟁을 일으킬 때 애국심에 호소했다. 그 결과, 헤아리기조차 힘든 숫자의 국민이 비참하고 허무하게 목숨을 잃었다. 애국이란 단어가 크게 부각하는 상황은 다수 인민에게 고통스러운 사태가 일어났거나 곧 일어날 것이라는 유력한 신호다. 전체주의, 파시즘, 징고이즘, 공격적 대외 정책의 형태를 띠는 극단적 애국주의 등을 겪은 사회가 그 단어에 격렬한 반응을 보이는 이유이기도 하다. 애국은 낡고 후진적인 느낌뿐 아니라 불길한 예감을 불러일으킨다. 어떤 식으로든 변명하고 옹호해도 그 나쁜 인상은 쉬이 사라지지 않는다. 지워지지 않을 사실로서 인류 역사상 가장 잔혹하게 폭력을 행사한 주체가 바로 국가라는 점 때문이다.

국뽕의 정도를 낮춘다거나 대체어를 써서 해결될 문제가 아니다. 국뽕의 긍정적인 면만 쏙 빼서 활용하는, 그런 편리한 방법은 없다. 근본적인 문제는 따로 있기 때문이다. 바로 **민족-국가**라는 프레임을 통해 세계를 보는 **방향성** 그 자체다. 국뽕에 취하는 것, 그것을 조롱하며 국까로 돌아서는 것, 국뽕과 국까를 모두 비판하며 짐짓 균형 잡힌 것처럼 보이는 애국을 권하는 것. 모두가 '국뽕 코인'의 일종일 뿐이며 똑같은 프레임에 갇혀 있다. 문제는 정도가 아니라 유무다. 당신의 판단에 민족이나 국가가 '어느 정도 들어가는가'가 아니라 '들어가느냐 안 들어가느냐'가 문제다. 철학자 슬라보예 지젝Slavoj Žižek은 반유대주의 프레이밍에 대응하는 방법에 대해 이렇게 말했다.

'유대인은 탐욕스럽다'는 말에 대해 '모든 유대인이 다 그런 것은 아니다'라고 답하면 안 된다. 그 말에 대한 올바른 답은 '유대인은 그것과 무관하다'이다.

개인과 국가

흔히 국뽕 혹은 내셔널리즘에 대한 처방으로 **개인주의**를 제시한다. 특히 자유주의적 개인주의자들은 전투적으로 내셔널리즘에 맞서며 개인의 권리를 옹호해왔다. 그들의 투쟁이 국가의 억압이나 집단의 압력으로부터 개인의 자유를 지키는 데 혁혁한 공을 세웠다는 점은 의심의 여지가 없다. 그들은 **국민**이라는 정체성에는 미심쩍은 눈길을 보내면서, 모든 인간이 각자 존엄한 **개인**으로 존재해야 한다고 열정적으로 주장한다.

자유주의적 개인주의자들의 긍정적 자아상은 자존감 개념으로 설명할 수 있다. 국뽕이나 내셔널리즘의 심리는 아주 단순하게 접근하면 **우월감**이다. 즉, 자신이 동일시하는 내집단의 우수성에는 도취하면서 동시에 외집단을 배척할 때 느끼는 쾌락이다. 강성 개인주의자들은 그런 것이 환상이라고 비판한다. 그들이 보기에, 뛰어난 축구선수 손흥민과 탁월한 아티스트 BTS를 응원하고 좋아하는 것은 아무 문제가 없다. 개인의 선호와 취향일 뿐이다. 하지만 그들이 한국인이라서 좋아한다는 건 이상하다. 손흥민과 BTS의 성취는 그들의 재능과 노력의 결과이지, 대한민국 사람 개개인의 성공이라 볼 수는 없기 때문이다.

민족적 동질성이나 애국심은 허구적 개념이므로 배격되어야 한다는 데 동의한다고 해도 의문은 남는다. 국가나 특정 집단의 억압으로부터 자유롭기 위해 모두가 철저히 독립된 개인으로 살아가는 것이 옳다면, 개별 인간이 처한 천차만별의 조건들은 어떻게 취급해야 하는가? 어떤 이는 운 좋게 3루타를 치지 않고도 3루에서 태어났다면, 어떤 이는 야구장에 입장조차 못한 채 평생을 살아가야 한다면, 그저 우연히 주어진 극단적으로 불평등한 삶의 조건에 자아상이 좌우되기 쉬울 것이다. 선천적으로든 후천적으로든 장애 때문에 누군가에게 의존해서 살아야 하는 사람들도 적지 않다. 국가가 개인을 억압하는 것이 나쁘다면 불운이 개인의 운명을 구속하는 것도 부조리하다. 불운한 이들의 자존감, 인정욕구는 무엇으로 채워야 하는가? 끝없이 자조하고 노력해서 강하고 독립적인 개인이 되거나 시혜적인 도움에 의존해서 살아가는 것만이 유일한 방편인가?

전부 그런 것은 아니지만, 대체로 자유주의적 개인주의의 입장은 분배와 재분배를 통해 불평등을 완화하자고 제안하면서도 문제 자체를 직접 건드리려 하지 않는 경향이 강하다. 자유주의적 개인주의가 표면적으로는 국가와 가장 격렬하게 대립하는 것처럼 보이지만, 결과적으로 시혜적 재분배의 주체인 국가의 존속을 용인하고 영구화하는 데 은밀히 협조한다. 역설적으로 개인의 책임을 강조하는 태도는 시장에서 실패하고 인정욕구를 충족하는 데 좌절한 개인이 원한을 내면화하여 극우화하는 배경이 되기도 한다.

국뽕의 대체재 혹은 대안으로 제시하고 싶은 것은 **자긍심**이다. 자긍심은 '스스로에게 긍지를 가지는 마음'이라고 정의된다. 자신의 선택에 대한 자부심이기 때문에 직장과 공동체에 대한 긍지도 포함한다. 애국심이나 애향심은 자신이 우연히 태어난 장소에 대한 애착이지만, 자긍심은 스스로 선택한 집단에 대한 애착이다. 애국심은 많은 경우 무의식적이고 직관적으로, 심지어 거의 자동으로 발발하는 정서다. 하지만 자긍심은 의식과 이성에 따라 작동하는 경향이 있다.(물론 자신이 선택한 집단이라고 해도 그 집단의 여러 특성까지는 결정할 수 없으므로 우연성도 적지 않다.)

자존감이 개인주의와 상응하는 개념이라면, 자긍심은 **연대주의**와 상응한다. 연대주의는 개인이 아니라 집단, 사회, 조직을 중심에 놓지만 국가와 같이 억압적인 공동체는 거부한다. 대신에 서로 돌보고 협력하는 공동체, 그 누구도 차별하거나 배제하지 않는 공동체를 지향한다. 자긍심은 이런 공동체를 만들어가는 과정, 다시 말해 **대안적 사회 조직을 구성하는 실천 속에서 느끼는 기쁨**의 다른 이름이다.

애국심을 통해서도 자긍심이 주는 것과 유사한 기쁨을 느낄 수 있다. 그러나 애국심과 자긍심을 질적으로 구별하는 요소가 있다. 바로 **정당화**다. 자긍심에는 정당한 이유가 필요하다. 애국심은 꼭 그럴 필요가 없다. 어떤 공동체에 자긍심을 가지기 위해서 그 집단이 꼭 강하고 아름다울 필요는 없지만, 반드시 윤리적이어야 한다. **내가 속한 공동체의 정당한 지속에 기여하고 있다는 감각**이 자긍심의 핵심이다.

국뽕, 애국심 대신에 자긍심을 가지는 것은 지나친 이상론인가. 국가가 사라지지 않는 한 국뽕도 사라지지 않을 것이며, 자긍심 대신 애국심을 가지는 정도가 최선이라며 비관적 전망을 내놓을 수도 있다. 어김없는 사실이지만 국가도, 국뽕도 금세 사라지지 않는다. 그러나 자긍심으로 애국심을 대체하는 세계가 불가능하다고 단정할 수 없다. **인민**people은 언제나 **국민**nation을 초과하는 존재이니까.

　어떤 측면에서 자긍심은 탈세범과 비슷하다. 영악한 인간들이 법의 빈틈을 노려 이익을 챙기는 것처럼, 자긍심 넘치는 인민들은 법망을 빠져나가 법보다 훨씬 윤리적인 공동체를 만든다. 그들은 국가 내부에서 국가를 초과하는 유토피아를 시도한다. 그들은 과거에도 존재했고, 지금도 어딘가에서 싸우고 있으며, 미래에도 나타날 것이다. 그리하여 끝끝내 세상을 바꿀 것이다.

우영우를 좋아하는 마음이
전장연을 향한 이해로 이어질 수 있을까

장애 담론

×

장혜영

장혜영

자폐 스펙트럼 장애를 가졌다는 사실 이외에는 미모, 학벌, 인맥, 천재성을 두루 갖춘 주인공이 나온 이 드라마를 즐겁게 본 사람들이 현실에서 자폐인을 만나게 된다면, '너는 뭐 잘해?' 이렇게 물어보게 될 가능성은 매우 크다고 봐요.

강남규

자폐인의 여러 가지 측면을 묘사하는 게 드라마의 의무는 아니겠지만 어쨌든 시청자들의 반응에 대해서는 고민하지 않을 수가 없겠지요. 현실에서 다양한 스펙트럼을 가진 자폐인을 만났을 때 당황스러움에 빠지지 않을까 그런 생각도 들어요.

이재훈

이제까지 우리 사회에서 장애인들은 보이지 않는 존재였죠. 장애인
들은 어떤 특정한 공간, 특정한 시설에 격리되어야 하는 대상자였지
우리 삶 안에서 같이 일상을 살아가야 하는 존재라고 인식하기 어려
웠잖아요. 그런데 이 드라마는 어떤 이상적인 것을 그려낸 거고, 문제
는 오히려 이런 이상향 때문에 사회적 인식이 잘못되어 현재에 안주
하는 상황이 될 수 있다는 거죠.

정주식

제가 드라마에서 도움을 받았던 건 이런 거였어요. 장애를 갖고 있는
사람들을 대하는 것이 그렇게 특별한 것이 아니구나. 진짜 작은 도움
이나 상식적인 수준의 도움만 줘도 굉장히 큰 도움이 될 수 있다는 걸
알게 됐어요. 장애인이나 소수자에게 편견이 없다고 생각하는 사람
들도 그들과 가까이 지내본 경험이 없는 상태에서 막상 그들과 마주
하면 어떻게 대해야 하는지 몰라서 당황하는 경우가 많거든요.

제 이름은 똑바로 읽어도 거꾸로 읽어도 우영우입니다.

기러기 토마토 스위스 인도인 별똥별 우영우.

지난 2022년 여름, 한 편의 OTT 드라마가 신드롬을 일으켰다. 에이스토리가 제작하고 채널 ENA와 넷플릭스가 배급한 〈이상한 변호사 우영우〉(이하 〈우영우〉)다. 무엇이든 한 번 보기만 하면 완벽하게 기억하는 천재이자, 자폐 스펙트럼 장애 당사자인 여성 청년 변호사 우영우가 여러 사건을 해결해나가는 이야기다. 이 드라마는 첫 회 시청률 0.9퍼센트에서 출발해 4회 만에 5퍼센트를 돌파했고, 분당 최고시청률 21.9퍼센트(닐슨코리아 유료플랫폼 가입 가구 기준)를 기록하며 엄청난 인기를 모았다. 해외 반응도 대단했다. 넷플릭스 전체 비영어권 드라마 부문에서 〈우영우〉는 7주 연속 시청시간 1위를 기록했다.

무엇보다 〈우영우〉에 쏟아진 폭발적 관심은 드라마의 캐릭터와 스토리를 넘어 **장애와 비장애의 공존**이라는 화두에 대한 사회적 대화를 촉발했다. 어떤 사람들은 이 작품이 자폐인과 그 가족의 삶에 대한 사회적 이해를 높이는 데 크게 기여했다고 호평했다. 또 어떤 이들은 오히려 주인공의 캐릭터가 대다수 자폐인들의 현실과 동떨어져 있으며 그로 인해 장애에 대한 사회적 편견을 강화한다는 비판을 내놓았다. 드라마는 드라마일 뿐이라며 사회적 의미를 덧씌우는 것 자체에 거부감을 느낀다는 이들도 있었다. 〈우영우〉는 사회적으로 어떤 의미를 가진 작품일까? 이 드라마가 촉발한 사회적 대화가 있다면 거기에 어떻게 참여해야 좋을까?

　나는 성인 자폐 스펙트럼 장애 당사자의 가족이자 장애인과 비장애인의 공존을 주제로 한 독립 다큐멘터리의 감독이다. 우선 장애인의 삶을 소재로 한 드라마가 대중적 인기를 얻고, 이를 통해 장애와 비장애의 공존에 대한 사회적 대화가 활성화되는 이 상황이 무척 반갑다. 〈우영우〉가 지닌 사회적 의미를 말하기 전에 확실히 짚고 넘어가고 싶은 것은, 이 작품이 많은 사람에게 폭넓은 공감대를 불러일으킨 **좋은 이야기**라는 점이다. 이야기를 만드는 사람에게 늘 어려운 것은 메시지가 이야기를 넘어서지 않도록 절제하는 일이다. 이야기는 메시지를 담기 마련이지만 아무리 좋은 메시지도 이야기 그 자체보다 목소리가 커지는 순간

역효과가 난다. 캐릭터에게 흥미를 갖고 감정을 이입하며 따라가던 이야기가 실은 작가의 메시지 전달을 위한 하나의 도구에 불과했다는 것을 느낄 때 공감의 마법은 깨어진다. 좋은 의도로 사회적 소수자의 이야기를 다룬 작품들 가운데는 안타깝게도 메시지가 이야기를 압도해버리는 경우가 꽤 있다. 그런 점에서 〈우영우〉는 장애라는 소재를 중심에 다루고 여러 사회적 메시지를 품으면서도 끝까지 대중이 공감할 수 있는 하나의 이야기를 창조해내는 데 성공한 멋진 작품이다. 〈우영우〉를 둘러싼 공론장은 기본적으로 좋은 이야기에서 비롯된, 사람들의 폭넓은 관심 위에 성립한다. 그렇기에 작품에 대한 비평에 앞서 좋은 이야기를 만들어내기 위해 노고를 아끼지 않았을 감독과 작가, 배우, 모든 스태프 들에게 진심으로 고마움과 축하를 전하고 싶다.

이제 본격적으로 작품에 대해 이야기해보자. 이 작품에 찬사를 보내는 이들이나 비판하는 이들 모두가 동의하는 것은 〈우영우〉가 **판타지**라는 점이다. 주인공 우영우는 자폐 스펙트럼 장애를 가졌다는 사실 이외에는 미모, 학벌, 인맥, 천재성을 두루 갖춘 '엄친딸'이다. 이런 엄친딸 주인공이 변호사가 되어 유명 로펌에 계약직으로나마 취직한 후 첫 출근을 하는 순간부터 드라마는 시작된다. 우영우의 주위에는 그의 장애를 있는 그대로 받아들이며 지원을 아끼지 않는 아버지와 친구, 동료와 연인이 있다. 물론 모든 주변 인물이 처음부터 그랬던 것은 아니다. 큰 줄거리는 우영우가 지닌 장애의 특성과 한 인간으로서 우영우가 지닌 마음을 잘 알지 못하는 주변 인물들이 그와 함께 문제를 해결하며 서로 조금씩 마음을 열고 진정한 관계를 맺어나가는 과정이다. 법무법인 한바다의 신입 변호사 우영우가 매회마다 맡게 되는 사건들은 극의 긴장감을 유지함과 동시에 이야기 속의 이야기처럼 우영우의 삶에 관한 주제들과 조응한다. 형을 살해했다는 누명을 쓴 지적장애인 동생의 혐의를 벗겨주는 3화("펭수로 하겠습니다"), 지적장애인의 사랑과 성적 자기결정권을 다루는 10화("손잡기는 다음에")의 에피소드가 대표적이다. 변호사이자 자폐인으로서 맞닥뜨리는 문제들을 온몸으로 부딪치며 풀어나가는 '우변'의 이야기를 따라가다보면 시청자들은 어느새 우영우를 마음 깊이 아끼고 좋아하며 응원하게 된다. 마치 우영우를 둘러싼 그 주위의 등장인물들처럼 말이다. 시청자들이 우영우라는 가상의 인물에 대해 품게 되는 따뜻한 마음은 자연스럽게 현실에 존재하는 자폐 스펙트럼 장애 당사자와 그 가족들의 삶에 대한 관심과 공감, 이해의 노력으로 확장될 수 있다. 작품 전반에 녹아 있는 자폐인과 그 주변 인물들의 경험과 감정에 대한 입체적이고 섬세한 묘사는 당사자들의 마음을 설득력 있게 대변하며 이러한 확장을 더욱 용이하게 한다. 여기까지는 무척 훈훈하다.

그러나 〈우영우〉가 소비되는 현실은 이보다 중층적이다. 〈우영우〉에 열광하는 대한민국 사회에서 대다수의 자폐 스펙트럼 장애 당사자들은 변호사가 되기는커녕 교육과 취업, 생애 전반에 걸쳐 차별과 배제를 경험한다. 보건복지부의 〈2021 발달장애인 실태조사〉에 따르면 발달장애인의 최종 학력은 고등학교 재학 및 졸업(38.6퍼센트)이 가장 많고 다음이 초등학교(22.6퍼센트), 중학교(14.6퍼센트) 순이다. 무학자도 8.1퍼센트나 된다. 전문대 이상의 학력을 가진 발달장애인은 6.2퍼센트에 불과하다. 반면 대한민국 25~54세 성인 인구 기준 고등교육 이수자 즉 대졸자 비율은 2022년 기준으로 52.8퍼센트에 달한다. 교육 수준의 차이는 고스란히 고용 격차로 이어진다. 2021년 기준 15세 이상인 전체 국민의 고용률은 60.4퍼센트이지만 자폐인의 고용률은 28.1퍼센트로 절반도 되지 않는다. 2020년 기준 전체 국민의 월평균 임금은 318만 원이었지만 자폐인의 경우 121만 원에 그쳤다. 더욱 마음 아픈 통계도 있다. 국립재활원의 〈2020 장애인 건강보건통계〉에 따르면 국내 자폐인의 사망 시 평균연령은 23.8세이다. 장애인 전체의 사망 시 평균연령이 76.7세임을 감안하면 매우 충격적인 수치다. 실제로 우리는 발달장애인의 현주소를 보여주는 분명한 장면들을 심심치 않게 맞닥뜨린다. 사회로부터 고립된 채 발달장애 자녀를 돌보다 자식을 죽이고 스스로 목숨을 끊는 참혹한 뉴스는 우리에게 결코 낯설지 않다.

이런 현실을 살아가는 사람들에게 〈우영우〉는 말 그대로 결코 실현될 수 없는 판타지다. 판타지를 판타지로 마음 편히 소비하기 위한 전제 조건은 그것이 자신의 현실이 아니어야 한다는 것이다. 남들이 열광하는 판타지의 무대로 그려진 세계가 다름 아닌 나의 세계일 때, 판타지가 창조해낸 기쁨과 희망은 너무나 쉽게 그 허구성을 드러내며 현실의 슬픔과 절망을 또렷이 부각한다. 〈우영우〉라는 판타지를 열광적으로 소비하지만 정작 현실의 자폐인들의 삶에는 너무나 무관심하고 배타적인 사람들이 많다. 이런 현실에서 이른바 '우영우 앓이'가 심해질수록 자폐인과 그 가족들은 작품의 인기와 철저히 괴리된 현실을 더욱 아프고 외롭게 자각할 수밖에 없다. 현실의 장애인에게 무관심한 채 판타지에만 열광하는 '우영우 신드롬'은 당사자와 그 가족들에게 박완서의 《도둑맞은 가난》의 주인공*과 비슷한 심경을 느끼게 한다. '우영우 같은 장애인이라면 같이 살 수 있다'는 일부 관객들의 반응은 아무리 노력해도 우영우처럼 귀엽고 무해하고 똑똑하고 부유해질 수 없는 대다수의 장애 당사자와 그 가족들을 더욱 철저히 소외시킨다.

장애 당사자의 가족들이 〈우영우〉에 대해 종종 표출하는 분노는 작품 자체라기보다 이야기에만 관심을 쏟고 장애인과 그 가족의 현실에는 무관심한 사회에 대한 분노다. 〈우영우〉라는 판타지

---

* 이 소설의 주인공은 자신을 제외한 일가족의 비극적 죽음을 겪은 뒤, 자신이 일하는 공장의 노동자인 상훈을 만나 단칸방에서 함께 지내게 된다. 그런데 비슷한 처지의 가난한 노동자인 줄 알았던 상훈은 사실 부잣집 대학생이었고, 아버지의 명령으로 가난을 '체험'하러 온 사람에 불과했다.

는 이를 판타지로 소비할 수 있는 누군가에게는 장애라는 세계로 들어오는 문이지만, 그 세계를 살아가고 있는 많은 이에게는 한없이 높은 문턱이다. 이러한 역설을 알고 있는 작가는 작품 곳곳에서 다른 인물들의 대사를 통해 모든 장애인이 우영우 변호사 같을 수는 없다며, 어떻게든 문과 문턱 사이의 괴리를 좁혀보기 위해 노력한다. 하지만 그런 장치들은 일종의 각주일 뿐 우영우라는 판타지 자체를 상대화하기에는 역부족이다.

〈우영우〉에 대한 사회적 관심과 애정이 작품을 넘어 현실 속 장애인들의 삶을 개선하는 동력으로 이어지지 못하는 현실은 우영우와 전국장애인차별철폐연대(이하 전장연)에 대한 우리 사회의 온도차로 명백히 드러난다. 2022년 대선 직전, 각 당의 후보들에게 장애인 이동권 등 장애인 권리 증진을 요구하며 지하철 시위를 주도해온 전장연은 〈우영우〉가 한참 인기를 얻고 있던 7월 하순에 "다른 반응"이라는 제목의 만평을 게시했다. 〈우영우〉를 보며 장애인과의 공존을 말하는 이들이 드라마 밖 현실에서는 장애인 권리 신장을 위한 지하철 시위에 비난과 조롱, 욕설을 서슴지 않는 모순적인 상황을 폭로했다. 그러자 한 온라인 커뮤니티에서 "우영우는 지하철을 교통수단으로 이용하지만 전장연은 사익 수단으로 이용한다"며 우영우를 기준으로 전장연을 역공하는 만평이 올라왔다. 예쁘고 똑똑하고 착한 자폐인 변호사 우영우 이야기에 대한 열광은 동정과 시혜를 넘어 동등한 권리를 쟁취하기 위해 세상과 싸우는 장애인들의 현실적인 투쟁에 대한 이해로 이어지지 않았다. 오히려 누군가에게 우영우는 전장연의 투쟁 방식을 부정하기 위한 도구로서 **사회적으로 받아들여질 수 있는 장애인**의 새로운 상징으로 활용되기까지 하고 있다. 참 기가 막힐 노릇이다.

그러나 혀만 차고 있어봐야 무엇도 달라지지는 않는다. 결국 세상을 바꾸는 것은 작품 그 자체가 아니라 작품을 만들고, 보는 사람들이다. 〈우영우〉가 보여주는 감동적이고 아름다운 판타지와 그 판타지마저 현실의 장애인을 공격하는 소재로 사용하는 숨막히는 현실의 간극을 메우기 위해 우리 스스로가 나서야 한다. 판타지 〈우영우〉의 감동이 화면 너머 현실의 장애인에 대한 차별과 폭력에 맞서는 힘으로 이어지게 하기 위해서는 무엇이 필요할까? 나는 **성의 있는 비평**, **더 많은 작품**, **현실에서의 연대**라는 세 가지 요소를 꼽고 싶다.

성의 있는 비평은 더 좋은 작품의 밑거름이다. 〈우영우〉 시즌 2가 만들어진다는 소식이 들려왔고, 이 작품의 두 가지 한계에 대한 보완을 내심 기대하고 있다. 하나는 **장애인을 연기하는 비장애인**만 등장하는 작품이라는 한계다. 과거에는 백인들이 얼굴에 검은 칠을 하고 흑인 연기를 해도 괜찮은 시절이 있었지만, 이제 우리는 그런 일을 상상조차 할 수 없다. 만일 지금 비슷한 시도가 있다면 흑인에 대한 고정관념 강화이자 인종차별이라는 거센 비판에 직면하고 작품을 제대로 끝마칠 수 없을 것이다. 그러나 비장애인에 의한 장애인 연기는 여전히 받아들일 수 있는 것으로, 경우에 따라서는 배우의 대단한 연기력을 증명할 수 있는 하나의 방식으로까지 여겨지고 있다. 그렇다고 장애인 배역을 전부 해당 장애를 실제로 가진 배우가 맡아야 한다고 강변하려는 것은 아니다. 내가 말하고 싶은 것은 다른 가능성에 대한 시도다. 드라마 〈우리들의 블루스〉에서 다운증후군을 가진 언니 역에 다운증후군을 가진 배우이자 화가인 정은혜를 캐스팅한 것과 같은 시도를 〈우영우〉 시즌 2에서는 보고 싶다. 두 번째 한계는 사회의 실종이다. 〈우영우〉라는 작품의 세계관은 훌륭한 개인들로 이루어져 있고 정작 장애인에 대한 사회적 안전망은 놀라울 정도로 보이지 않는다. 어린 우영우와 아버지의 어려운 삶에 어떤 제도나 정책은 전혀 작동하지 않는다. 학교에서도 지역에서도 마찬가지다. 어른이 된 우영우도 변호사로서 개인적인 능력과 주변 인물과 맺은 관계를 통해 삶에서 직면한 순간들을 헤쳐나갈 뿐 장애인 차별에 대한 사회적이고 구조적인 문제의식은 전혀 느끼지 않는다. 가족을 비롯한 사적인 인간관계 외의 사회적 해법이라는 관점 자체가 극에서 철저히 배제된 것이다. 한 번 보면 무엇이든 기억하는 천재 변호사가 살아가는 이야기 속의 대한민국에는 왜 아직 장애인차별금지법이나 장애인 활동지원제도가 만들어지지 않은 것일까? 장애인 이동권을 얻기 위해 투쟁하다 연행

되는 **나쁜 장애인**들은 우영우의 세계에 존재하지 않는 것일까? 시즌 2에서 우영우와 박경석(전장연 대표)의 만남을 기대해본다.

우리 사회에는 장애인을 주인공으로 하는 서사가 훨씬 더 많이 필요하다. 그런 의미에서 **더 좋은 작품은 곧 더 많은 작품이다.** 또한 **현실에서의 연대**는 허구의 서사와 현실의 투쟁 사이에 놓인 간극을 관객 스스로가 능동적으로 좁혀갈 수 있는 최고의 선택이다. 〈우영우〉라는 문을 통해 장애라는 세계를 발견한 많은 사람이 드라마에 나오는 동그라미(주현영 분)와 '봄날의 햇살' 최수연(하윤경 분)이 그랬던 것처럼 지금 이곳에서 부당한 차별에 맞서 싸우고 있는 낯선 장애인들의 삶을 정면으로 마주하며 자신의 방식으로 함께 연대하는 모습을 꿈꿔본다. 그렇게 된다면 우리는 날아다니는 고래를 볼 수는 없겠지만 그만큼, 아니 그보다 훨씬 멋지고 눈부신 공존의 이야기를 우리 손으로 만들어낼 수 있을 것이다.

조주빈의 얼굴에
파묻혀버린 사회

범죄자 신상 공개

×

정주식

이재훈

2019년 화성 연쇄살인 사건의 범인이 마침내 밝혀지고 한겨레 편집회의에서 논쟁이 좀 있었는데, 저도 그때 사회부 사건팀장 자격으로 회의에 참석했어요. 이춘재의 이름과 얼굴을 아는 것이랑 피해자의 상황에 공감하는 게 무슨 연관성이 있느냐는 얘기들이 나왔고, 저도 거기에 무게를 두는 의견을 냈습니다.

정주식

더 큰 문제는 신상 공개를 했을 때 범죄의 문제가 전부 개인화된다는 거죠. 가해자에게 서사를 만들어주지 말라는 금언이 생겨났지만 저는 가해자 서사의 완성이 신상 공개라고 생각해요. 이렇게 간편한 시선 전환이 없는 거죠. 구조적인 범죄의 메커니즘을 규명하고 예방해야 될 경찰이 신상 공개라는 간편한 방식으로 자기들의 귀책사유를 은폐하면서 사람들의 시선을 엉뚱한 방향으로 유도하는 거예요.

박권일

전문가들이 범죄자의 신상을 공개할 때 이를 결정하는 과정이 있는데 그것도 일관성이 없다고 하더라고요. 기준이 모호하기 때문에 분위기나 여론에 의해서 좌지우지되는 경우들이 많다는 거죠. 어느 사회에나 괴물들이 있습니다마는, 그 괴물들을 처벌하고 돌을 던지는 일만으로 그 사회가 더 좋아지지 않는 것이 역사적으로 이미 증명됐다고 생각해요.

강남규

엄벌주의에 대해서 예전에 읽었던 논문이 하나가 있는데 되게 재밌는 얘기가 있더라고요. 형사 처벌을 수행하는 사람이 직접선거로 뽑힐 때 훨씬 더 가혹한 처벌을 하고, 다당제보다는 양당제에서 훨씬 더 가혹한 처벌을 한다는 거예요. 왜냐하면 범죄 자체가 정쟁의 소용돌이로 빠져들기 때문에 모든 정당이 너도나도 엄벌, 엄벌 이렇게 쏠리게 된다는 거죠.

2023년 8월 4일 JTBC 〈뉴스룸〉은 경찰의 신상 공개 여부 결정에 앞서 '서현역 흉기 난동 사건'* 피의자의 신상을 공개했다. 당시 JTBC는 국민의 알 권리와 범죄 예방 효과를 고려해 공개한다고 설명했다. 보름 뒤 JTBC는 다시 한번 경찰의 공개 여부 결정에 앞서 '신림역 칼부림 사건'** 피의자의 신상을 공개했다. 지난 6월 유튜브 채널 〈카라큘라 미디어〉는 '부산 돌려차기 사건' 피의자의 얼굴과 실명, 생년월일, 직업, 출생지, 키, 전과 기록 등이 공개된 영상을 올렸다. 경찰이 피의자의 신상 공개를 결정한 뒤였다. 해당 채널의 운영자는 이 영상을 공개한 이유에 대해

* 2023년 8월 3일 경기도 성남시의 서현역 인근에서 20대 남성 최원종이 차량을 몰고 인도로 돌진하여 행인들을 들이받은 뒤, AK플라자 분당점으로 이동하여 흉기를 휘둘러 14명의 사상자가 발생한 사건이다.
** 2023년 7월 21일 서울시 관악구의 신림역 인근에서 30대 남성 조선이 흉기를 휘둘러 4명의 사상자가 발생한 사건이다.

"소외된 피해자 권리에 대한 문제를 제기하기 위한 것"이었다고 밝혔다. 더불어서 "사람들이 왜 이런 유튜브에 열광하는지 사법부의 깊은 성찰이 필요한 대목"이라고 지적하기도 했다. 공개된 지 이틀 만에 해당 영상의 조회수는 500만 회, 댓글은 3만 6천 개를 넘어섰다. 대부분의 댓글은 '법이 못하는 일을 대신해줘서 감사하다'는 류의 응원 일색이었다. 이런 여론을 의식했는지 윤석열 대통령은 6월 12일 수석보좌관회의에서 법무부에 여성 대상 강력범죄 가해자의 신상 공개 확대 방안을 추진하도록 지시했다.

JTBC와 유튜버 카라큘라, 윤석열 대통령이 공유하는 원칙은 **다수가 원하면 한다**는 것이다. 2023년 7월 국민권익위원회에서 실시한 설문 응답자의 96.3퍼센트가 강력범죄자의 신상 공개 확대가 필요하다고 답했다. 그보다 한 달 전 리얼미터가 실시한 여론조사에 따르면, 개인이 강력범죄자 신상을 공개하는 것에 찬성한다는 응답이 60.1퍼센트로 나타났다. 반대 의견은 30.2퍼센트에 불과해 응답자 3명 중 2명이 사적 제재 형식의 신상 공개에 찬성하는 것으로 나타났다. 그들이 공통적으로 내세운 신상 공개의 목적은 범죄 예방이었다. 하지만 전문가들은 신상 공개의 범죄 예방 효과에 대해서는 증명된 사실이 없다고 말한다. 한국형사·법무정책연구소의 보고서에 따르면, 범죄자 신상 공개 대상자의 재범률이 비공개 대상자보다 오히려 높은 것으로 나타났다.

범죄 예방 효과가 없다면 형벌로서의 신상 공개는 사라져야 한다. 하지만 이러한 통계가 범죄자의 신상을 원하는 여론을 돌려세울 것 같지는 않다. 신상 공개를 요구하는 사람들은 대체로 솔직하지 못하다.

2020년 12월 성범죄자 조두순이 출소한 날, 그의 거주지 앞에는 수많은 유튜버가 진을 치고 있었다. 그들은 욕설, 위협적인 행동과 함께 직접 조두순을 '참교육'하겠다고 외치며 골목을 점령했다. 조두순 출소 후 사흘 사이에 이 난동과 관련한 100여 건의 신고가 경찰에 접수됐다. 주민들이 불편을 호소해도, 경찰이 자제해달라고 요청해도 그들은 막무가내였다. 그들이 유튜브에 게시한 영상들은 수백만 회의 조회수를 기록했고 수만 개의 응원 댓글이 줄을 이었다. 현장에서 폭력성을 가감 없이 연출했던 유튜버들은 채널당 수천만 원의 후원 수입을 벌어들인 것으로 전해졌다. 한몫 잡기 위한 수단으로 조두순의 신상을 활용했던 그들의 영상을 구경하며 **안전한 정의 구현**에 빠져들었던 시청자들. 그 소동은 실제 정의 구현과 얼마나 가까이 있었을까.

전근대 동서양 군주국에서는 공식적 형벌로 조리돌림형을 집행했다. 이 형벌을 구성하는 중요한 조건은 **군중의 관음 욕구**였다. 광장에서 군주의 힘을 과시하기 위해서는 그걸 지켜봐줄 사람들의 호응이 필요했다. 군중은 범죄자가 어떻게 생겼는지, 목소리는 어떤지, 무슨 말을 하는지 궁금해했다. 근대 형법체계가 정립되며 대부분 국가에서 조리돌림형은 자취를 감췄지만, 광장에 만연했던 호기심은 사라지지 않았다. 과거에는 반역자와 흉악범 정도가 조리돌림형을 당했다면, 오늘날 한국에서는 블랙박스에 찍힌 기분 나쁜 운전자와 버릇없는 카페 종업원 같이 평범한 사람들도 조리돌려진다. 조두순의 집 앞을 연상케 하는 온라인 공간에서 연일 개인을 향한 사인私人의 폭로가 이어지며 이름 모를 구경꾼들을 만족시킨다. 전근대에 행해진 조리돌림형의 중요한 기능은 **범죄자와 군중의 분리**였다. 군중은 광장에 끌려나온 대상을 공격하고 비웃으며 자신들의 세계에서 그들을 철저히 떨어뜨려 놓는다. 군중은 범죄자를 자신과 동일성이 전혀 없는 비인격적 존재로 인식한다. 이러한 범죄의 타자화는 이 시대 조리돌림의 양상과 크게 다르지 않다.

2020년 3월 25일 오전 8시 '텔레그램 N번방' 성착취물 제작자 조주빈이 포토라인 앞에 섰다. 많은 사람이 전대미문의 사건을 일으킨 주인공의 얼굴을 궁금해했다. 카메라 앞에 선 그의 입에서는 피해자들에 대한 사죄의 메시지 대신, 손석희 당시 JTBC 사장 등 유명인들과의 관계에 관한 이야기가 나왔다. 온 나라의 미디어들이 겉멋 든 한심한 범죄자의 허세를 앞다투어 보도했다. 마치 대한민국에서 조주빈이 제일 중요한 인물이라도 되는 양. 곧바로 그의 이름 세 글자는 네이버, 카카오 등 주요 포털사이트의 실시간 검색어 1위에 올랐다. 포토라인 앞에 선 그는 영화 〈넘버3〉

에서 불사파 대원들이 이루지 못했던 꿈을 이뤘다. 이 거대한 스펙터클은 N번방 사건에 대한 국민적 관심을 조주빈이라는 개인에 대한 규탄과 호기심으로 돌려세웠다.

2023년 8월 11일 '서현역 흉기 난동 사건' 피해자의 신상이 공개된 날, 피해자 유족은 "가해자가 아닌 피해자의 말에 주목해달라"고 호소했다. 그는 "사람들이 가해자가 어떤 사람이고 얼마나 제정신이 아니었는지만 이야기하고 있다"면서 "범죄자에게 서사를 부여하는 건 정말 옳지 않다고 생각한다"고 밝혔다. **신상 공개는 가해자 서사의 완성이다.** 사람들은 언제나 흥미로운 이야깃거리를 원하고 범죄자의 신상 공개는 정확하게 그것을 제공한다. 대중의 관음증을 만족시키는 데 있어 신상 공개는 확실히 성공적이다. 하지만 그 이상의 공익을 찾아내기란 쉽지 않다. 온라인 조리돌림과 구경꾼들이 끼치는 영향은 개인 차원의 도덕성에 국한되지 않는다. 이러한 사적 제재의 승인은 공동체 전반에 파장을 불러일으킨다.

2010년대 이후 한국 사회에서는 가해자 서사 금지의 원칙이 금언처럼 받아들여지고 있다. 이 원칙은 두 가지 차원에서 의미가 있다. 가해자에게 온정적 감정이입을 유발하는 묘사, 가해자를 특별한 존재로 악마화하는 묘사는 사건에서 가해자만을 남기며 피해자를 소외한다. 더욱이 이런 방식의 서술은 문제를 개인화하여 범죄가 갖는 사회적 의미를 은폐하고 재발 방지 의지를 반감시킨다. '조주빈의 그날'은 범죄자의 얼굴과 말이 갖는 파괴적 속성을 보여주었다. 텔레그램에서 수만 명에 이르는 성착취물 범죄 동조자를 만들어내며 우리 사회의 치부를 들춰냈던 이 사건은, 조주빈이라는 악마의 소행으로 종결되며 정작 사회에는 면죄부를 발급했다. **'어떻게 그런 일이 일어났는가'**에 관한 관심은 **'조주빈은 누구인가'**에 관한 호기심으로 대체되었다. 신상 공개는 범죄의 온상을 제거하는 데는 무능하고, 특별한 개인을 만들어내는 데는 탁월하다. 가해자의 특성이 돌출될수록 피해자의 고통은 은폐되고, 공동의 의무로서 사회적 성찰은 증발한다. 사적 제재의 부작용으로 흔히 나타나는 동명이인을 향한 오인 공격은 사건의 개인화라는 측면을 잘 보여주는 현상이다. 그러나 어떤 인간이라도 각자의 이야기는 존재한다. 범죄자에게 동기를 묻는 것은 현대 형법의 기초 원리이기도 하다. 범죄의 동기를 이해하기 위해서는 반드시 가해자의 이야기를 검토해야만 한다. 이와 같은 인류 문명의 원칙은 가해자의 서사를 경계하라는 또 다른 원칙과 얼핏 충돌하는 것처럼 보인다.

1963년 한나 아렌트Hannah Arendt가 '악의 평범성'에 관해 이야기했을 때, 그는 전 세계 유대인들의 격렬한 비난에 부딪혔다. 유대인 학살 전범 아돌프 아이히만Adolf Eichmann을 체포해 법정에 세운 이스라엘 측 검사는 아이히만을 '도착적, 가학적 음란증 환자'로 묘사했다. 하지만 아렌트의 눈에는 그저 무슨 일을 하고 있는지 깨닫지 못한 얼간이에 불과했다. 이스라엘 법정은 아이히만의 범죄를 유대 민족을 향한 범죄로 보았지만, 아렌트는 유대인의 육체에 가해진 **인류 보편에 대한 범죄**로 보았다. 유대인들의 분노는 충분히 이해할 만했다. 아렌트의 주장은 유대인들의 원한과 복수심이 갈 곳을 잃게 만들었다. 나치는 홀로코스트 피해자 입장에서 악 그 자체이자 악의 현신이었다. 그런데 한 외국인이 나치는 악마가 아니며, 아이히만은 피해자들과 다르지 않은 근면하고 성실한 직장인이라고 말했으니 그들의 심정을 짐작하기는 어렵지 않다. 유대신비주의의 저명한 연구가이자 시온주의자인 게르숌 숄렘Gershom Scholem은 아렌트를 향해 "유대인에 대한 사랑을 결여했다"고 비판했다.

아렌트-유대인 논쟁은 가해자의 서사를 둘러싼 난감함을 잘 보여준다. 아렌트 역시 아이히만이 괴물이라 믿는 것이 많은 사람에게 위로를 줄 것이라는 사실을 알고 있었다. 그러나 그는 가장 참혹한 범죄자의 이야기로부터 악의 평범성이라는 보편적 진리를 끌어냈다. 아렌트의 통찰은 인류사에 커다란 이정표를 세웠지만, 유대 세계와의 논쟁을 통해 그의 노력이 얼마나 큰 인간적 불편함을 가져다주는지도 함께 보여주었다. 여기서 가해자 서사를 둘러싼 문제의 핵심이 '어디를 바라보는가'의 문제라는 것을 깨닫게 된다.

조주빈의 악마성과 관련한 수많은 이야기 더미 속에서 눈에 들어왔던 것은 학보사 시절 친구의 증언이다. 그는 술, 담배를 하지 않고 평범하기만 했던 조주빈이 어떻게 그런 흉악한 범죄를 계획하고 실행했는지가 자신에게는 그저 미스터리라고 말했다. 끔찍한 범죄자가 우리와 전혀 다른 종류일 것이라는 생각은 안도감과 위로를 준다. 그러나 **범죄의 타자화**는 우리 주변에 존재하는 범죄의 토양을 외면하고, 이미 벌어진 그리고 이후에 벌어질 사건들이 피해자 한 사람을 향한 범죄일 뿐 아니라 공동체에 대한 범죄라는 사실을 망각하게 한다. 우리는 가해자의 어떤 이야기에 주목하고 있는가. 가해자의 얼굴에 파묻힌 사회는 지금보다 얼마나 안전해질 수 있을까. 법정에 선 아이히만을 보며 경각심을 느꼈던 아렌트처럼, 우리는 왜 포토라인에 선 조주빈을 보며 경각심을 느끼지 못했을까.

혐오하는 이준석이 만들어낸
가치 소멸의 잔혹사

혐오 정치

×

이재훈

정주식

이준석 전 대표가 대선 직후 갑자기 전장연의 시위 방식을 지적하는 게 시물을 하루에 대여섯 개씩 SNS에 올리며 맹비난을 했단 말이에요. 거기 사용된 표현들이 좀 재밌어요. '언더도그마'라는 표현을 쓰기도 했고, '최대 다수의 불편을 야기하는 방식이다' 이런 표현을 쓰기도 했고요. 저는 일종의 참전 요청이라고 보거든요. 내가 '선량한 다수'의 편에 서있다, 내 편에 와서 싸워라.

장혜영

결정적인 사안에 대해 공식적으로 굉장한 무게감을 가지고 말할 수 있는 사람의 발언이 현장에 어떤 영향을 미치는지를 단적으로 보여주고 있다고 생각해요. 그전까지 찰랑찰랑했지만 터져 나오고 있지는 않았던 분노와 혐오가 쏟아져 나오기 시작한 거죠.

강남규

이준석 전 대표가 이렇게 혐오 정치를 하고 난 이후에 김예지 의원이 반대 의견으로 나왔을 때, 언론이나 당내 반응은 '어떻게 당의 비례대표가 당대표 혹은 당과 다른 의견을 낼 수 있느냐'인데, 그 당의 강령을 보면 아무리 국민의힘이 이렇게 멀리 왔어도 장애인을 혐오하겠다고 명시한 정당은 아니에요.

이재훈

가치가 상실된 시대이기 때문에 그 빈틈으로 혐오가 찾아들어온 거죠. 혐오 정치를 하는 사람들이 혐오를 가치화해서 사람들에게 효능감을 준 정치를 만든 거라고 보거든요. 그 대표적인 주자가 이준석인 거고요. 이준석에게 대항해서 어떤 것을 만들어보자고 말하는 '가치의 정치'를 주장하는 사람들이 보이지 않기 때문에, 이 점이 그의 등장이 나름의 의미를 가지는 이유라고 생각합니다.

정치인 이준석이 한국 사회에 유의미한 존재로 등장한 건 2021년 4월이었다. 이준석은 서울시장 보궐선거를 앞두고 국민의힘 오세훈 후보 캠프의 선거대책위원회 뉴미디어본부장으로 활동했다. 이때 반페미니즘을 앞세워 이른바 '이대남'(20대 남성)들의 지지를 이끌어냈다. 청년 시민 단체가 서울시장 후보 모두에게 공통으로 던진 성평등 실현 관련 질문에 홀로 답변을 거부한 뒤, SNS에 "시대착오적인 페미니즘 강요하지 말라"는 메시지를 남긴 장면이 대표적이다. 이후 오세훈은 방송 3사 출구조사 결과를 기준으로 20대 남성의 72.5퍼센트, 30대 남성의 63.8퍼센트 지지를 받으며 서울시장에 당선됐다. 서울시장 선거에 출마한 거대 정당 후보 캠프의 핵심 간부가 '남초' 커뮤니티에서나 볼법한 말을 공론장에 내놓았다. 덕분에 억눌려 있던 혐오 정서가 마치 면죄부를 얻은 듯 분출하며 급기야 표심으로까지 이어진 것이다.

이준석은 이 흐름을 타고 2021년 6월에는 국민의힘 전당대회에서 헌정사상 최초의 30대 보수 정당 대표가 되었다. 이런 정치적 성과를 거둘 수 있었던 까닭에는 반페미니즘에 호응한 20~30대 남성들의 지지에 더해 국민의힘 지지 기반 중에 하나인 전통 극우 세력과 결별을 선언한 점도 한몫했다. 이준석은 같은 해 5월 30일 광주 합동연설회에서 "저에게 광주민주화운동은 단 한 번도 광주사태였던 적이 없고, 폭도였던 적이 없다"고 말했고, 나흘 뒤인 6월 3일 대구 합동연설회에서는 "(박근혜 전 대통령) 탄핵은 정당했다고 생각한다"고 말했다. 군부 쿠데타 세력을 모태로 하고 '태극기 부대'의 지지를 바탕으로 서 있던 국민의힘의 유산을 물려받지 않으며 전통 극우와 선을 긋고 '탄핵의 강'을 넘어서겠다고 선언한 것이다.

이준석의 앞선 모든 행보는 '낡은 것을 밀어낸 새로운 정치인'으로 자신을 정체화하기 위한 전략이다. 페미니즘을 시대착오적이라고 말하며 좌파의 낡은 유산으로 규정한 것과 오랜 세월 냉전 이데올로기와 극우 기독교 세력, 지역 구도 등에 기대어온 국민의힘의 극우 세력을 우파의 낡은 유산으로 규정한 것은 같은 맥락에서 이뤄진 정치 행위다. 구태를 지목하는 행위 그 자체로 새로움의 시작이 될 수 있다는 걸 보여주기 위한 설정이다. 이런 방식으로 국민의힘보다는 왼쪽, 더불어민주당보다는 오른쪽에 있는 중도 성향의 유권자를 공략하겠다는 정치 구도로 만들겠다는 게 그의 판단이었다. 그런 면에서 그가 몇 년째 안철수와 유치할 정도로 노골적인 감정 대립을 벌이고 있는 건 서로가 인간적으로 싫어서라기보다는 같은 정치적 공간을 노리고 있는 정치인들 사이에서 나오는 일종의 **동족 혐오** 때문이다.

하지만 이준석의 구도 정치는 곧 한계와 마주했다. 낡은 것을 밀어낸 곳에는 새로운 것을 채워야 한다. 문제는 이준석의 경우 구도를 짜서 적대를 만들고 자신의 존재감을 드러내는 데는 능숙할지 몰라도, 한국 정치를 혁신할 새로운 가치를 제시한다거나 우리 사회가 마주한 모순을 풀어갈 정책적 방향성을 보여준 적이 한 번도 없다는 점이다. 낡은 것을 대체할 수 있는 이념과 비전, 생산적인 의제를 내놓지 못한 것이다. **철학 없는 구도**만 설정한 채 핵심을 피하는 정치는 단기간 사람들의 눈길을 사로잡을 수는 있어도 사회를 근본부터 뒤흔들 힘이 없기 때문에 생명력이 짧을 수밖에 없다.

이준석식 반페미니즘 혐오 정치는 당장 거센 역풍에 직면하기도 했다. 제20대 대통령 선거의 막판 최대 변수는 2030여성들의 총결집이었다. 당시 윤석열 국민의힘 후보는 선거를 두 달 앞둔 2022년 1월 7일 페이스북에 "여성가족부 폐지"라는 일곱 글자 공약을 올렸다. 이후 "무고죄 처벌 강화"도 공약했다. 모두 남초 커뮤니티를 중심으로 제기되어온 주장이었다. 윤 후보는 선거 직전에 이르러서는 "구조적 성차별은 없다"고도 말했다. 그러자 막

판까지 부동층으로 남아 이재명, 윤석열, 심상정, 안철수 후보에게 골고루 분산돼 있던 2030여성들의 표심에 심상치 않은 반발 흐름이 나타나더니 선거 끝자락에 이재명 후보 쪽으로 표가 결집했다. 방송 3사 출구조사 결과를 기준으로 20대 여성의 58퍼센트, 30대 여성의 49.7퍼센트가 이재명 후보를 선택한 것이다. 그러면서 당내에서도 이준석이라는 인물의 효용에 대해 의구심이 제기되기 시작했다.

그는 한계가 드러났음에도 혐오 정치를 멈추지 않았다. 혐오 정치 외에는 자신이 처한 위기를 돌파할 전략이 없는 것이라고도 말할 수 있다. 이준석은 대선 직후 전국장애인차별철폐연대(이하 전장연) 시위를 비판하기 시작했다. 전장연은 2021년 12월부터 지하철에서 이동권 보장을 요구하는 시위를 하기 시작했는데, 그는 뜬금없이 그때로부터 넉 달 가까이 지난 시점에 이 시위를 표적으로 삼은 것이다. 전장연을 두고 "억울함과 관심을 호소하는 많은 사람이 모두 지하철을 점거해서 '최대 다수의 불편'에 의존하는 사회가 문명인가"라거나 "선량한 시민 최대 다수의 불편을 야기해 뜻을 관철하겠다는 방식은 문명사회에서 받아들이기 어려운 방식"이라는 메시지를 거듭 내놨다. "수백만 서울시민의 아침을 볼모로 잡는 부조리"라는 표현도 썼다. 장애인 이동권 문제에 대한 호소를 비非문명으로 낙인찍고 '불법 시위 장애인과 선량한 다수 시민' 혹은 '이기적인 장애인 단체와 수백만 서울시민'의 구도로 갈라치기 한 것이다. 이 역시 전장연의 시위 행태를 좌파 쪽의 낡은 유산으로 규정하려는 시도라고 할 수 있다.

이준석의 혐오 정치는 불평등이나 양극화 등으로 인해 발생하는 현실의 불만을 해결해야 한다고 말하면서 그런 불만이 발생한 원인을 무력한 사회적 소수자들에게 전가한다. 이들을 비문명으로 낙인찍고 배제하면서 자신은 다수의 편에 서는 전형적인 극우 포퓰리즘 논리를 따르고 있다. 소수자 혐오에 기반해 사회에 잠재한 갈등을 증폭시켜 다수자와의 분열을 유발하는 갈라치기가 극우 포퓰리즘 정치의 대표적인 수법 가운데 하나다.

이준석의 혐오 정치는 미국형 극우 포퓰리즘에서 착안했다고 한다. 그와 가까운 국민의힘의 한 중진 의원은 이렇게 말한 적이 있다. 어떤 가치를 추구한다기보다는 **정치 지형**, 즉 구도를 확보하려는 것이 그의 목표라는 걸 여기서 재확인할 수 있다.

> 이 대표의 정치 행태를 보면 20대 초반에 있었던 미국에서의 모습이 기억에 아주 강인하게 남아 있는 것 같다. 이 대표가 미국에 있을 무렵 민주당과 공화당이 적극적 우대조치affirmative action를 두고 되게 시끄러웠다. 이 대표의 관련 글을 보면 미국 보수 정치인들의 그때 그 연설문들을 많이 참고한다. 한국에서 보수가 (탄핵으로) 궤멸되고 한동안 사라졌을 때, 그걸 대안 삼아 정치 지형을 확보하려 한 것 같다.

하지만 이준석의 혐오 정치는 한국 사회에 커다란 해악을 불러일으켰다. 우선 그의 말들은 한국 사회에 내재한 **소수자 혐오를 공론장에 끌어당기는 방아쇠**였다. 반페미니즘 선동과 마찬가지로, 이준석이 장애인 혐오 메시지를 내놓은 이후 전장연 시위에 참여한 이들을 위협하는 혐오적 언사와 행동이 노골적으로 나타나기 시작했다. 시위대를 향해 "이게 몇 번째예요? 좋게 말씀드릴 때 그만하세요"라거나 "죄송하면 시위를 하지 말아야지"라고 말하는 시민도 있었다. 심지어 이준석이 SNS에 공유한 영상을 시위대에 들이밀며 고성을 지르는 사람도 있었다. 실질적인 불편함을 겪으면서도 소수자가 목소리를 낼 수 있는 길이 그것뿐이라는 사회적 합의가 있었지만, 그에 눌려 있던 일부 시민들의 혐오 정서가 여당 대표의 선동 덕분에 다시 한번 분출한 것이다. 혐오 정치의 공론화는 감정을 가지고 있지만 표출하지는 못했던 사람들이 '넌 혼자가 아니야'라거나 '너와 같은 생각을 나도 하고 있어'라는 유대감과 동질감을 형성하게 한다. 이후에는 차마 이준석처럼 행동하지 못했던 사람들이 기존의 사회적 합의가 만들어놓은 경계를 넘어 직접 행동으로 폭력을 행사할 수 있게 만든 격발 장치가 되기도 한다.

　노골적인 소수자 혐오는 사회를 야생의 상태로 되돌려놓는다. 마이클 샌델Michael Sandel은 저서 《공정하다는 착각》에서 막스 베버Max Weber의 말을 인용한다.

운이 좋은 사람은 운이 좋다는 사실에 만족하는 경우가 드물다. 이를 넘어서, 그는 자신이 그런 행운을 가질 권리가 있다고 납득할 필요가 있다. 그는 자신이 '그럴 만하다'고, 그리고 무엇보다도 다른 이들에 비해 '그럴 자격이 있다'고 확신하기를 바란다. 그는 또한 운이 나쁜 사람들도 자신의 당연한 업보일 뿐이라고 믿기를 바란다.

베버의 말처럼 이준석의 혐오 정치는 운이 좋은 다수 시민에게, 인종·장애·성적 지향·출신 국가와 민족·병역 여부 등의 정체성에서 소수자인 사람들이 '자꾸 나와서 시끄럽게 굴지 않았으면 좋겠다, 나를 불편하게 하지 않았으면 좋겠다'고 생각할 수 있는 사회적 토대를 제공한다. 이런 사회에서 소수자들은 자신의 약자성을 개인의 운명 혹은 업보로 여기게 되는 것이다.

이준석의 혐오 정치가 지닌 또 다른 해악은 **게임화하고 있는 정치의 부산물**이다. 게임의 최종 목표는 오로지 승리다. 어떻게든 상대를 이기기만 하면 된다. 하지만 정치는 조금 다르다. 선거에서의 승리는 최종 목표가 될 수 없다. 정치의 최종 목표는 선거에서 이긴 뒤에도 패배자와 함께 토론하고 타협하며, 우리 사회가 지향할 가치를 설정하고 공동체가 당면한 과제를 해결하는 것이다. 게임과 정치는 이질적이지만 둘이 한데 묶이면서 정치의 본질이 왜곡된다. 정치가 게임이 된 세계에서는 정치의 모든 함의가 선거와 같은 이벤트의 승패에 담겨 있는 것처럼 보인다. 그러니 선거뿐 아니라 토론과 같은 정치 이벤트에서 그저 상대를 찍어 눌러 이기는 것만이 중요할 뿐이다.

제22대 국회의원 선거를 앞두고 신당론과 당내 역할론 사이를 줄타기하며 여론의 반응을 맘껏 즐겼던 이준석의 모습은 정치가 게임이 된 세계의 대표적인 사례라고 할 수 있다. 이준석은 2023년 11월 11일 측근들과 만난 자리에서 신당 참여를 위해 소통 중인 현역 의원 예닐곱 명의 명단을 공유하며 '이준석 신당론'을 띄웠다. 하지만 5일 뒤 CBS 라디오 〈박재홍의 한판 승부〉에 출연해서는 "저는 선거를 이기는 게 제 목표 중에 하나다. 그렇기 때문에 선거 지휘나 이런 것도 재미있어 한다"며 "내일 제가 (국민의힘 비상대책위원장으로) 전권을 맡게 된다면 저는 110석, 120석 할 자신 있다"고 당내 역할을 강조하기도 했다. 추구하는 가치가 무엇인지 밝히지 않은 상태에서 모든 가능성을 열어둔 이 발언은 자신의 영향력을 극대화하기 위해 벼랑 끝까지 상대를 몰아가는 일종의 **치킨 게임**을 벌이고 있는 것과 마찬가지다.

정치가 게임이 된 세계에서는 이준석의 혐오 정치를 두고 발언의 내용을 비판하기보다는 그런 메시지를 낸 정략적 이유를 더 궁금해하는 부조리가 발생한다. 페미니즘과 장애인을 혐오하는 발언이 나왔을 때도 일각에선 이준석이 저런 메시지를 낸 건

'이러저러한 정치적 이득을 위한 것'이라는 계산부터 내놨다. 정치적 이득을 취해 상대를 꺾을 수만 있다면 그 수단이 여성 혐오가 됐든 장애인 혐오가 됐든 중요하지 않다. 이후 승패를 따진 결과만 보고 '봐라, 결과적으로 이준석이 정치를 잘하는 거야'라고 평가할 수 있게 되는 것이다.

정치가 게임이 된 세계에서는 지금보다 더 나은 사회의 지향을 담은 청사진을 제시하고 무엇부터 그려내야 할 것인지를 얘기하는, 우리가 살아갈 공동체의 목표와 관련된 **가치의 문제**가 논의되지 않는다. 고착화하는 사회경제적 불평등, 미래 세대가 아니라 어느덧 현재 세대가 당면해버린 기후위기, 이중구조를 넘어 고용 없는 노동으로 무한 질주하는 노동시장, 초고령화의 결과로서 세대 불균형, 여러 전쟁으로 평화와 공존의 지구촌 시대가 종말을 고하면서 양극화된 국제 정세 등을 어떻게 대처해야 할지 머리를 맞대고 치열하게 논쟁하는 정치는 실종됐다. 이런 모순 속에서 추구해야 할 가치를 실현하기 위해 내가 살고 싶은 세상의 밑그림을 그리기 시작해 뭔가 조금씩 만들어가는 과정으로서의 정치도 소거돼 있다.

가치 소멸의 정치는 비단 이준석의 문제만은 아니다. 한국 사회에는 어느덧 내 생각에 반대하는 이들은 무조건 적대하며, 선과 악으로 편을 가르는 극단적인 대립 구도가 횡행하고 있다. 극우 세력은 군부 독재 시절에는 총칼을 동원했고, 민주화 이후에는 제도적 정당성을 등에 업고 권력을 휘두르며 상대를 힘으로 찍어 누르는 방식의 정치를 이어왔다. **폭력**과 **상스러움**이 지배 도구였던 셈이다. 이에 맞선 민주 진보 세력도 마찬가지였다. 그들은 우리 편은 근대적이고 상식적인 인간으로, 저쪽 편은 거악의 괴물로 규정한다. 모든 문제를 '우리 편은 불의에 맞서 싸우기 때문에 정의롭고 도덕적인 존재일 수 밖에 없다'는 식의 서사로 환원했다. 도덕적인 우리 편에 취해서 저항을 미화하는 것에 정치적 가치를 부여했다. 토론에서는 상대방의 가장 취약한 지점을 골라내 정밀 타격을 한 뒤, 상대가 할 말을 잃으면 홀로 승리를 만끽하는 방식을 즐겼다. 이런 정신 승리의 정치는 현재진행형이다.

이렇게 서로를 적대하며 대립하는 정치는 오로지 승리를 갈구하는 정치, 여론조사 수치만 보고 정세를 읽는 정치, 사법기관의 법적 판단에 최종 판단을 외주하는 정치를 낳았다. 궁극적으로는 극소수의 엘리트가 지배하는 정치를 허용했다. 결국 이준석이 지금 보여주고 있는 정치는 한국 사회의 좌와 우가 합작하여 상대를 악마화하는 극단적인 대립 구도에, 탈정치적이고 반지성주의적인 혐오 정치의 똥물을 듬뿍 칠해놓은 장면이라고 할 수 있다. 그렇게 본다면 '낡은 것을 밀어낸 새로운 정치인'을 자임하며 극우 포퓰리즘을 동원한 이준석 역시 낡은 세대 정치의 막차를 탔다고 볼 수 있지 않을까. 그렇다면 이준석 이후의 정치는 어때야 할까. 당장은 이기는 편이 되지 못해도 추구하는 가치가 공론장에서 사라지지 않도록 저마다의 목소리를 내는 정치, 지금의 세계를 이해할 방법이 없어서 정체성 공백에 빠진 주변인들에게 함께 서 있을 곳을 찾아주는 정치, 승패를 다퉈 편을 가르기보다는 공통분모를 찾으며 새로운 지평을 열어가는 정치가 그것이다. 어쩌면 우리는 이미 이준석이라는 정치인 너머에 그런 정치가 살아 있는 세계를 그리고 있는지도 모른다.

혐오 정치

과학자와 정치인의 시곗바늘 사이에 끼여 죽어가는 시민들

기후위기

✕

신혜림

이재훈

우리가 주체가 되어서 누군가와 싸워야 되는 상황인데 그 대상이 다름 아닌 나 자신이란 말이죠. 기후위기로 생겨나는 모든 문제는 매일매일 조금씩 아주 미세하게 진행되는데, 이게 시간이 지나고 보면 엄청 큰 파장을 일으키잖아요. 정치권에서도 당장 눈에 보이는 결과물을 사람들한테 보여줄 수 없기 때문에 정치적 효능감으로 이어지지 않으니 말하지 못하는 것 같다는 생각도 들어요.

강남규

기후위기에 대한 시민들의 공감을 정치가 끌어들이기 어렵다는 거잖아요. 기후위기를 해결하려는 운동을 하는 사람들도 그런 것들에 대한 전술적인 판단을 할 필요가 있겠다는 생각이 들어요. 필요의 측면에서. '그게 옳지 않다' 이런 문제가 아니라요.

박권일

많은 사람이 인과관계, 층위를 구별하지 않고 말해요. 그래서 '환경위기 때문에 모든 사건이 일어났다'는 식으로 인과를 연결시켜버리는 방식의 논의들이 어떻게 보면 반환경주의자들, 예컨대 《지구를 위한다는 착각》을 쓴 셸렌버그 같은 사람들이 활개를 치게 하는 좋은 토양이 될 수 있다는 생각이 들어요.

신혜림

분석이나 보고서가 계속 나와요. 재난이 어떤 식으로 기후위기와 연결돼 있는지 분석해보면 내전이나 폭동도 기후변화랑 연결되어 있더라는 거죠. '난방비는 우크라이나전쟁 때문인데 기후위기랑 연결되기에는 텍스트로 적절하지 않다'라고 말하기 전에, 재난이 우리한테 영향을 미치는 감각을 실제로 느껴야 한다고 생각해요.

기후위기를 다룬 다큐멘터리 영화 〈비포 더 플러드〉 말미에는 피어스 셀러스Piers Sellers라는 나사NASA 연구원이 나온다. 그는 지구의 기후를 연구하는 과학자이자, 국제 우주정거장에 세 번 방문하고 우주를 여섯 번 걸었던 우주비행사다. 그러니까 평생 관찰한 지구를 그 바깥에서 조망한, 지구상에서 몇 안 되는 사람인 셈이다. 다큐멘터리에서 셀러스는 자신의 이야기를 들으러 찾아온 리어나도 디캐프리오Leonardo Dicaprio에게 우주에서 바라보는 지구가 얼마나 아름다운지 알려준다. 그리고 자신이 과학계 일원으로서 기후변화라는 위협을 대중에게 알리기 위해 온 힘을 다하지 못했다고 고백한다. 당시 그는 췌장암 4기를 진단받은 상태였다.

　2016년 영화가 개봉하고 두 달 뒤, 셀러스는 지구를 영원히 떠났다. 죽기 전 《뉴욕타임스》에 기고했던 칼럼, 〈암과 기후변화

Cancer and Climate Change〉에서도 그는 우주에서 유영하며 지켜본 지구를 떠올렸다. 그는 자신이 죽음을 앞두고 있다는 사실을 알게 된 뒤 버킷리스트를 작성했다. 이내 에베레스트를 오르거나 고급스러운 해변에서 시간을 보내기보단 빨리 사무실로 가야겠다고 생각했다. 인류는 **연약하지만 무한히 소중한** 지구와 계속 공생할 힘이 남아 있다고 믿었고, 그 믿음으로 숨을 거두기 6주 전까지 동료들과 연구를 지속했다. 그가 떠난 지 2년이 조금 안 되어 나사는 그의 미완성 논문을 마무리지어 발표한다. 대기 중 온실가스 수준과 육지, 해양 생태계의 영향에 관한 연구. 가장 복잡하지만, 현생 인류에 가장 큰 영향을 끼치는 주제에 대해서.

나는 가끔 우주를 유영하는 셀러스의 시선으로 지구를 바라보는 상상을 한다.(내가 SF영화를 즐겨 보지 않는다는 사실을 아는 이들은 콧방귀를 뀌겠지만 정말이다.) 나는 거대한 우주보단 작은 인간관계나 인간 내면의 이야기에 더 관심이 가는 편이다. 하지만 피어스의 경험과 서사는 이런 나조차도 지구를 조망하는 시선에 데려다주는 힘이 있었다. 왜 자신의 죽음을 예감하자 칼럼을 쓸 생각부터 하고, 지금껏 대중에게 조금 더 적극적으로 발언하지 못한 걸 후회했을까. 무엇을 목격했기에, 지구는 얼마나 아름다우며 감지한 위협은 또 얼마나 거대한 것이었기에, 그것이 작디작은 우리의 삶에 어떤 영향을 주기에.

과학자는 세상에서 가장 신중한 사람이다. 그리고 기후변화에 관한 정부 간 협의체The Intergovernmental Panel on Climate Change, IPCC
는 그중에서도 보수적인 집단이다. 내로라하는 수백 명의 과학자
가 기후는 얼마나 변화하고 있는지, 원인은 무엇인지 설명하는
최신 논문을 그러모아 검토한 결과를 보고서로 내놓는다. 과학
자들은 1980년대에 지구의 온도 상승을 처음 인식했고, IPCC는
1988년에 만들어졌다. IPCC는 1990년에 내보인 첫 보고서에서
"지구의 기온 상승은 사실"이라고 발표했다. 다만 원인에 대해서
는 "인간의 과도한 탄소 배출로 인해 지구 온난화가 일어날 수
있다"고 가능성을 언급하는 데 그쳤다. 그러다 2차 보고서(1995)
부터는 "인간의 영향이 있다"고 말하기 시작했고, 3차와 4차를
거쳐 5차 보고서(2014)에서는 95퍼센트 이상, 가장 최근에 나온
6차 보고서(2021)에서는 99~100퍼센트 인간 때문에 지구의 기
온이 상승하고 있다고 밝혔다. 지구가 **오직 인간 때문에** 빠르게
더워지고 있다는 것이다. 이 명백한 결론을 내기까지 꼬박 30년
걸렸다. 현재 IPCC 보고서 기준 지구의 온도는 산업화 이전 대
비 섭씨 1.1도가 올랐다. 이 기준대로라면 과거 지구 역사상 가
장 빨랐던 자연적 기후변화 속도의 25배를 넘는다. 한편 기후변
화를 연구하는 비영리 단체 클라이밋 센트럴Climate Central이 펴낸
보고서에 따르면, 2023년은 산업화 이전 대비 섭씨 1.32도가 올
라 12만 5천 년 전 마지막 간빙기 이후 가장 뜨거운 해로 관측된
다. 엘니뇨 현상 때문이라지만, 엘니뇨가 더욱 강했던 해와 비교

해서도 기온이 훨씬 높다.

기후위기 현실을 압축한 영상 콘텐츠를 만든 적이 있다. 제목은 〈과학자들이 아무리 말해도 당신이 현실부정하는 10년 후 팩트〉. 약간의 도발이었지만 사실이었다. 당시(2019) 여론조사만 봐도 기후변화가 **오직 인간 활동 때문**이라고 생각하는 사람은 34퍼센트에 불과했다. 국외에서는 열여섯 살 그레타 툰베리Greta Thunberg의 기후위기 대응을 촉구하는 금요일 등교 거부 운동으로 전 세계 기후시위가 촉발되고 있었다. 우리나라는 비교적 잠잠했다. 언론도 마찬가지였다. 역사에 남을 만한 IPCC 긴급 특별 보고서가 자국인 인천 송도에서 발표되어도, 몇몇 매체를 제외한 대부분의 우리나라 언론은 IPCC 총회를 그저 그런 환경 행사로 취급했다. 갈수록 '문송'한 사회지만 어째서 기후변화에 대해서는 이렇게 오해는 많고 관심은 없는가? 당신들이 신뢰하는 그 과학자들이 하는 이야기라고 '팩폭'하면 달라질까? 놀랍게도 정말이었다. 제목을 바꿔 달자 사람들이 폭발적으로 반응하기 시작했다. 얼마 지나지 않아 영상은 조회수 100만 회를 훌쩍 넘기고, 1만 개 가까운 댓글이 달렸다. 수많은 사람이 영상을 통해 처음 심각성을 느꼈다고, 이제 무엇을 어떻게 하면 되는지 알려달라고 물었다.

불과 3~4년 사이 분위기는 많이 달라졌다. 이제 적어도 기후변화를 부정하는 사람은 거의 없다. 2022년 제20대 대통령 선거

전에 실시했던 한 여론조사에서는 무려 응답자의 97.7퍼센트가 "기후위기가 심각하다"고 답했으며, 80.1퍼센트가 "심각한 영향이 이미 나타나고 있다"고 답했다. 그리고 95퍼센트가 "기후위기가 삶 전반에 매우 또는 약간 영향을 미치고 있다"고 답했다. 여기저기서 흔히 말하는 '기후행동 단체'들이 등장했고, 코로나 팬데믹 기간을 제외하고 매년 9월에는 대규모 기후행진이 곳곳에서 열렸다. 시민들은 과학을 믿었고 서로 대화하고 함께 행동할 준비가 되어 있었다. 남은 건 정책결정자의 몫이었다. 그러나 정부와 국회는 이 시점에 손을 놓아버렸다. **"기후위기를 막기 위해 무엇을 하면 되나요?"** 이 질문은 지금도 메아리가 되어 질문한 자에게로 되돌아가고 있다.

한국의 기후변화 대응 점수는 전 세계 기준 끝에서 4등이다. 우리나라 뒤에는 모두 산유국이 자리하고 있으니 사실상 꼴찌다. 윤석열 정부 2년 차에 역대급 감세 정책의 일환으로 R&D 예산이 사상 최초로 삭감되었을 때, 정부출연연구기관 중 피눈물을 가장 많이 흘린 곳은 한국에너지기술연구원이었다. 기후위기 대응 차원의 재생에너지 기술을 개발하는 곳이다. 각국이 약속한 기후대응기금Climate Response Fund의 온실가스 감축 목표를 달성하기 위해 편성된 예산도 큰 폭으로 줄었다. 온실가스를 40퍼센트 감축하랬더니 온실가스 대응 예산을 45퍼센트 감축한 것이다. 윤석열 정부는 원자력 발전을 탄소중립의 대안으로 보고 이

전 정부의 탈원전 정책을 폐기했다. 노후 원전의 수명 연장과 신규 원전 건설에 대한 검토를 공식화하고 원전 생태계 정상화 관련 예산을 새롭게 책정했다. 신규 원전을 짓는 데 평균 10년이 소요되어 온실가스를 감축하기로 한 2030년까지 탄소를 되레 많이 배출하지만 그 문제는 관심 밖이다. '안전 예산'은 대폭 혹은 전액 삭감한 것으로 보아, 원전이 태풍이나 쓰나미 등의 기후재난에 취약하다는 점에도 관심이 없기는 마찬가지다. 그러자 야당인 더불어민주당은 정부와 대화하려는 노력 없이 일방적으로 원전 예산을 전액 삭감하고 예산안을 단독 의결하는 맞불을 놨다.

불통 거대 양당이 원전으로 싸우는 사이, 국내 온실가스 배출량의 4분의 1을 차지하는 석탄화력 발전소는 조용히 잘 돌아가고 있다. 2021년 이후 신규 가동 중인 것만 일곱 기다. 삼척에서는 석탄화력 발전소가 새롭게 지어지고 있다. '심지어'와 '여전히'를 덧붙이며. 예상 연간 온실가스 배출량은 1300만 톤으로 서울 도로의 연간 배출량과 같다. 정부는 어쨌든지 적법하게 추진한 사업이라 중단할 수 없다는 태도다. 이 사업을 막겠다고 국회에 들어간 환경운동가 출신 더불어민주당 의원은 임기 동안 김건희 여사의 '양평고속도로 특혜 의혹'을 밝히느라 바빴다.

탄소중립녹색성장위원회는 끝내 산업 부문의 온실가스 감축 부담을 덜어주고, 2030년까지 감축시켜야 하는 온실가스 배출량 4분의 3 가량을 '윤석열 정부 이후 어떻게든 되겠지'라고 치부해버렸다. 이러할 때 국회 기후위기특별위원회(이하 기후특위)는 어떤 일도 하지 않았다. 기후특위는 2023년 2월 뒤늦게 출범한 후 단 여섯 번 모였다. '오송 참사'[*]가 있었던 6월 이후로는 사실상 개점휴업 상태였다. 어차피 법안 심사에 관한 이해관계를 조정할 권한도 없어서 모여도 답답하기는 마찬가지였다. 거대 양당은 2024년 총선이 다가와서야 기후특위를 상설화하고, 기후특위에 법률안·예산안 심사권을 부여하겠다는 공약을 내걸었다. 문제를 알고 있었다면 그들은 왜 지금까지 아무것도 하지 않은 것인가.

기다리던 시민들은 지쳤다. 다른 나라는 정부의 강경한 기후 대응에 지쳐서 그린래시greenlash[**]가 등장했다는데 우리나라는 뭘 해보기도 전에 지쳤다. 하루가 멀다 하고 충격적인 연구 결과가 나오고 전 세계 이상기온 소식이 쏟아지지만, 돌아오는 반응은 "그래서 뭐 어쩌라고?"다. "그냥 인간 멸종되라는 것 아님?" "지구가 아프긴 무슨. 인류만 사라지면 되는 거 아님?" "타노스가 맞았음. 인류는 절반이 사라져야 함." 항간에선 기후위기가 정부 연구비를 타기 위해 어용 과학자 집단이 지어낸 이야기라고 하는 소문까지 돈다. 이러다가 미국처럼 기후위기를 믿지 않는 후보가 대통령 선거에 나오려나. 또 과학자들만 갈수록 애가 탄다.

[*]   2023년 7월 15일 충청북도 청주시 오송읍의 궁평2지하차도가 폭우로 인해 침수되어 14명이 사망한 사고다.

[**]   '녹색'과 '친환경'을 뜻하는 'Green'과 '반발'을 뜻하는 'Backlash'를 합친 말로, 녹색 정책이나 그에 따른 변화에 대한 반발 행동을 의미한다.

2023년 지구는 정말 더웠다. 지구 평균 기온 상승은 조금씩 잔잔하게 더워진다는 뜻이 전부가 아니다. 첫째는 평균 기온의 정규분포곡선 오른쪽 끝단, 즉 **살인 폭염 구간이 넓어진다**는 뜻이다. 스페인에서는 1월에 사람들이 선탠을 하더니, 4월부터 섭씨 40도가 넘는 폭염이 바로 시작되었다. 심각한 가뭄 탓에 3조 원 이상 규모의 비상조치 방안이 나오고 기우제도 열었다. 6월 미국 텍사스의 기온은 50도에 육박했고, 인도는 무더위로 사흘 만에 100명이 죽었다. 인도나 방글라데시에서 100년에 한 번 발생하던 수준의 폭염이 이제는 5년마다 발생할 수 있다는 연구 결과도 나왔다. 둘째는 태풍과 홍수, 한파, 폭설, 가뭄과 같은 **자연재해의 빈도가 잦아진다**는 뜻이다. 북극이 따뜻해지면 고위도와 저위도의 기온 차를 줄여주는 바람인 제트기류가 느려지고, 공기가 순환하지 못하고 정체되는 일이 늘어난다. 해수면 온도가 올라가면 태풍이 짧은 시간 동안 '폭풍 성장'하기 쉬운 조건을 갖춘다. 2023년 초 타이완에서는 한파로 이틀 동안에만 146명이 죽었고, 미얀마에서는 사이클론으로 최소 400명이 숨졌다.

지구의 온도 조절 장치는 완전히 망가졌다. 육지와 해양, 대기 사이에서의 탄소 순환 과정을 이해하며 나를 둘러싼 갖가지 감정 노동과 돌봄 노동을 떠올렸다. 끊임없이 모든 것을 정리하고, 닦아내고, 부지런히 원위치에 놓으면서 생존과 번영의 토대가 되어주지만, 눈에 띄지 않고 존재하는 줄도 몰랐던 필수조건. **우연**

이었지만 인류와 지구 생명체들의 생존에는 필연이었던 '파란하늘 빨간지구'의 기후가 어리석은 인류에 의해 바뀐 것이다. 얼마 전 이탈리아에서는 2021년 노벨물리학상 수상자인 조르조 파리시 Giorgio Parisi를 중심으로 과학자 100명이 답답한 마음에 대언론 호소문을 발표했다. 내용은 기후변화 때문에 유럽을 강타한 폭염, 폭우, 사과 크기만 한 우박, 산불과 같은 극단적 기상 현상을 '악천후'로 표현하지 말고 정확히 '기후변화 때문이다'라고 표현해 달라는 것이다. 과학자들은 "언론에서 점점 더 빈번하고 격렬해지는 기상 이변의 원인과 그 해결책을 명확하게 설명하지 않는다면 무력감, 체념, 현실 부정을 조장해 가정과 지역 사회, 특히 사회의 가장 취약한 사람들을 위험에 빠뜨릴 수 있다"고 우려했다.

그렇다. 기후위기에 타격을 입는 사람은 따로 있다. 앞서 언급한 죽은 사람의 숫자들은 심혈관이 약한 사람, 살림살이를 제대로 갖추고 살지 못하는 가난한 사람, 재난 대응이 취약한 지역 사람 들에 관한 것이다. 프린스턴대학교 연구팀에 따르면, 지구 기온이 산업화 이전 대비 섭씨 1.5도 높아지면 세계 인구의 절반이 심각한 위험에 이르게 된다. 주로 적도 주변에 사는 가난한 나라 사람들이다. 한반도도 예외는 아니다. 지금 속도로 지구 기온이 상승하면 남극 서해안의 빙하는 21세기 말에 전부 소멸한다. 이것만으로도 해수면은 약 5미터 상승하고 세계 인구 3분의 1이 거주하는 지역에 문제가 생긴다. 유희동 기상청장은 한반도 기온이 세계 평균보다 3배 빨리 상승 중이고 국내에서도 기후변화로 인한 자연재해 사례가 늘고 있다고 경고했다. 조천호 전 국립기상과학원장에 따르면 사막이나 열대지방, 남유럽 등 기후의 자연 변동이 미미한 곳에서는 상대적으로 기후변화가 빠르고 뚜렷하게 나타난다. 그곳의 거주민들은 바뀐 날씨에 쉽게 무너진다. 반면 사계절이 뚜렷한 우리나라의 기후변화가 가장 더딜 텐데 그런 우리나라의 변화가 이처럼 크다면 지구는 **멸망 단계**에 접어들었다고 봐야 한다.

2022년 제20대 대통령 선거 당시에 '청소년기후행동'이 1570명의 청소년에게서 받은 질문을 정리해 후보들에게 보냈을 때, 국민의힘 윤석열 후보는 인상적인 답변을 남겼다. "기후위기는 가해자와 피해자를 구분하지 않는다." 완전히 반대로 말했다. 기후위기는 가해자와 피해자를 명확히 구분한다. 전 세계 상위 1퍼센트의 부자들은 세계 인구 80억여 명의 하위 60퍼센트, 즉 50억여 명과 같은 양의 탄소를 배출한다. 삼성전자가 2022년 9월에 발표한 '신환경 경영 전략'에 따르면, 삼성전자의 연간 온실가스 배출량(2021년 기준 약 1700만 톤)은 앞서 말한 신규 석탄화력 발전소의 연간 온실가스 배출량 예상치를 훨씬 뛰어넘는다. 그리고 부자는 기후재난의 위협에 잘 노출되지도 않는다. 반면 가난한 사람들은 기후재난 때문에 죽기 쉽고, 목숨을 부지하더라도 생활 터전이 파괴되어 일상을 회복하기 힘들다.

특히 물리적으로 어디에 있는지에 따라 피해가 하늘과 땅 차이다. 바로 이 점이 거대 양당이 기후위기에 관심이 없는 근본적인 이유다. 수도권과 강남 제일주의, 아파트 공화국 대한민국에서 비수도권, 비아파트에 살면서 지붕 없는 곳에서 일하는 이들은 2등 시민이다. 기후위기는 그런 돈도 없고 힘도 없는 이들에게 아주 다양한 모습으로 나타난다. 반지하 집에서 순식간에 물이 차오르는 모습으로, 뜨겁게 달궈진 마트 주차장에서 쇼핑카트를 회수하는 일을 반복하다 쓰러져 죽는 모습으로, 비닐하우스 따위에서 얼어 죽는 모습으로. 기후위기는 이러다가 결국 모든 인간에게 영향을 준다. 폭우가 행정 공백을 만나 교통 참사로, 가뭄이 흉작을 만나 물가 폭등으로, 기후난민 유입이 불황을 만나 폭동으로. 브렉시트Brexit가 기후변화의 영향이 컸다는 분석은 유명하다. 오랜 가뭄 때문에 시리아 농민의 40퍼센트가 난민이 되어 유럽으로 몰려들었고, 이런 상황이 계속되자 난민 수용에 한계를 느낀 영국이 유럽연합EU에서 탈퇴하기로 결정했다는 것이다. 인류의 모든 비극이 오직 기후변화에서 비롯된 것은 아니지만, 대다수는 기후변화라는 변수로 인해 더욱 심각한 상황을 초래하고 있다. 어느새 내가 원래 가지고 있는 아주 세밀한 관심사, 즉 우리의 작은 삶과 내면, 타인과의 관계에도 큰 영향을 미친다.

2022년 4월, 기후위기를 증명할 만큼 증명했는데 정책적 응답이 없다는 이유로 연구를 파업하고 시위를 벌이다 체포된 '과학자 반란Scientists Rebellion'의 피터 칼머스Peter Kalmus는 이렇게 말한다.

> 내가 보는 것을 모든 사람이 볼 수 있다면 사회는 기후 비상사태로 이행하고 불과 몇 년 안에 화석연료 사용을 끝낼 것이다.

호들갑처럼 보이는가. 그렇게 생각하기 전에 이 호들갑이 세상에서 가장 냉정하고 엄밀한 시계를 따르고 있다는 사실부터 알아주기를 바란다. 반면 정책결정자들의 시계는 비참할 정도로 느긋하다. 정책이 과학을 기반으로 하지 않는다면 대체 어떤 토대 위에 세워져야 한다는 말인가. 셀러스도 '칼머스가 본 것'과 정확히 같은 것을 보다가 세상을 떠났을 것이다. 인류를 믿는다던 셀러스는 하늘에서 지금 이 광경을 어떻게 지켜보고 있을까.

결국 더욱 절망하지 않으려면 시민들이 나서서 고민하고 행동하는 수밖에 없다. 정치인들은 신경 쓰지 않는 삼척의 석탄화력 발전소 건설 현장에 꿋꿋하게 찾아가 시위를 벌이는 청소년기후행동처럼, 감정적인 어린아이라고 조롱하든 말든 끊임없이 주어진 기회를 이용해 최고의 과학을 기반으로 하는《기후 책》을 펴낸 툰베리처럼. 그녀의 말처럼 "희망은 우리가 만들어야 한다"는 게 조금 짜증 나지만 도리가 없다. 점점 희망을 만드는 이야기를 해보면 좋겠다. 탈성장에 대해 어떻게 생각하는지, 원자력 발전에 대해서는 어떻게 생각하는지, 기후정의climate justice를 어떻게 실천해야 하는 건지, 케이트 레이워스Kate Raworth, 뤼카 샹셀Lucas Chancel, 사이토 고헤이斎藤幸平 같은 이들의 이야기 중에서 어떤 것이 와닿는지 당신과 이야기를 나눠보고 싶다. 그리고 함께 기후행진을 하고 싶다.

사흘 전, 금일에 심심한 사과를 하겠다고
명징하게 밝힌 당신의 무운을 빈다

문해력

강남규

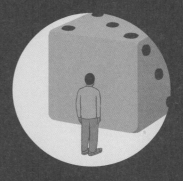

정주식

누군가를 적대하면서 그의 말을 온전히 이해하기란 불가능하죠. 문해력 논란의 이면에는 단절된 개인들의 배타성이 있는 것 같아요. 마음의 문제를 문자의 문제로 해석하는 것이야말로 문해력 부족의 문제 아닌가요.

이재훈

상대가 가지고 있는 '최소한의 선의'보다는 상대의 말에 어떤 형태로든 부정적인 의도가 숨어 있다고 보고, 그 의도를 부정적으로 유추해서 반발하는 모습들이 사회의 신뢰 자본이 상실되었음을 보여준다고 얘기하는 분들도 계시더라고요.

박권일

우리가 흔히 '선해'라고 하잖아요. 상대방이 말을 하거나 글을 쓸 때 분명히 좋은 의도가 전제되었으리라 여기는 걸 선해라고 합니다. 요즘은 그런 선해보다는 상대가 나에게서 뭔가를 빼앗거나, 공격하거나, 갈등을 일으키기 위해서라고 의도를 지레짐작하는 경우가 많아진 것 같아요.

강남규

SNS에서 토론이나 키배(키보드 배틀)를 한 번이라도 해봤다면 알겠지만, 내가 무심코 한 실수나 잘못을 바로잡는다고 해도 상대방이 그에 대해서 "실수구나, 오케이. 양해하고 넘어갈게"라고 봐주는 경험을 해본 사람은 아마 정말 드물 겁니다. 그렇기 때문에 저희가 '토론의 즐거움'을 시작했죠.

'문해력의 전당'이라는 게 있다. 문해력 논란의 대표적인 사례들을 모아둔 전당을 뜻한다. 처음 듣는가? 당연한 일이다. 내가 만들었고 나 혼자 쓰는 말이니까. 지금이야 나 혼자 쓰는 말이지만, 요즘 추세만 보면 금세 유명해질 것 같다. 이 전당에는 다음과 같은 말들이 자리하고 있다.

　먼저 '사흘'. 임시공휴일이 발표돼 3일간의 연휴가 성사되었다. 그런데 사흘을 '4일'이라는 의미로 잘못 알고 있던 많은 사람이 '사흘 연휴'라고 보도한 언론을 숫자도 제대로 못 세냐고 조롱하다가 본인들이 놀림거리가 됐다. "사흘은 3일"이라고 지적을 받자, 그들은 굳이 왜 사흘이라고 표현해서 사람들을 헷갈리게 하느냐고 도리어 역정을 냈다.

　다음으로 '명징한 직조'. 영화평론가 이동진이 영화 〈기생충〉에 대한 한 줄 평론에 이렇게 적었다. "상승과 하강으로 명징하게 직조해낸 신랄하면서도 처연한 계급 우화." 얼마 가지 않아서 그가 불필요하게 어려운 단어를 썼다고 비난하고 분노하는 여론이 일었다. 상황은 곧 명징과 직조를 처음 들어본다는 사람들과 상식 수준의 단어 아니냐고 대거리하는 사람들의 대립 형국으로 뻗어갔다.

그리고 '무운'. 이준석 전 국민의힘 대표는 자신의 SNS에 대통령 선거 출마를 선언한 안철수 의원에게 "무운을 빈다"고 적었다. 둘 사이가 좋지 않다는 사실이 공공연히 알려진 상황에서 나온 메시지였다. 이를 두고 YTN의 한 기자가 방송에서 이렇게 얘기하면서 이슈가 됐다. "보통 행운을 빈다고 얘기하는데, 이 말을 바꿔서 무운을 빈다, 즉 운이 없기를 빈다고 짧게 신경전을 펼쳤다."

'금일'도 있다. 교수가 온라인 대화방에서 과제 제출기한을 "금일 자정까지"라고 안내했는데, 금일을 '금요일'로 이해하고 제출을 미루고 있던 학생이 뒤늦게 문제를 제기했다. "과제 제출 금요일까지 아니에요?" 다른 학생이 단어의 뜻에 대해 정정해주자, 해당 학생은 "(학생을) 평가하는 위치에 있으면서 오해의 소지가 있는 단어를 사용하면 안 된다"고 분통을 터뜨렸다. 이 대화방을 갈무리한 사진이 인터넷에 떠돌면서 논란이 생겼다.

'심심한 사과'도 유명하다. 한 업체가 웹툰 작가 사인회를 준비하는 과정에서 선착순 예약 시간을 잘못 설정하는 바람에 일부 소비자들이 예약에 실패하는 일이 발생했다. 이에 대해 업체

측에서 올린 사과문에 이런 문구가 있었다. "예약 과정 중 불편 끼쳐 드린 점 다시 한번 심심한 사과 말씀 드립니다." 예약에 실패한 소비자들은 이 문구에 불쾌한 반응을 보였는데, "난 하나도 안 심심하다"라는 것이었다. '매우 깊다'는 의미의 '심심'을 '지루하다'는 의미로 오해해서 일어난 사태다.

오늘날 무척 자주 반복되는 이런 문제들에 대한 소위 전문가들의 분석은 전형적이다. 한자 교육이 사라졌기 때문이라거나, 책을 안 읽어서라거나, 유튜브가 문제라거나, 문해력이 아니라 어휘력의 문제라는 지적. 좀 더 웅장하게 분석하고 싶은 전문가라면 한국의 과도한 입시 교육으로 인해 기초교육이 외면받는 시대를 비판하기도 한다. 좀 더 우호적으로 해석하는 전문가라면 매체 환경의 변화에 따른 자연스러운 현상이며, 기존의 문해력 개념이 아니라 새로운 기준을 도입해야 한다고도 말한다. 틀린 건 아니다. 다만 이 문제들이 단지 이런 분석들로만 설명되기에는 이상한 패턴을 보인다는 점을 간과해선 안 된다. 문해력 논란은 국어 능력과는 전혀 무관한, 한국 사회의 한 단면을 들춰내는 소중한 단서로 우리 앞에 나타난다. 어떤 단면일까? 이 물음에 답하려면 앞서 문해력의 전당에 들어선 사건들의 앞뒤 상황들을 자세히 들여다볼 필요가 있다. 이 사건들은 단지 '네가 단어를 몰라서 그런 것이다'로 끝나지 않았다. 각각의 사건들에는 일종의 격발 장치가 있었다.

'심심한 사과 논란'은 문제를 일으킨 업체가 소비자에게 사과하는 과정에서 발생했다. 이미 소비자들은 잔뜩 분노한 상태였기 때문에 업체의 사과문을 호의적으로 읽을 여유가 없었다. 기왕 사과문을 올리는 업체가 다시 소비자들을 자극할 이유가 없을 것이라는 상식적인 가정을 분노가 가로막은 것이다. '금일 논란'은 또 어떤가. 학생이 과제 제출일을 넘겨 불이익을 받게 된 상황이다. 누군가에게는 금일을 금요일로 착각해서 생긴 부끄러움보다도 불이익이 가져다주는 어떤 감정이 더 클 수 있다. 이 일이 논란에 이르게 된 데는 **억울함**이라는 감정이 있다.

'무운 논란'에는 **선입견**이 있었다. 이준석 전 대표가 안철수 의원을 격려할 리 없다는 선입견. 안철수와의 관계가 좋지 않다는 사실도 이미 잘 알려진 상태였으니, 사람들은 선입견을 바탕으로 이준석의 말을 해석했다. 무운이라는 어휘를 모르는 사람들은 이 어휘에서 상상해낼 수 있는 가장 부정적인 의미를 상상해냈고, 그게 '운이 없기를 빈다'였다. 여기서는 선입견이 격발 장치인 셈이다.

'명징한 직조 논란'에는 엘리트 평론가에 대한 대중의 **열등감**이 작동했을 것이다. 만약 이 어휘를 쓴 사람이 이동진이 아니라 평범한 누리꾼이었다면 사람들은 비난이 아니라 조롱을 택했을 것이다. '자기들만 아는 언어로 대중을 깔보는 허세 섞인 전문가'는 대중의 분노를 사기에 딱 좋은 대상이었고, 이미 분노한 대중에게 사전을 펼쳐서 모르는 단어의 뜻을 찾아보는 선택지는 존재하지 않게 됐다. '사흘 논란'에는 **박탈감**이 있었을지도 모른다. 4일을 쉬는 줄 알았는데 3일만 쉬다니. 사흘이 3일인 줄 아는 나도 박탈감을 느끼는데, 하물며 이 사실을 몰랐던 사람들은 어땠을까. 눈이 뒤집힐 만하다.

분노, 억울함, 선입견, 열등감, 그리고 박탈감까지. 해프닝으로 끝날 일들이 사회적 논란이 된 데는 이런 장치들이 작동했다. 정확히 알지 못하는 단어를 마주했을 때, 그 뜻을 찾아보기보다 자신의 상식과 감정에 근거해 지레짐작하는 것. 이런 양상은 오늘날 한국 사회에 만연한 진영논리 정치관과도 닮아 있다. 같은 사건을 각 진영의 이해관계에 따라 전혀 다른 방식으로 해석하고 수용하는 것이 정치 세계의 진영논리라면, 문해력 논란의 격발 장치들은 개인화된 진영논리라고 볼 수 있다.

또 다른 단면은 **불신사회**다. '심심한 사과 논란'을 자세히 들여다보자. 이는 **사회적 신뢰**가 있었다면 커지지 않았을 논란이다. 해당 업체가 잘못을 저질렀다. 업체가 소비자에게 사과하는 대신 배짱을 부릴 이유도, 그럴 필요도 없다. 심심한 사과라는 표현의 앞뒤로는 지극히 상식적이고 예의 바른 문장들이 쓰였다. 맥락을 보면 업체는 소비자들에게 진심 어린 사과를 하고 있다. 그렇다면 이렇게 추론할 수 있다. '심심한 사과의 의미는 모르겠지만, 적어도 소비자들의 심기를 거스르기 위해 쓴 표현은 아닐 것이다.' 당연할까? 사회적 신뢰가 없으면 이 얘기는 전혀 당연하지 않다. '업체가 배짱을 부리고 있는 건 아닌가? 소비자와 기싸움을 펼칠 수도 있지 않나? 정상적인 것처럼 보이는 말들도 사실은 비아냥 아닌가? 업체의 진심을 믿을 수 없다.' 단지 분노해서 나온 생각이 아니라, 업체가 상식적으로 대처할 것이라는 믿음이 없어서다. 그렇다면 심심한 사과라는 낯선 표현은 우호적으로 해석되지 않는다. '저 낯선 표현엔 분명 엄청난 악의가 숨어 있을 거야.'

이런 패턴은 '무운 논란'에서도 관찰된다. 상대의 의도를 선의로 해석하거나 있는 그대로 받아들이지 않고, 상상할 수 있는 **최대의 악의**로 해석한다. 어떤 정치인이 다른 정치인에게 공개적으로 말하는데 운이 없기를 빌면서 저주할 수도 있다고 여기는 것은 분명 사회적 신뢰가 부족한 탓이다. 조금 과장하면, '사흘 논란'도 언론사가 적확한 표현을 썼을 것이라는 믿음이 없다는 점에서 보면 불신사회의 한 단면이다.

마지막 단면은 **비대면성**이다. 이 모든 논란이 인터넷 세계에서 일어났다는 사실을 중요하게 살펴야 한다. 오프라인(현실 세계)과 온라인(인터넷)의 차이는 무엇일까? 여러 가지가 있겠지만 표정과 몸짓, 자세 등과 같은 **비언어적 표현**이 가능한지 여부가 가장 큰 차이다. 오프라인에서는 상대의 표정과 몸짓을 말과 함께 볼 수 있다. 온라인에서는 차갑고 건조한 텍스트만 보일 뿐이다.

기껏해야 이모지emoji 정도를 곁들일 수 있다. 오프라인에서는 어휘력이나 문해력이 조금 부족하더라도 비언어적 표현이 말에 구체적인 단서를 부여한다. 심심한 사과를 드린다는 말이 온라인에서 텍스트로만 던져졌을 때, 수용자는 이 표현에 어떤 의도가 담겼는지 정확히 알기 어렵다. 오프라인에서는 진지하고 무거운 표정, 고개를 숙이고 두 손을 모으는 몸짓과 같은 비언어적 표현이 더해지면서 오해의 여지를 없애버린다. 이런 상황에선 심심의 뜻을 모르더라도 그 단어에 모욕적인 의도가 담기지 않았다는 걸 쉽게 추론할 수 있다. 오프라인이었다면 사흘이나 금일에 관한 논란도 비교적 빠르게 오해가 해소됐을 테다.

비대면성과 더불어 **온라인의 관계적 특성**도 문해력을 둘러싼 논란이 만들어지는 원인 중 하나다. SNS에서 모르는 사람과 논쟁을 벌여본 사람이라면 익히 알고 있지 않은가. 그곳에서 인정과 화해 같은 개념은 잘 작동하지 않는다. 한 번이라도 실수나 잘못을 저지르면 금세 조롱의 대상으로 전락하는 것이 온라인 세계의 섭리다. 어떤 사람이 자신의 실수를 인정하더라도 그것에 대해 관대하게 넘어가는 일은 흔치 않다. 우스꽝스럽게 보일 것을 각오하고 끝까지 버티는 편이 낫다. 상대에게 원인 제공의 책임을 돌리고, 내가 몰라서 그런 게 아니라고 말하며, 당신들이 내 말을 잘못 이해했다고 우기는 식으로 말이다. 이 세계에서 양심선언과 고해성사는 그저 백해무익하다.

문해력 논란은 단지 사람들의 국어 능력이 부족해서만 일어난 일이 아니다. 사람들을 자극하는 장치들이 작동하면서 판단력을 흐리게 했고, 뿌리 깊은 불신이 선해의 가능성을 가로막았으며, 온라인 세계의 비대면성과 관계성이 논란을 증폭시켜 발생한 일에 가깝다. 이런 상황이 문해력 문제에서만 발생할까? 아니다. 우리는 이를 정치라는 영역에서도 매일 목격하고 있다. 정치뿐인가. 연대의 가능성이 무너지고 개인들이 제각기 고립되어 각자도생의 원리만 작동하는 사회의 거의 모든 영역에서 이런 상황은 재현된다.

어떻게 할 것인가. 사람들이 모르는 것에 대해 모른다고 겸허히 인정하고, 조롱당할지도 모른다는 두려움 없이 담담하게 질문을 던질 수 있는 사회를 만들기 위해 우리가 할 수 있는 일은 무엇인가. 그런 사회란 연대의 가능성이 복원되고 사회적 신뢰가 두터울 것이다. 어려운 과제다. 수많은 정치 세력과 사상가들이 실패해왔다. 지금, 바로 궁극적인 해법을 제시하기는 어렵다. 다만 문해력에 한정하여 첫 단계를 제안하고 싶다. 언어가 서로 통하지 않으면 연대의 가능성을 기대하기 어렵다는 점에서, 문해력 문제는 오늘날 한국 사회의 상황이 반영된 결과다. 하지만 동시에 상황이 악화하는 원인 중 하나이기도 하다. 그 문제의 책임이 온전히 개인에게 있지는 않지만, 그렇다고 사회를 바꾸는 것만으로 해결할 수 있는 문제라고는 생각하지 않는다. 당장 할 수 있는 일이 있다면 해야 한다. 그만큼 소통과 연대는 중요하다.

그렇다면 다시, 어떻게 할 것인가. 시작은 간단하다. 개탄이 아니라 **변화**에 관점을 두는 것이다. 문해력이 부족한 사람들을 한심하다고 개탄하기는 쉽지만, 그런다고 그들의 문해력이 향상되지는 않는다. 어떻게 이 상황을 바꿀 것인가. 이렇게 접근할 때 우리는 새로운 고민을 하게 된다. **어떤 언어로 소통할 것인가?** 어려운 말을 모르는 사람을 어려운 말로 설득할 수는 없다. 여전히 우리의 소통에 어려운 말이 필요하다는 사실을 인정한다면, 더 쉬운 말도 고민할 수 있어야 한다. 역설적이지만 현실적인 이 고민에서부터 시작해보자.

우리 안의 일베
그리고 아렌트

책임과 윤리

×

박권일

장혜영

국회 앞에 현수막이 날로 인터넷 댓글창처럼 변해가고 있어요. 물론 윤석열 정부의 강제동원 해법은 정말 백번 비난받아도 싼데, '그러니까 윤석열은 이완용이다'라든가 아니면 '이번 강제동원 해법은 제2의 을사늑약이다'로 가는 순간 지금까지 얘기했던 여러 맥락들, 개인으로서 피해자를 중심에 두고 문제를 풀어나갈 가능성들이 다시 사라지는 느낌이 들어요.

박권일

어용 지식인들이 계속해서 마치 〈시일야방성대곡〉을 부르짖듯이 친일-반일 프레임으로 이야기하고 있는데, 저는 그런 것들이야말로 정말로 피해자들을 두 번 죽이고 세 번 죽이는 일이라고 생각합니다. 우리의 친일, 반일의 언어들을 어떻게 바꿔 나갈 것인지 같이 고민을 해볼 필요가 있다고 봐요.

정주식

2023년 2월에 베트남전쟁 당시 현지 마을의 민간인을 학살한 한국 군에 대한 배상 판결이 나왔죠. 그 판결에 한국 정부가 항소를 했어요. 그에 대해서 베트남 정부가 "우리는 과거를 두고 미래를 내다보는 것을 옹호한다. 하지만 그것이 역사의 진실을 부정하자는 의미는 아니다. 한국 정부는 역사를 바르게 인식하고 존중해달라"고 유감을 표했는데요. 이게 정확한 표현이라고 생각해요.

이재훈

이 역사적인 상황들에 대한 아픔을 이야기할 때 당연히 한국 사회의 미래와 앞으로 미래를 살아갈 청년들이 과연 어떤 한일 관계 속에서 살아가야 할지 고민해야겠죠. 그럼에도 공동으로 극복하고 넘어가려는 움직임이 전혀 없다는 사실이 안타까워요.

2023년 2월 7일 서울지방법원 재판부는 1968년 2월 12일 벌어진 '퐁니·퐁넛 마을 학살 사건' 생존자인 응우옌티탄Nguyễn Thị Thanh 씨가 지난 2020년 4월에 제기한 손해배상 청구 소송의 1심 판결에서 원고 일부 승소 판결을 내렸다. 생존자와 목격자 등의 증언에 따르면, 당시 베트남전쟁에 참전 중이던 대한민국 해병 제2여단(청룡부대) 1대대 1중대 소속 한국 군인들이 마을 민간인 74명을 집단 살해했다. 재판부는 참전한 한국 군인, 당시 베트남 마을 민병대원 등의 증언과 증거를 바탕으로 응우옌티탄 씨의 주장을 대부분 사실로 인정하며 "피고 대한민국은 원고(응우옌티탄 씨)에게 3000만 100원과 이에 대한 지연 손해금을 지급하라"고 판결했다. 열흘 후인 2월 17일, 이종섭 전 국방부장관은 "우리 장병에 의한 학살은 전혀 없었다"며 피해자의 주장 및 증거, 한국 재판부의 판결까지 전면 부정했다.

퐁니·퐁넛 마을 학살 사건은 이미 상당히 구체적인 증거와 증언이 확보된 상태다. 그래서 가해자 측에 해당하는 대한민국 재판부조차 그 범죄를 부정할 수 없었다. 사건 자체를 전면 부정하거나 외면하는 것이 명백한 비윤리임은 말할 나위 없다. 이종섭 전 장관은 당연히 비판받아야 한다. 사실 제시와 논증을 통해 이런 자들의 논리를 더욱 철저히 분쇄하는 것도 유의미한 일이다. 하지만 과거에 일어난 국가 혹은 공동체의 조직적 범죄에 대해 구성원들에게는 어떤 책임이 있으며 그 윤리적 근거는 무엇인지, 나아가 책임과 윤리란 무엇인지 먼저 이야기해보고 싶다. 이런 질문을 던지는 배경에는 '오늘날 공론장을 지배하는 **가해자-피해자** 구도의 납작한 이분법이 문제를 해결하거나 생산적 논의를 끌어내지 못하고 새로운 오류와 부정의를 양산한다'는 문제의식이 있다.

사회학자 조형근은 《우리 안의 친일》에서 우리가 여전히 식민주의의 굴레에서 벗어나지 못했으며, **친일-반일**이라는 대립 구도를 넘어야만 거기서 벗어날 수 있다고 말한다. 그에 따르면 '친일은 부역자'와 '반일은 독립운동가'라는 이분법은 "소수를 절대악과 절대선으로 나눠 규정하고 절대다수 민중은 죄 없는 피해자로, 영웅에 대한 응원자"로 만들 수 있다. 여기서 '보통 사람'은 그저 역사의 관객으로 등장할 뿐이다. 조형근은 여러 역사적 사실과 근거를 제시하면서 그러한 이분법(혹은 삼분법)이 실은 매우 작위적이라는 사실을 설득력 있게 보여준다. 모두가 어느 정도 연루된 어떤 죄악이나 무지를 성찰하자는 조형근의 주장은 '우리 안의 친일'이라는 말로 요약할 수 있다.

그런데 이런 주장에 늘 똑같이 나오는 반응이 있다. '우리 안의 ○○'은 모두가 죄인이라고 말하면서 누구에게도 책임을 묻지 않는 **물타기**라는 것이다. 나는 2013년에 일간베스트저장소(이하 일베)의 사고방식은 일베에만 있는 게 아니라 한국 사회 전체에 퍼져 있다고 말하는 〈우리 안의 일베〉라는 칼럼을 쓴 적이 있다. 당시는 일베의 패륜적 혐오 선동이 큰 사회문제로 떠올랐던 때였다. 대다수 언론과 지식인은 일베가 얼마나 **우리**와 다른 **괴물**인지, 얼마나 한심한 '루저'인지 강조하며 개탄을 쏟아내고 있었다. 그런데 돌연 '우리 안에도 일베 있다' 운운하는 글이 나오자 적지 않은 사람들이 격렬하게 반발하고 나섰다. 이들은 일베라는 괴물들과 자신은 절대 무관하며, '우리 안의 일베론'은 그들의 죄를 물타기 하는 방식으로 일베를 옹호하고 있을 뿐이라고 비난했다. 그중 일부는 "나를 일베 취급 말라"면서 일베 수준을 가뿐히 뛰어넘는 혐오표현과 인신공격도 서슴지 않았다. 하지만 몇 해 지나지 않아 일베적 사고방식과 언어는 대부분의 온라인 커뮤니티에서 쉽게 찾아볼 수 있게 됐다. 한마디로 온라인 커뮤니티 자체가 '일베화'된 것이다. 최근에는 일베가 일베에만 있는 게 아니라는 지적에 많은 사람이 동의한다.

'우리 안의 일베'는 '모두가 일베'라는 말과 같지 않다. 우리 안의 일베를 말한다고 해서 우리가 갑자기 세월호 유가족 단식 농성장 앞에서 치킨을 뜯어 먹는 인간이 되진 않는다. 또한 우리 안의 친일을 말한다고 해서 하루아침에 우리가 이완용으로 돌변할리 없다. '우리 안의 ○○'은 우리가 어떤 문제에 **연루되어 있다는** 뜻일 뿐이지 그 문제 자체라는 의미가 아니다. 유무의 문제가 아니라 정도의 문제다. 여기서 후자를 전자로 치환하여 납작하게 만들어버리는 게 바로 물타기다. 일제시기에 세금을 낸 보통 사람들도 체제에 협력했다는 점에서 모두 친일이라고 주장하는 우익 소설가 복거일의 말이 대표적인 물타기다. 조형근은 자신의 주장이 복거일과는 다른 것이라 선을 긋는다.

다시 강조하지만 일제시기에 보통 사람들이 친일했다고 주장하려는 것이 아니다. 보통 사람 또한 윤리적 판단이라는 책임으로부터 면제될 수 없다는 걸 강조하고 싶은 것이다. 친일파 옹호 세력이 보통 사람도 다 친일했다며 물타기 주장을 할 때, 그에 대해서 힘없는 보통 사람은 그냥 순응해야지 어쩔 수 있었겠냐고 말한다면 궁색한 변명에 지나지 않는다. 역사는 보통 사람이라고 해서 윤리적 판단의 의무를 면제해주지 않는다. 어쩔 수 없이 순응해야 하는 권력의 압력 앞에서 보통 사람도 판단을 내려야 하고 선택을 할 수밖에 없다. 그만큼 책임도 생긴다.

보통 사람도 윤리적 판단의 의무에서 면제되지 않는다는 것. 이게 핵심이다. 친일과 반일, 가해자와 피해자, 일베와 비非일베 등의 납작한 이분법을 깨뜨리면서 보다 진전된 논의를 시작하려면 여기서 출발해야 한다. 죄와 책임은 까다롭고 심오한 문제이며 단순히 무죄 인간과 유죄 인간을 나누는 일, 그러니까 유무의 문제일 수 없다. 그리고 유무가 아닌 정도의 문제를 엄정히 따지기 위해서는 문제를 분류하고 구체화하는 일이 필수적이다. 여기서 참고할 철학자를 한 명만 꼽으라면 아렌트일 것이다.

알려졌다시피 아렌트는 나치의 홀로코스트에 대해 많은 발언과 저술을 남겼다. 그중에서 대중에게 가장 잘 알려진 건 악의 평범성 개념으로 유명한 《예루살렘의 아이히만》이다. 아렌트는 아이히만이 괴물이 아니라 평범한 인간이라는 점을 강조했다. 아이히만은 나치 광신자나 극단적인 반유대주의자가 아니었다. 그에겐 유대인 친구들도 있었고 시온주의 운동을 찬양한 전력도 있다. 그런 그가 어떻게 인류 역사상 가장 끔찍한 학살을 저지른 범죄자가 되었는가?

아이히만은 살인을 직접 저지른 것이 아니라 많은 유대인을 추방해 '죽음의 수용소'에 데려가게 하는 결정을 내리고 집행했다. 그 과정에서 아이히만은 죄의식보다는 책임감을 강하게 느꼈다고 한다. 이는 상관의 명령을 신속 정확하게 수행해야 한다는 일종의 **직업윤리**였다. 그는 자기 일을 잘 해내서 조직으로부터 인정받기를 원했다. 아렌트는 이런 부류의 인간을 가족남성 family men이라 부른다. 가족남성은 부양가족의 경제적 안정이 최고의 목적인 사람이다. 그가 일에 몰두하는 것은 특별히 야망이 강해서가 아니라 혹시라도 일자리를 잃어서 나와 내 가족이 곤궁에 빠질 수 있다는 공포 때문이다. 한때 한국에서 유행했던 말로 바꾸면 '먹고사니즘'일 테다. 물론 가족남성만 있는 게 아니라 비슷한 부류의 가족여성도 있다. 아렌트에 따르면 이들 가족남성과 가족여성, 즉 '가족인간'은 물질적 안락만 보장된다면 기꺼이 어떤 일이든 성실히 할 수 있는 자들이다. **이들은 공적 사안에 대체로 무관심하며 대부분의 시간을 사적 쾌락을 누리는 데 쓴다**. 나치의 대학살은 최상층 지도자들의 명백한 의도와 계획뿐만 아니라, 이렇게 **뇌를 텅 비운** 소시민들, 힘없는 보통 사람들이 군인, 공무원, 기타 직업인으로서 자신의 소임에 전념함으로써 가능했다.(이후 몇몇 홀로코스트 연구자들이 아렌트가 아이히만의 보통 사람인 척하는 연기에 속았다며 의미 있는 근거들을 제시했다. 그런 측면에서 악의 평범성 개념이 과장됐다는 주장도 설득력이 있다. 다만 아렌트는 법적인 죄만이 아니라 책임이라는 요소도 부각하는 만큼, 모든 주장을 기각하는 것은 지나치다.)

아렌트는 죄와 책임을 구별한다. 홀로코스트에서 죄를 저지른 사람은 당연히 법적 책임도 있다. 실제로 당시 독일에서 전쟁범죄와 완전히 무관한 조직이나 공공기관은 존재하지 않았다. 그러나 개인으로 본다면 인과적으로 죄를, 다시 말해 법적 책임을 도저히 물을 수 없는 사람들도 있다. 〈집단적 책임Collective Responsibility〉이라는 논문에서 아렌트는 이런 사람들에게 법적 책임은 없을지 몰라도 **정치적 책임**은 여전히 남아 있다고 선언한다. 범죄와 전혀 무관하다 해도 단지 독일인이기에 국가범죄에 대한 정치적 책임이 있다는 것이다. 하지만 이건 좀 과한 게 아닐까? 단지 우연히 그 나라에 태어났다는 이유만으로 그 나라가 저지른 범죄의 책임이 자동 부과되는 것은 너무 엄격한 것 같다. 그렇다면 대체 누가 정치적 책임에서 면제될 수 있단 말인가.

아렌트는 인간이 지향해야 할 최상위의 삶이 있다고 생각했다. 그것은 단지 먹고, 싸고, 소비하는 삶 너머에 있다. 그것은 공적 시민으로서 자유롭게 공동체의 문제를 숙고하는 삶, 바로 **활동적 삶**vita activa이다. 아렌트가 가장 중요하게 여긴 것이 바로 활동성, 행위action였다. 이는 단지 먹고살기 위한 노동이나 작업을 넘어 인간을 진정 인간답게 만드는 요소다. 이런 측면에서 아렌트의 주장을 다시 읽어보자. 홀로코스트에서 **법적 책임은 없지만 정치적 책임을 다하지 못한 사람**의 목록에 절대다수의 독일인이 포함되는 것은 그들이 **아무런 행위를 하지 않았기 때문**이라고 해석할 수 있다. 단순히 그들이 공동체원이라서 그렇다기보다는 국가범죄 앞에 가만히 있었기 때문이다.

영화 〈쉰들러 리스트〉의 주인공 오스카 쉰들러Oskar Schindler는 아렌트가 정의한 정치적 책임을 다한 사람이 아닐까? 그는 가스실로 끌려갔을 많은 사람을 실제 행위를 통해 구해낸, 글자 그대로 의인이 아닌가. 쉰들러뿐만 아니라 여러 독일인이 개인적으로 유대인과 집시의 탈출과 은신을 도왔다. 어떤 학자는 나치당에 충성을 맹세하는 대신 교수직을 포기했다. 이런 이들은 홀로코스트에 대한 책임이 있기는커녕 칭송되어 마땅한 이들이 아닌가?

아렌트의 대답은 '아니오'다. 물론 이들은 나치 부역자나 침묵으로 동조한 자들에 비하면 낫다. 그러나 정치적 책임을 다했다고는 볼 수 없다. 아렌트는 이들이 칭찬받을 만한 일을 하고 실제로 칭찬도 받았지만 무엇이 옳은지 말할 능력을 발휘하지 않았으며, 심지어 실질적으로 아무것도 하지 않았다고 말한다. 정치철학자 아이리스 매리언 영Iris Marion Young은 아렌트의 논의를 치밀하게 따라가면서 쉰들러 등의 선행이 왜 정치적 책임에 속하지 않는지를 이렇게 정리한다.

그들의 행위가 정치적인 것이 아니었다는 뜻이다. 그들의 행동이 공(개)적으로 이뤄지지 않았기 때문이다. 나치 범죄에 연루되지 않기 위해 노력했거나 위험에 처한 사람들을 적극적으로 도운 사람들은 많았다. 그러나 그들은 문제를 제기하지 않았고 자기 혼자, 사적으로 그런 일들을 했다. 그들의 행위는 정치적인 것이라기보다는 도덕적인 것이었다.

그럼 쉰들러의 선행조차 넘어서 정치적 책임을 다한 사례가 과연 있기는 한가? 있다. 아렌트는 '백장미단Weiße Rose'의 한스 숄Hans Scholl, 죠피 숄Sophie Scholl 남매 사례를 제시한다. 이들은 나치의 악행이 극에 달했던 1940년대 초에 우생학 등을 반대하고 나치당에 저항하는 조직인 백장미단을 결성했고, 히틀러를 학살자로 묘사한 전단지를 만들어 대중에게 살포하다가 체포되어 사형을 당했다. 개인으로서는 분명 무모한 행위였지만, 이는 아렌트적 의미에서 정치적 책임이라 부를 수 있는 것이었다. 정치적 책임을 다한 또 하나의 사례는 덴마크의 나치 반대 운동이다. 독일 국외의 사건으로서, 국왕을 포함해 덴마크 관료는 나치의 유대인 추방에 공개적으로 반대 의사를 천명했다. 또한 덴마크 부두 노동자는 파업으로 독일 국적 선박의 입항을 거부했다. 강대한 군사력으로 타국에 협박을 일삼던 독일도 덴마크 국민의 조직적인 저항에 부딪히자 슬그머니 꼬리를 내리고 말았다. 이렇듯 공동체의 범죄에 대한 정치적 책임을 지는 행위는 범죄에 소극적이고 개인적으로 저항하는 차원을 넘어, **집단적이고 공개적으로 사람들을 선동하고 조직**하는 데 이르러야 한다.

아렌트의 정치적 책임론 논의에 거의 반드시 따라 나오는 반박이 있다. 지나치게 높은 윤리 기준은 (이기적인) 인간 본성과 어긋나며, 아무런 실제의 영향력을 발휘하지 못한다는 것이다. 과연 그런가. 아렌트가 몰라서, 너무 순진해서 저렇게 주장했을까? 아렌트는 쉰들러처럼 정치적 책임을 다하지는 못했지만 도덕적 행위를 한 사람들을 비난해서는 안 된다고 생각했다. 아렌트가 정치적 책임을 제시한 이유는 단죄하거나 비난하기 위해서가 아니다. 그 개념을 통해 우리가 사회악 내지는 모순에 어떻게 연루되어 있으며, 어떻게 그것을 막아낼 수 있는지 보여주기 위해서였을 것이다.

한편, 오늘날 국가범죄나 사회적 참사에 대한 공론公論이 공론空論에 그치는 경우가 많은 데는 납작한 이분법 외에도 또 하나의 이유가 있다. **윤리의 도구화**는 윤리가 규범적 목표로 기능하지 못하고 정치적 수단으로서만 호출되는 현상을 가리킨다. 서두에서 언급한 한국군의 베트남 민간인 학살 사건 판결을 예로 들면, 많은 언론과 시민이 이번 판결을 논하면서 베트남의 피해자에게 배상해야 일본에 할 말이 생긴다고 지적한다. 일본군 성노예, 강제징용 등의 국가범죄에 대한 배상 책임을 계속 부정해온 일본에 대해 우위를 확보할 수 있다는 주장이다.

충분히 나올 수 있는 이야기지만, 문제는 극소수를 제외하면 언론이 피해자나 유가족의 육성을 부각하는 경우가 거의 없다는 점이다. 그저 판결이 가져올 효과만 이야기하고 있을 뿐이다. 하지만 이번 판결에 대한 공론에서 가장 필요한 것은 실제로 발생한 비참과 고통에 대한 윤리적 태도가 아닐까? 국가 대 국가로서, 한국 또는 추상화된 한국 민족이라는 입장에서 일본에 책임을 묻기 위해서가 아니라 베트남 피해자의 고통에 공감하기 위해서 움직여야 하는 게 아닐까? 베트남 민간인 학살 사건의 피해자에 대한 배상이 확정되면, 결과적으로 보다 떳떳하게 일본 정부에 윤리적으로든 법적으로든 책임을 물을 수 있을 것이다. 하지만 그것은 부수적 효과여야지 행위의 목표라면 곤란하다. 그것이 우선된다면 **윤리는 그 자체로 옳은 것이 아니라 어떤 이익을 위한 도구**가 되고 만다.

윤리가 실리적 목표의 수단으로서 호출될수록, 다시 말해 윤리와 도덕이 점점 더 유용해지고 효용이 커질수록 그것은 점점 더 무의미해진다. 윤리가 그 유용성만으로도 사람들을 윤리적으로 변화시킬 수 있지 않을까? 그럴 수도 있겠지만 윤리와 도덕을 목표로 삼고 실제로 추구하는 건 어려운 반면, 윤리를 가장假裝하는 것이 훨씬 '가성비'가 좋기에 사람들은 순식간에 위선에 물들어버릴 수 있다. 앞서 아렌트가 말한 정치적 책임을 떠올려보자. 그것은 선善의 위장이나 사적 선행을 넘어서 타인을 움직여 집단을 이루고 공적으로 윤리를 실천하는 일이다. 정치적 책임을 다하는 일을 위선으로는 할 수 없다. 정치적 책임과 위선 사이엔 거대한 심연이 놓여 있다. 말할 것도 없지만 위선이 악덕이나 무절제보다는 낫다. 선에 대한 믿음을 전제하기 때문이다. 위선자는 선한 자의 우위를 증명한다. 그런데 위선이 너무 흔해져서 보편적 상황이 되어버리면, 다시 말해 **수단으로서 선**만 존재하고 **목표로**

서 선을 어디서도 찾아볼 수 없게 되면 선은 굳이 가장하지 않아도 되는 무언가가 된다. 수단으로서도 가치가 없어지는 것이다. 위선일지라도 윤리와 도덕이 최종 목표로 존재해야 한다. 윤리와 도덕이 최종 목표로 존재하지 않는다는 것, 누구도 윤리와 도덕을 믿지 않는다는 것을 사람들이 눈치챈다면 위선도 쓸모없어지는 것이다. 세상이 속물로 가득 차면 그 속물들은 일제히 본색을 드러낸다. 윤리를 말소할 수 있는 최대의 위협은 반윤리나 비도덕이 아니라 윤리의 도구화다.

여기에 가장 부합하는 사례 중 하나가 바로 정치인 유시민이었다. 참여정부 초기 이라크 파병을 둘러싼 사회적 논란이 극에 달했다. 2003년 3월 18일, 당시 개혁국민정당 대표였던 유시민은 "노무현 대통령으로 하여금 우리 국민들이 원하지 않기 때문에 이라크전쟁에 파병할 수 없다고 말할 수 있도록 확실한 명분을 쥐어주어야 한다"고 했다. 즉 대통령의 운신 폭을 넓혀주기 위해 시민들이 파병을 반대하는 데 몸소 나서야 한다는 논리였다. 그런데 2004년 6월 23일에 돌연 입장을 바꾼다. 그는 '페스트-콜레라론'을 내세우며 파병을 해야 한다고 강변한다. 그는 "추가 파병을 취소해 미국 네오콘에 찍히는 상황을 페스트, 파병해서 이라크전쟁에 말려들어가는 것을 콜레라로 비유할 수 있다"며 "우리나라가 현실적으로 취할 수 있는 차악의 선택은 페스트는 무조건 피하고 콜레라를 가볍게 앓는 것"이라 말했다. 이후에도 윤리를 정치적 수단으로 활용하는 그의 언행은 계속됐다.

의도치 않았지만 결과적으로 윤리가 정치적 수단이 되고 마는 일은 현실에서 종종 일어난다. 어쩔 수 없다. 그러나 윤리를 애초부터 정치적 수단으로 적극적으로 의도하기 시작하면, 그때부터 윤리는 급속히 부패해서 그저 조롱거리로 전락한다. 유시민이 윤리를 정치적 도구로 만든 최초의 사례도 아니며 유일한 사례도 아니다. 그러나 그의 노골적 행동 이후부터는 각자가 정치적 · 사회적 소신을 펼치고 이를 위해 함께 모이고 행동하는 것, 즉 아렌트가 말한 정치적 책임을 다하는 것이 아니라 지지하는 정권의 유익을 위해 윤리적 명분을 활용해야 한다는 발상이 공공연해졌다. 그와 비슷한 사람들이 제재를 받기는커녕 높은 사회적 명망까지 얻자, 윤리의 도구화는 더욱 거리낌없이 증식했다. 지금에 이르러선 공민적 덕성이나 윤리는 정치적 쓸모가 없으면 아예 호출되지도 못하는 한낱 진영논리의 노리개가 되고 말았다.

오늘날 1980년대를 다룬 많은 대중문화 서사를 보면, 그리고 거나하게 취한 86세대의 회고담을 듣다 보면 마치 1980년대 대부분의 대학생이 독재정권에 저항한 것처럼 보인다. 전혀 아니다. 정치적 행동에 나선 건 그야말로 한 줌도 되지 않는 소수였다. 당시에도 절대다수의 청년과 시민은 아렌트가 말한 가족인간이었다. 자신과 가족, 부모를 위해 도서관에서 열심히 공부하고 성실히 수업에 출석한 사람들. 또래와 동료 시민 들이 거리에서 맞고 실종되고 죽어갈 때, 그들은 고시에 합격하고 유학을 떠나고 대기업에 입사했다. **그때나 지금이나 손에 꼽을 정도의 사람들만이 아렌트가 말한 정치적 책임을 다하고자 한다.**

풍문으로만 떠돌던 한국군의 베트남 민간인 학살은 1999년 《한겨레21》의 최초 보도를 통해 대중에게 알려졌다. 시민사회가 앞장서서 정부가 나서주기를 촉구했으나 국가는 꿈쩍도 하지 않았다. 2015년에 피해자들이 처음으로 한국을 방문한 이후부터 상황이 다시 달라지기 시작했다. 피해자들이 직접 배상소송에 나섰고, 한국의 시민 단체가 이들을 지원했다. '촛불정부'를 자임했고 과거사 문제에 적극적이라는 평가를 받았던 문재인 정권에서 이 문제의 실마리가 풀리리라 기대했지만, 결국 이 정권도 다르지 않았다. 2019년 9월 피해자의 청원에 대한 국방부 답변으로 문재인 정부 최종입장이 발표됐다. 한마디로 학살은 없었고, 조사도 없다는 것. 그리고 2023년 2월 한국 재판부가 국가배상 책임을 인정함으로써 사건은 8년 만에 새로운 전기를 맞았다. 그렇기에 1999년부터 이번 판결까지 24년 동안, 피해자의 편에서 인권과 인류적 가치를 결코 놓지 않고 꿋꿋이 정치적 책임을 다한 이들이 있었다는 점은 반드시 기억해야 한다. 국격이라는 말을 좋아하지 않지만 만약 대한민국에 그런 게 있다면, 오랜 세월 고통에 몸부림친 타자의 곁을 지키며 인류의 존엄을 증명한 활동가들에게서 온 것이리라. 월드컵 16강 진출, 케이팝, 삼성 휴대전화 따위가 아니라.

　아렌트 이후 책임의 문제에 대해 가장 근본적인 사유를 전개했던 이 중 하나가 철학자 자크 데리다Jacques Derrida였다. 그는 책임이라는 개념을 그것이 전통적으로 결부되어 있던 응보적 관념, 즉 부채 청산이나 앙갚음, 은혜 갚음 같은 것으로부터 분리해낸다. 이로써 책임은 과거로부터 풀려나 현재와 미래의 차원으로 개방된다. 그에게 책임은 자유에 수반되고 때로 그것을 제한하는 족쇄가 아니라, 오히려 자유를 가능케 하는 조건이다. 이때의 **책임**responsibility이란 **타자에게 반응**response**하는 능력**ability이다. 더 구체적으로 말하면 고통을 호소하는 사람의 얼굴에 감응하는 것이 책임이다. 책임과 윤리를 우리 본성에 반하는 엄격한 규율 같은 것으로만 이해한다면, 우리는 남의 눈을 의식하며 위선을 보이다가 끝내 선함 그 자체를 싫어하게 될 것이다. 책임과 윤리는 우리가 갖고 있던 어떤 본성, 아픈 사람을 보며 안타까워하고 고통당하는 사람에게 달려가 도움이 필요한지 묻는, 그런 자연스러운 모습의 다른 이름이다. '우리 안의 ○○'을 성찰하는 일도 마찬가지다. 이를 통해 우리 내부에서 새삼스럽게 타자를 발견하고 그 타자성을 어떻게 재조정할 것인지 협상하다보면 존재가 지닌 역량의 확장으로 이어질 것이다.

동성애자가 동료 시민이 될 때
우리의 운은 권리가 된다

동성혼

×

장혜영

이재훈

이제까지의 성소수자 운동이 정상성에 대해 비판하고 정상성을 해체하는 방향으로 나아가야 한다고 지적하는 분들이 있잖아요. 그분들은 동성 부부의 결혼을 정상성의 범위 안에 넣어달라는 형태의 주장이 과연 옳은가 문제 제기를 하시더라고요.

정주식

혼인평등법이 기존에 정상가족들이 누리고 있었던 권리를 정상가족 바깥의 관계들에게도 허용하자는 건데, 권리를 누리는 사람들의 범위는 확장됐지만 여전히 그 안에 들어가고 싶지 않은 사람들도 있거든요.

박권일

우리의 존재 양식 자체가 다양한데 법은 근대 이전의 상태 그대로 머물러 있고, 그래서 결혼이라는 제도가 점점 인기 없어지는 거죠. 더 다양한 욕구와 선택지를 원하는데 제도는 그렇게 만들어주지 않으니까요. 그런 면에서 '가족구성권 3법' 같은 법안들이 필요하다고 생각하고요.

장혜영

차별금지법은 전 사회적인 차별을 다 아우르는 가장 큰 프레임워크고, 동성혼은 그 안에서 특정한 하위 주제 중에 하나인 거고, 생활동반자법은 완전히 다른 가족 관계를 만드는 거거든요. 그러니까 사회적 안전망 측면에서 의미를 갖는 법들이에요.

2024년의 첫 금요일 저녁 7시, 지역구인 마포의 성미산마을극장에서 지난 4년간의 의정활동을 총결산하는 오프라인 의정보고회를 열었다. 정치인이 나와서 자화자찬을 늘어놓는 형식보다 지난 시간 속에서 함께해온 사람들의 목소리를 직접 듣는 자리를 기획했다. 장애인 권리, 여성인권, 노동, 기후위기, 이태원 참사, 군대 내 성폭력 등 다양한 분야와 이슈의 손님들이 모였다. 그중에 대미를 장식한 사람은 한국 국적 유부녀 레즈비언으로서 공개 결혼식을 올려 화제를 모았던 김규진이었다. 그녀는 최근 해외에서 정자를 기증받아 '라니'라는 이름의 건강한 아이를 출산했다. 아이디어 뱅크인 그녀는 이번 의정보고회에서 내가 건네는 질문에 대답하는 평이한 방식 대신 '성소수자가 본 장혜영의 의정활동'이라는 제목의 프리젠테이션을 직접 준비해오겠다고 선언했다. 제21대 국회 임기 초, 내가 300명의 구성원으로 4년간 유지되는 국회가 어딘지 학교 같다고 말한 것을 기억한 그녀는 만화 원작의 드라마 〈꽃보다 남자〉의 명장면에 내 얼굴을 합성해 웃기고 기발한 슬라이드들을 만들어왔다. 그중에서 단연 모두를 폭소케 한 것은 금잔디(구혜선 분)에게 "시켜줘. 금잔디 명예소방관"이라고 말하는 꽃미남 윤지후(김현중 분)의 얼굴에 내 얼굴을 합성한 슬라이드였다. 거기에는 이런 자막이 달려 있었다.

시켜줘. 성소수 명예 소방관.

김규진에게 장혜영은 왜 성소수 명예 소방관인가. 제21대 국회 개원 한 달 만에 차별금지법안을 발의하고, 고 변희수 하사를 죽음에 이르게 한 차별적이고 부당한 전역 조치를 규탄하며 국가를 상대로 재판 중이던 유족들과 손잡은 사람이기 때문이다. 성소수자를 축복했다는 이유로 교단에서 쫓겨난 이동환 목사와 연대하며, 매해 서울과 대구에서 열리는 퀴어퍼레이드를 챙긴 사람이기 때문이다. 통계청장에게 인구주택총조사에서 배우자의 성별에 관계 없이 사실혼 관계인 가구를 조사하도록 요구하고, 동성 군인 간의 합의된 성관계를 처벌하는 군형법 92조의 6 폐지안과 동성결혼 법제화를 포함한 '가족구성권 3법'을 발의한 국회의원이기 때문이다. 김규진은 내가 성소수자와 관련된 현장에 어김없이 나타난 사람이었기 때문에 나를 그렇게 표현했다고 말했다. 그녀처럼 본인의 삶을 드러내며, 한 사람의 시민으로서 성소수자의 평등할 권리를 위해 싸우는 사람에게 성소수 명예 소방관이라는 얘기를 듣는 것은 유머라고 하더라도 무척 짜릿하고 겸연쩍으면서 나 자신을 돌아보게 하는 사건이었다.

처음부터 성소수 명예 소방관이 되려고 작심했던 것은 아니다. 어쩌다 보니 물 흐르듯 그렇게 되었다. 시작은 포괄적 차별금지법이었다. 제21대 국회 개원 초, 정의당 국회의원 여섯 명은 총선에서 공약했던 대표 정책을 하나씩 맡아 대표발의하기로 했다. 나는 그중에서 차별금지법을 골랐다. 장애인 차별 철폐를 정치적 소명으로 삼은 정치인 중에 한 사람인 나에게 포괄적 차별금지는 **신념**이었다. 보수 개신교계가 주요하게 반대하는 목표라는 점에서 동료 의원들이 이 법을 부담스럽게 느끼는 듯했기에 더욱 선뜻 나섰다. 내 주위에는 이성애자 친구들만큼이나 성소수자 친구들이 많다. 그들 모두에게 차별금지법은 상식이고, 그 법이 없는 사회가 몰상식이었다. 국민의힘과 더불어민주당의 '위성정당 꼼수'로 인해 제21대 국회에서 정의당의 의석수는 제20대 국회와 마찬가지로 여섯 석에 머물렀지만, 동료 의원들의 지원에 힘입어 국회 개원 한 달 만에 포괄적 차별금지법안을 발의하는 데 성공했다. 제20대 국회에서는 아예 발의조차 되지 못했던 법안이기에 뿌듯함은 무척 컸다.

그러나 기쁨도 잠시, 그렇게 발의된 차별금지법안은 이내 온

갓 부당한 비방과 음해에 시달리기 시작했다. 재계와 언론의 반발도 있었지만 개신교계의 반대가 압도적이었고 그 초점은 역시 **동성애**였다. 동성애 옹호법, 동성혼법, 청소년을 타락시키고 가족을 무너뜨리고 나라를 망하게 하는 악법, 신의 섭리를 거스르는 법, 목사님이 동성애를 반대하는 설교를 하면 감옥에 보내는 법…. 처음에는 해명했다. 동성애를 옹호하는 법이 아니라 누구든지 성적 지향을 이유로 차별받지 못하게 하는 법이고, 성소수자만이 아니라 모든 시민을 위한 법이라고. 포괄적 차별금지법을 제정한 해외 국가들의 대사에게서 직접 "나라 안 망했다" "망하기는 커녕 차별금지법 덕분에 다양성을 존중하는 사회가 되었고 이야말로 국가 번영의 원천이다" 같은 말들을 모아서 사람들에게 알렸다. 그러나 낙인 찍는 이들에게 이 모든 설명은 중요하지 않았다. 그들에게 차별금지법은 그저 동성애법이었다.

　어느 순간 나는 그들에게 "동성애자만을 위한 법이 아니다"라고 말하는 대신 "동성애법이면 어때서요"라고 말해야 한다는 것을 깨달았다. 규범으로서 포괄적 차별금지는 '장애인을 차별하면 안 되지만, 동성애자는 차별해도 된다'는 바로 그 발상을 방치하는 곳에서 모든 차별이 자라난다는 통찰에서 비롯되었다. 어떤 약자는 차별하면 안 되지만 다른 어떤 약자는 차별해도 된다는 생각 때문에 차별이 존속된다. 우리나라에는 남녀고용평등법이나 장애인차별금지법이 있지만, 여성들은 여전히 직장 내 성폭력과 성차별에 고통받고 장애인들은 일상에서 차별을 겪는다. 밴드 U2가 내한했을 당시, 퍼포먼스에서 선보인 "모두가 평등할 때까지 누구도 평등하지 않다"는 말에는 우리나라의 현실이 고스란히 녹아들어 있다. 성소수자가 부당한 차별에 놓여있는 한, 장애인도 여성도 노동자도 어느 누구도 차별로부터 자유롭지 않다. 차별금지법 입법 투쟁은 이 사실을 분명히 일깨워주었다. 그렇게 나도 모르게 성소수 명예 소방관의 길을 걷고 있었다.

  엄밀히 말하자면 성소수자 인권 보장에서 **차별금지법은 알파 (시작)이지만 오메가(끝)는 아니다.** 차별금지법은 성소수자 차별 금지를 포함한 인권의 포괄적 가이드라인이다. 차별금지법의 의의는 헌법이 규정한 개념적 평등권을 시민들의 일상에서 실제로 구현하는 데 있다. 법적 금지 대상이 되는 공적 영역에서의 차별이 무엇인지 구체적으로 예시를 들어 규정하고, (시정권고보다는 강하고 형사처벌보다는 약한) 실효성 있는 방안들을 정한 법이다. 이 법이 제정된다고 해서 하루아침에 모든 차별이 저절로 없어질 리는 만무하다. 다만 각계각층에서 겪고 있는 부당한 차별과 맞서 싸우고자 할 때 실질적인 길잡이와 비빌 언덕이 되어준다. 이런 규범은 성소수자 시민들이 겪는 일상의 모든 구체적인 문제를 해결해주지는 못한다. '법적으로 가족을 가족이라고 할 수 없는' 성소수자 가족 구성원들은 '이성애 유자녀 가족 중심'으로 설계된 대한민국의 사회적 안전망과 제도로부터 철저히 배제된

동성혼

다. 매일 마주하는 고통스러운 현실에 차별금지법이 관계되어 있지만 직접적인 해결책은 되지 못한다. 차별금지법과 함께 생활동반자법 제정이나 동성혼 법제화가 필요한 이유다.

2023년 5월, 가정의 달 마지막 날에 혼인평등법과 생활동반자법, 그리고 비혼출산지원법 등을 묶어 '가족구성권 3법'이라는 이름으로 패키지 법안을 발의했다. 많은 사람이 대한민국은 법률로써 동성혼을 금지하는 국가라고 알고 있지만 사실이 아니다. 대한민국 법률상 혼인을 규정하는 민법 812조(혼인의 성립)는 성별에 대한 규정을 포함하고 있지 않다. 해당 법조문에 따르면 혼인은 가족관계등록법에서 정한 내용에 따라 신고함으로써 그 효력이 발생한다. 가족관계등록법에도 동성혼을 금하는 명시적 조문은 없다. 누군가는 헌법 제36조에 "혼인은 양성의 평등을 기초로 성립되고"라고 적혀 있으므로 동성혼은 위헌이라고 주장하고 싶겠지만, "양성의 평등"이 동성혼을 금한다는 것은 하나의 해석에 불과하다. 남존여비가 극심했던 사회 분위기 속에 결혼에서의 성평등을 강조하려는 목적이었다는 해석 역시 엄연히 존재한다. 정리하자면 한국에서 동성혼은 행정 단계에서 혼인신고가 관습적으로 반려되어왔던 것뿐이지, 법률을 통해 명시적으로 금지된 것이 아니다. 현재도 동성혼이 가능하지만, 내가 발의한 혼인평등법(민법 일부개정법률안)은 해석상의 불분명함을 깨끗이 해소하기 위해 문구를 수정했다. 혼인을 "이성 또는 동성 당사자

쌍방의 신고에 따라 성립하는 것"이라고 분명히 규정하여 배우자 성별에 따른 결혼에서의 부당한 차별을 해소하는 데 의의가 있다. 비혼출산지원법(모자보건법 일부개정법률안)은 값비싼 보조생식술 지원 대상에 (사실혼이든 법률혼이든) 혼인을 전제로 두어 비혼 여성들을 차별하는 문제를 해소하기 위해 그 지원대상을 '임신을 원하는 모든 여성'으로 하는 법이다. 끝으로 생활동반자법(생활동반자관계에 관한 법률 제정안)은 차별 해소를 넘어 혈연, 혼인, 입양이라는 세 가지 틀 외에 '생활동반자'라는 새로운 가족관계를 신설해 두 사람의 성인이 가족으로서 서로를 돌볼 수 있도록 하는 내용을 담았다.

각기 따로 발의해도 될 듯한 이 법안들을 굳이 묶어 '가족구성권 3법'이라는 이름으로 발의한 이유는 무엇일까. 비슷한 듯 다르게 보이는 세 가지 법안이 지향하는 가치가 결국은 모든 인간이 보편적으로 추구하는 '원하는 사람과 가족을 구성해 살아갈 권리'를 보장한다는 데에서 만나기 때문이다. 혼인평등법은 동성애자만 위한 법, 비혼출산지원법은 비혼 여성만을 위한 법, 생활동반자법은 '동성혼은 안 될 것 같으니까 동성혼의 순한 맛 버전'이라는 식의 단순하고 편협한 이해를 넘어서고 싶었다. 사회가 제공하는 보호를 받으며 살아갈 권리라는 보편적 가치의 측면에서 '우리 모두의 권리를 강화하는 법'이라는 맥락을 그 이름 안에 담고 싶었다. 누군가가 동성애자라는 이유만으로 함께 살기를 원하는 사람과 법적으로 가족이 될 권리를 체계적으로 박탈당한다면, 가족구성권은 그저 이성애자로 태어나 **운 좋게 누릴 수 있는 특권**에 불과한 셈이다. 권리가 아닌 운으로 얻은 것은 그 운이 다하는 순간 나의 의지와 관계 없이 나를 떠나간다.

아직 많은 정치인이 보편적 권리로부터 배제된 약자의 상황을 자신의 정치적 반대자를 몰아세우는 도구로 이용한다. 이것은 우리 정치의 양대 기득권인 더불어민주당과 국민의힘 모두 마찬가지다. 성소수자에게 가해지는 사회적 차별을 무기처럼 휘둘러 그 차별에 동조하지 않는 이의 정치적 입지를 깎아내리려 하는 이가 있고, 그 공격을 피하기 위해 사회적 차별에 가담하는 이가 있다. 그 가운데 최신 사례는 법무부장관직을 내려놓고 국민의힘 비상대책위원장을 맡았던 한동훈 씨가 남겼다. 세계적인 젠더 이론가 주디스 버틀러Judith Butler는 국내 언론과의 인터뷰에서 한 전 위원장이 생활동반자법을 시기상조로 말한 것에 대하여 "피할 수 없는 일을 피하려 한다"고 지적했다. 한 전 위원장은 뜬금없이 법무부 소셜미디어 계정에서 "동성혼 법제화를 포함하는 생활동반자법은 국민적 합의가 없다"며 "법을 추진 중인 더불어민주당이 답을 못 하고 있다"고 밝혔다. 그는 법안에 대한 책임감 있는 입장을 내놓는 대신, 사실관계마저 호도해가며 야당을 도발했다. 그가 비상대책위원장 수락 연설에서 '동료 시민'이라는 단어를 써서 작은 화제가 되었다. 묻고 싶다. **그 동료 시민 안**

에 동성애자의 자리는 존재하는가? 민주공화국의 리더로서 동료 시민을 호명할 때, 그 안에 우리 사회에서 가장 차별받는 약자들의 자리가 없다면 그것은 대한민국의 미래를 바꿀 비전이 아니라 강자에 대한 색다른 사탕발림에 불과할 뿐이다. 대한민국이 진정한 민주공화국이 되는 순간은 동성애자가 동료 시민으로 호명되는 순간이다. 민주공화국의 리더는 성소수자를 동료 시민으로 인정하는 사람이다. 그렇지 않은 한 모든 권리의 언어는 그저 잘 포장한 운일 뿐이다.

MZ를 향한 구애와 멸시의
종합선물세트

세대론 정치

×

정주식

이재훈

지금 회사 간부들도 둘로 나뉘어요. 어떤 사람은 본인이 습득했던 것들을 후세대들에게 최선을 다해 전수해주려고 하는 반면, 어떤 사람들은 전수해주는 행위 자체가 꼰대로 보일까 두려워하면서 후배 세대들과 상당히 거리를 두죠.

박권일

현장에서만 전수되는 그런 종류의 지식이 있다고 생각하는 편입니다. 신체적 경험의 전수, 이른바 '태싯 날리지', '암묵지'라고 하죠. 그게 과연 오늘날 한국 사회에서 제대로 전해지고 있는지 궁금하네요.

장혜영

현재 X세대와 그 이후의 세대는 완벽한 단절을 이루고 있다고 말할
수 있어요. 일례로 저희 당(정의당)에서는 1년에 2천만 원까지 특별
당비를 받을 수 있는데, 기성세대들은 오랫동안 관계를 맺어온 노조
조직 같은 데에서 해결하죠. 반면에 청년 의원들은 살아온 시대가 다
르고 조직적으로 쌓아온 관계가 없잖아요. 이 상황에서 기존의 노하
우나 자원을 연결시켜주는 게 아니라 '니들도 의원이니까 너희가 알
아서 해'라는 식이 되는 거예요.

정주식

기성세대들은 본인이 갖고 있는 지식들을 마땅히 존중받아야 할 권위
라고 생각하는 것 같아요. 아랫세대들이 보기에는 그게 타파해야 될
권위주의라고 생각하는 경향이 크고요. 이 사이 어디쯤에 답이 있을
것 같아요.

언어학자 노엄 촘스키Noam Chomsky는 인간의 무지를 두 종류로 나눴다. 하나는 우리의 인지능력으로 풀 수 있는 '문제'이고, 다른 하나는 인지능력의 한계를 넘어선 '미스터리(신비)'다. 개미가 인간의 마음을 이해하지 못하는 것처럼 인간도 어떤 것들을 이해하지 못한다. 인간에게도 이해 범위 너머의 세계가 있는 것이다. 문제와 달리 미스터리는 애초에 이해가 불가능한 대상이라는 점에서 우리에게 규명의 책임을 지우지 않는다. 요즘 대한민국에는 **MZ세대**라는 거대한 미스터리가 있다. 심지어 당사자들도 그게 무엇인지 모른다는 점에서 이 시대의 가장 의문스러운 존재라 할 수 있다.

사람들은 잘 모르는 것에 과장된 생각을 품는다. 새로운 세대에 대한 어른들의 생각이 그렇다. 미디어에서 묘사하는 MZ세대의 성질들은 과거 'X세대'나 이집트 피라미드에 새겨진 '버릇없는 세대'의 성질들과 크게 다를 것이 없다.

　X세대 '나'만 있고 '우리'는 없다.

　'요즘 젊은 것들은 회식에도 참석 안 한다' 하지만 이미 세상은 바
　뀌고 있다. 젊고 이해심 많은 상사로 인정받고 싶다면 지금 당장
　회식 장소부터 바꿔야 할 것이다.

　1990년대 기사에서 묘사된 X세대의 특성들은 2023년 〈SNL코
리아〉의 한 코너인 'MZ오피스'에 나오는 눈까리(김아영 분)의 특
성과 구별할 수 없다. 비록 한날한시에 태어나지는 않았으나 두
세대는 한배에서 나온 것마냥 닮았다. X세대는 대한민국 역사
상 가장 충격적으로 등장한 세대였지만 이제 와서 그들에게 남
은 특징은 피터팬 콤플렉스뿐이다. 소크라테스는 "요즘 애들은
사치를 좋아한다. 예의가 없고 권위를 무시하며 나이 든 사람을
존경하지 않을 뿐 아니라, 일해야 할 시간에 쓸데없이 떠든다"고
말했다. 소크라테스같이 명석한 사람도 세대론의 허구성을 깨닫
지 못했지만, 우리는 반복된 역사를 통해 세대론이 얼마나 무용
한 주장인지 알게 되었다. 그런데도 세대론은 왜 사라지지 않고
이름만 바꿔 계속 등장할까? 어째서 기성세대는 불편하고 이해
하기도 어려운 '○○세대'를 자꾸만 만들어내는가? 그것은 자신

의 낙후를 받아들이기보다 **새로운 미스터리**를 만들어내는 쪽이 심적으로 더 편안하기 때문이다. 본인들이 세상의 흐름에서 탈락했으면서 무언가 괴상한 존재가 등장했다고 호들갑을 떤다. 내가 뒤처진 것이 아니라 이전에는 없던 신비로운 생명체가 나타난 것이다. 그런 식으로 자기가 여전히 세상을 이해할 줄 아는 사람이라고 착각하고 스스로를 위로하는 것, 그것이 세대론의 본질이라고 생각한다. 그러니까 세대론은 **등장의 기록**이 아니라 **낙후의 기록**이다. 어느날 세상에 '○○세대'가 등장했다면 주목해야할 것은 '○○세대'가 아니라, 그걸 보고 놀라워하는 세대의 낙후성이다.

세대론의 특성을 이렇게 이해할 때, 궁금증은 MZ세대 자체가 아닌 MZ세대를 말하는 사람들로 넘어간다. 자신이 이해할 수 없는 세대를 만난 기성세대의 혼란스러움은 불을 처음 만난 원시인의 마음과 같다. 어떨 때는 신의 불로 찬미하다가 어떨 땐 지옥불로 저주하기를 반복했던 것과 다르지 않다. 양가감정 속에서 공통으로 나타나는 반응은 **호들갑**이다. 새로운 세대가 특별할수록 기성세대는 평온해진다. 미스터리에 가까워질수록 그들의 정체를 밝힐 책임이 본인에게서 멀어지기 때문이다. 이 규칙에 따라 새로 명명된 세대는 어느 쪽으로든 최대한 특별하게 묘사되어야 한다. 그래서 MZ세대에게는 중간이 없다. 아침에는 '전대미문의 신인류'로 묘사되다가 저녁에는 '공동체를 무너뜨릴 패륜

세대'로 묘사된다. 한국 사회에서 가장 황당하고 기이한 MZ놀음은 정치권에서 일어난다.

> 정치는 모르겠고, 나는 잘 살고 싶어!
> 경제는 모르지만, 돈은 많고 싶어!

이것은 더불어민주당이 청년들을 위한다는 목적으로 2022년 11월에 제작한 현수막 문구들이다. 청년세대를 비하하고 있다는 항의가 쇄도하자, 당 관계자는 위탁 업체 측의 실수라고 궁색한 변명을 내놓았지만 당 안팎에서 많은 청년의 빈축을 샀다. 이 소동은 젊은 세대를 향한 정치권의 분열적 관점을 잘 보여준다. 현수막 문구에 '권리만 누리고 책임은 지지 않는 이기적 세대'라는 프레임이 고스란히 담겼지만, 발화자는 이를 규탄하지 않고 긍정하며 포섭의 메시지를 덮어씌웠다. 여기에는 **구애**와 **멸시**라는 새로운 세대를 향한 정치권의 양가감정이 녹아들었다. 이처럼 지옥불일지라도 일단 이용하고 보자는 게 MZ세대를 향한 정치권의 태도다.

2023년 3월 고용노동부는 52시간으로 제한됐던 주당 근로시간을 69시간까지 늘릴 수 있는, 근로시간 유연화 방안을 담은 근로기준법 개정안을 입법예고했다. 고용노동부는 '청년 노동자가 원하기 때문'이라는 점을 개정의 주요 근거로 들었다. 그런데 여론이 안 좋아지자, 윤석열 대통령은 며칠 뒤 "특히 MZ세대의 의견을 면밀히 청취하여 법안 내용과 대국민 소통에 관해 보완할 점을 검토하라"며 전면 재검토를 지시했다. 법안을 발의한 쪽이나 막으려는 쪽이나 모두 MZ세대의 의견을 주장의 근거로 들고 있다. 도대체 고용노동부가 말하는 MZ세대는 누구이며 대통령이 말하는 MZ세대는 누구인가? 양쪽 모두 증명 불가능한 근거를 들었기 때문에 누구의 주장이 타당한지 알 방법이 없다. MZ세대를 위한 모든 정책은 미궁으로 빠진다. MZ세대가 누구인지 아무도 모르는 채로 일이 진행되기 때문이다. 그런데 노동 정책 개정에서 그들의 의견이 다른 시민의 의견보다 우대받아야 할 이유는 무엇인가? "특히 MZ세대의 의견을 면밀히 청취하라"는 대통령의 지시는 문법적으로나 의미적으로나 성립이 가능한가? 저 지시를 받은 공무원은 어떻게 과업을 수행해야 할까? 입법예고가 나오기까지 그런 기본적인 질문조차 나오지 않는다는 것은 이미 MZ세대가 정치 영역에서 **실체 없는 우상**이 되었다는 뜻이다. 아무도 본 적이 없기에 아무도 증명할 수 없고, 아무도 반박할 수 없다.

어쨌거나 MZ세대는 정치권의 주요한 문제로 인식되는 것처럼 보인다. 무언가 신비의 영역에서 문제의 영역으로 넘어올 때는 반드시 규명의 책임을 동반한다. 그런데 MZ정치는 내용을 들여다볼수록 아리송하다. 정치인들의 말을 응축해보면 MZ세대라는 건 온갖 후진 것들의 종합선물세트 같다. MZ세대가 좋아하는 주 69시간제, MZ세대의 미래를 위한 강제동원 합의, MZ세대 부부를 위한 가사도우미 수입 법안…. **그중에서 정작 MZ세대의 지지를 받은 것은 단 하나도 없다**는 사실은 정치권이 그들을 전혀 이해하지 못한다는 걸 그대로 보여준다. 정치권에서 남발되는 MZ세대 캠페인들을 좇다보면 프란츠 카프카^{Franz Kafka}의 소설《성》의 주인공 K가 된 기분이다. 성에 다가갈수록 성의 실체는 흐릿해진다. 정치가 MZ세대에게 다가갈수록, 그들의 실체는 흐릿해진다. 그들이 무엇을 좋아하는지, 어디에 있는지, 어떻게 생겼는지, 도대체 이들은 누구인지 궁금해지는 것이다. 급기야 윤석열 대통령은 "모든 정책을 MZ세대, 청년의 관점에서 보라"는 엄명을 내렸다. 대통령의 지시는 표적 없는 사격 같다. **알 수 없는 존재를 위한 정치**란 얼마나 혼란스러운가. MZ세대의 미스터리는 끝내 풀리지 않을 것이다. 애초에 '○○세대'라는 말은 그 대상을 이해하지 않기 위해 만들어지기 때문이다.

하지만 인간은 미스터리에 대해 끊임없이 더 나은 설명을 제시하려고 노력하는 존재다. 이 지점에서 자기들이 이해하지 않기 위해 기껏 만들어놓은 미스터리를 열심히 설명하려는 모순이 발생한다. 설명하려고 애쓸수록 미궁에 빠진다. 규명되지 않기에 말은 더욱 무성해진다. 이것이 정치권의 MZ담론이 봉착한 딜레마의 실체다.

몫 없는 자들이 아닌
정치인만 살아남은 곳

제3지대 정치

이재훈

정주식

'제3지대'라는 개념의 전제가 사실은 양당제를 승인하고 있는 거니까 자연스럽지 않다고 봐요. 민주주의 국가에서 세 번째, 네 번째, 다섯 번째 정당들이 있는 게 당연하잖아요. 마치 제3지대라고 하면 기성 정치에서 벗어난 이질적인 존재처럼 인색되는 것 자체가 정상적인 상황도 아닌 것 같고요.

박권일

최근 제3지대가 우후죽순 생겨나고 있죠. 이런 흐름들은 가치나 이념을 이야기하는 게 사치스러울 정도로 지향이 없어 보입니다. 그들에게는 최소한 5년 이상 생존할 수 있는 기반을 만드는 게 최우선이니까요.

강남규

'양당을 깨는 게 우선이니까 가치는 뒤로 접어놓자'는 주장은 승리를 지향하는 멘털리티잖아요. '일단 승리가 중요하니까 이런저런 가치관을 내려놓자'는 쪽으로 쭉 밀고 나가면 결국 양당으로 수렴되는 게 한국 정치의 현실이죠.

이재훈

가치를 지향하기보다 현실 정치를 탓하며 선거제도에 기대어 덩치만 키우려다가 결국은 고꾸라진 정의당이 진보 정당의 현재 모습이라고 생각하거든요. 그럼에도 언젠가 가치를 중심으로 다시 진보 정당을 규합할 수 있지 않을까. 1987년 체제 이후를 지배했던 가치들을 벼려내고 지금 시대에 필요한 새로운 가치를 규합해서 지향점을 뚜렷하게 앞세울 수 있는 정당을 만들 수 있다면 좋겠습니다.

한국 정치는 오랫동안 거대 양당이 지배했다. 국민의힘으로 대표되는 제1지대와 더불어민주당으로 대표되는 제2지대가 적대적으로 공생해온 구조다. 이들은 진영을 나눠 서로 극심하게 대립하고 증오하면서도 거대 양당 중심의 정치 구조를 개혁하자는 움직임이 일 때마다 서로 손잡고 개혁을 굳건하게 저지해왔다. 그러다 선거를 앞두고 심판론이 제기되면 정당명을 바꾸고 혁신하는 척만 하는 방식으로 위기를 넘겼다. 제1지대인 국민의힘은 1990년 3당 합당으로 민주자유당을 출범시킨 뒤 33년 동안 당명을 여섯 번 바꿨고, 제2지대인 더불어민주당은 1987년 평화민주당을 창당한 이후 36년 동안 당명을 아홉 번 바꾸었다.

　이런 구조가 지속되면서 새로운 정치 공간에 대한 요구가 분출했다. 거대 양당과는 다른 제3지대를 열어달라는 요구다. 이 요구가 가장 거세게 일었던 시기는 2010년이다. 당시는 헌정사상 최초로 정권을 교체한 김대중 정부와 그 뒤를 이은 노무현 정부의 10년 집권이 끝나고 제2지대에 대한 정치적 회의가 팽배하던 때였다. 이에 제1지대를 계승한 이명박 정부가 정권을 탈환했지만, 이명박 정부 역시 미국산 쇠고기 수입 파동 등으로 시민의 신뢰를 급격히 잃었다. 이후 제1지대와 제2지대 양쪽을 향한 냉소가 강해지면서 탈정치 바람이 일었고 '무당파'가 급증했다. 이 무당파들의 기대를 한 몸에 받고 등장한 인물이 안철수다. 그는 2012년 대통령 선거 지지 후보 조사에서 제1지대의 박근혜와 제2지대의 문재인을 한때 크게 앞서는 지지도를 기록하며 정치판을 뒤흔들었다.

2024년 4월 제22대 총선을 앞두고 2010년과 같이 제3지대를 구축하려는 움직임이 다시 일었던 것도 그때와 비슷한 까닭이다. 윤석열과 이재명으로 대표되는 제1지대와 제2지대의 소모적 대결 정치와 증오 정치가 극단으로 치달으면서 정치에 대한 염증이 치솟았기 때문이다. 한국 정치는 상대 정파의 주장을 모조리 거부하는 비토크라시Vetocracy가 횡행한다. 상대방을 정견과 정책의 경쟁자가 아니라 무찔러야 할 적敵으로 규정한다.(적賊으로 보는 것 같기도 하다.) 거대 양당이 독점적 의석을 가진 정치 양극화 구조에서 기인한 분열상이다. 이런 구조를 깨기 위해 제대로 된 제3지대 정치가 필요하다는 인식이 한껏 부풀었다.

정치 구도도 2010년과 비슷하다. 2017년 국민들이 박근혜 전 대통령을 탄핵한 이후 등장한 문재인 정부가 한때 80퍼센트 이상의 국정 지지도(2017년 6월 한국갤럽)를 얻고, 2020년 제21대 총선에서 180석으로 거대 1당이 되었다. 그럼에도 불구하고 정치적·사회적 변화를 더디게 추진하면서 국민들에게 불신을 샀다. 게다가 2019년 '조국 사태'로 인해 제2지대를 주도해온 386 민주화 세력도 이제는 한국 사회의 기득권이 되어 개혁의 대상으로 보는 인식이 자리잡았다. 이런 흐름에 올라타서 2022년 '문재인 정부의 검찰총장'이었던 윤석열이 제1지대인 국민의힘 후보로 나와서 결국 대통령에 당선됐다. 하지만 윤석열 정부 역시 권위주의적인 통치와 연이은 국정 실패로 60퍼센트 이상의 국민에게 '비호감'을 쌓고 있다. 2010년처럼 제1지대와 제2지대 양쪽을 향한 혐오와 냉소가 극에 달해 있는 것이다.

이에 2023년 여름부터 제3지대를 선점하기 위한 정당들의 움직임이 눈에 뜨였다. 이 움직임은 크게 두 가지로 나눠서 볼 필요가 있다. 하나는 제1지대와 제2지대 사이에서 정치적 공간을 확보하려는 **중도적 제3지대 정당**들이다. 또 다른 하나는 제2지대보다 더 왼쪽의 정치적 공간을 확장하려는 **진보적 제3지대 정당**들이다.

중도적 제3지대 정당은 양향자 전 더불어민주당 의원이 중심이 된 '한국의희망', 금태섭 전 더불어민주당 의원이 중심이 되어 만들어진 뒤 정의당에서 이탈한 류호정 의원과 조성주 세번째권력 공동운영위원장 등이 합류한 '새로운선택'이 대표적이다. 새로운선택은 2023년 11월 29일 발표한 강령에서 '성숙한 대한민국을 만드는 중도대연합'을 슬로건으로 내걸었다. 국민의힘 당대표를 지냈다가 탈당한 이준석을 중심으로 만들어진 '개혁신당', 더불어민주당을 탈당한 이낙연과 비非이재명계를 중심으로 만들어진 '새로운미래'도 이 유형으로 분류할 수 있다. 한때 이 정당들은 이준석과 이낙연을 앞세워 하나로 뭉쳤다. 하지만 제22대 총선에서의 주도권을 두고 다툼이 일어나면서 새로운미래는 독자적 행보를 위해 분당分黨의 길을 걸었다.

진보적 제3지대 정당에는 정의당·진보당·노동당·녹색당 등네 개의 정당이 있다. 이들은 애초에 제22대 총선을 앞두고 연합정당을 만들어 선거에 공동으로 대응하는 방안을 추진했다. 원내 3당인 정의당을 플랫폼으로 선거 연합 정당을 이루고 당명까지 교체해 총선을 치른 뒤, 네 개 정당 후보가 각자의 당으로 돌아가는 구상이었다. 이를 주도했던 김준우 정의당 비상대책위원장은 선거 연합 정당의 성격을 "노동과 녹색, 지역분권, 차별철폐라는 '가치에 기반한 연합'"이라고 규정했다. 이 시도는 실패로끝났다. 진보당은 더불어민주당이 총선을 앞두고 만든 위성 정당(더불어민주연합)에 합류했다. 여러 세력이 떨어져나간 뒤, 정의당은 녹색당과 함께 선거 연합 정당(녹색정의당)을 만들었다. 노동당은 이 선거 연합 정당에 합류하지 않고 독자 노선을 고수했다.

우선 중도적 제3지대 정당에 대해 살펴보자. 이들은 무당파로 대표되는, 제1지대와 제2지대 사이의 중도층 공간에서 제3지대를 확보하려 했던 **안철수의 계승자**라고 할 수 있다. 하지만 이들이 처한 현실은 안철수에게 정치적 공간이 열렸던 2010년보다 사뭇 열악하다. 안철수는 '탈정치' 혹은 '새정치'에 대한 시대적 바람이 열풍이 되어 정치권으로 소환된 정치인이다. 그는 한때 대선 후보 지지도 조사에서 1위를 차지할 만큼 큰 인기를 끌었다. 당시 전국을 돌며 토크 콘서트를 열면 대학생들이 행사장을 가득 채웠고, '안철수 현상'을 분석하는 기획 기사나 서적이 잇따라 등장했다. 안철수를 부른 시대정신이 분명 존재했다.

하지만 2023년에 등장한 중도적 제3지대 정당을 둘러싸고는 그런 시대적 바람이 없다. 안철수처럼 그런 기대를 체현해줄 수 있는 정치인도 보이지 않는다. 이런 상황은 한계가 뚜렷할 수밖에 없다. 호기에 등장한 안철수마저 제3지대를 유의미하게 유지하지 못했기 때문이다. 안철수는 2010년대 초중반에는 제2지대에 있는 민주당 세력과 선거 연합, 합당 등을 했다가 곧 떨어져 나왔다. 이후 2016년 치러진 제20대 국회의원 선거에서 제3지대라고 할 수 있는 국민의당을 창당해 38석을 차지하는 기염을 토했다. 하지만 국민의당은 정치적 실패를 거듭하면서 2년 뒤 제1지대에서 떨어져 나온 바른정당 세력과 합당했다가, 어느 순간 제1지대인 국민의힘에 사실상 흡수되며 짧은 생명을 다했다.

정치적 공간뿐만 아니다. 안철수는 새정치라는 정치 지향을 말했지만, 권위주의적인 제1지대나 자유주의적인 제2지대 사이를 왔다 갔다 했을 뿐, 이들과 차별되는 가치 지향을 창출해내지 못했다. 그러면서 결정적인 순간에는 늘 판단을 유보하거나 회피했고, 그것도 아니면 시류에 편승하는 태도로 일관했다. 새정치가 무엇인지 구체화하지 못한 상태에서 되레 기성 정치를 그대로 답보하는 모습을 보였다. 안철수마저 이렇게 되었는데, 시대적 바람조차 없는 상황에서 제3지대 정당이 중도층을 설득하여 소정의 정치적 성과를 거두고, 이를 유지하는 플랫폼을 구축해낸 뒤, 차별화된 가치 지향까지 창출해내기는 쉬운 일이 아니다.

2023년 제3지대를 영속시킬 구심점이 될 인물이 있는지도 의문이다. 제1지대와 제2지대 경험이 전혀 묻지 않은 상태에서 홀연히 등장한 안철수와 달리, 중도적 제3지대 정당을 추진한 이들은 모두 제1지대나 제2지대, 혹은 진보 정당에서 튕겨져 나온 인물들이다. 양향자와 금태섭은 제2지대인 더불어민주당 출신이다. 이준석과 이낙연은 각 당에서 대표로 선출되기도 했지만 비주류 세력이었다. 류호정은 정의당 출신이다. 시민들은 이들이 제3지대를 꾸준히 유지하고 있을지 의문을 제기할 수밖에 없다. 2010년대 안철수와 결합해 대안 정당 혹은 제3지대의 필요성을 주장하며 국민의당이나 바른정당에 합류했던 인물들 역시 제1지대 혹은 제2지대 출신이었다. 시민들은 이들이 우여곡절 끝에 제

1지대나 제2지대에 흡수되는 걸 경험했다. 시민들에게는 기존의 정치 세력에서 튕겨 나온 인물들에 대한 냉소가 학습된 것이다. 새로운 정치를 한다기보다는 거대 양당에서 공천되지 못한 사람들이 선거에 임박해 만드는 **정치적 호구책** 아니냐는 인식도 남아 있다. 이런 측면에서 이들은 아직 제3지대보다는 제1지대나 제2지대의 파생 정당으로 분류하는 게 더 정확하다.

지금까지 보여준 것처럼, 이들이 대결과 증오가 만연한 거대 양당의 정치에 반하는 반정립 정치에 머무르면서, 안철수처럼 무엇을 할 것인지가 모호한 지향점만 앞세운다면 정치 구도 재편은 또다시 요원하다. 심지어 이런 상황에서 페미니스트 류호정, 여성 혐오와 장애인 혐오를 무기로 갈라치기를 했던 이준석의 결합까지 거론되었던 '제3지대 빅텐트론'은 오로지 총선에서 이기기 위해서라면 **가치를 몰각한 정치**를 해도 되는 것이냐는 질문까지 하게 만들었다.(류호정은 이미 금태섭과 함께 성별 갈등을 해결하고 여성과 남성이 평등한 사회를 만들겠다며 '여성 징병제'를 제안했다가 냉소적 반응을 마주했던 적이 있다.)

다음은 진보적 제3지대 정당들을 살펴보자. 앞서 말했듯 정의당과 진보당, 노동당, 녹색당 등 네 개의 정당은 제22대 국회의원 선거를 앞두고 가치(노동과 녹색, 지역분권, 차별철폐)에 기반한 선거 연합 정당을 추진했다가 실패했다. 이는 진보적 제3지대가 민주노동당 시절에 있었던 정파 갈등의 그늘에서 여전히 벗어나지 못했다는 걸 의미한다. 진보적 제3지대 정당에서 처음으로 의미 있는 성과를 거둔 건 2004년 치러진 제17대 국회의원 선거에서 10석을 차지하며 처음 원내에 진입한 민주노동당이다. 이들은 제3지대에서 거대 양당을 견제하는 동시에 한국 사회의 기득권과 주류에서 배제된 이들을 위한 정치, 일하는 사람과 빈민을 위한 정치를 가시화해달라는 요구를 받아 안았다. 하지만 민주노동당은 이 정치 공간을 확장하지도, 유지하지도 못했다. 패권주의를 둘러싼 정파 갈등 끝에 2008년 진보신당이 떨어져 나갔다. 이후 유시민과 함께 통합진보당을 창당했다가 급속하게 붕괴하는 등의 지리멸렬한 역사를 쓰면서 2023년까지 네 개의 정당이 남아 근근이 명맥을 이어가고 있었다. 이런 와중에 진보 정치가 설 공간은 점점 좁아졌고, 제22대 총선에서 녹색정의당과 노동당은 민주노동당의 의회 입성 이후 20년 만에 다시 원외로 밀려났다. 더불어민주당의 위성 정당에 의탁한 진보당만이 세 석을 얻었지만, 이 의석은 진보 정당으로서 독자적으로 얻은 성과라고 할 수 없다. 이로써 진보적 제3지대 정당은 한 시대의 종말을 맞이하게 됐다.

'지금 당장 진보적 제3지대의 유의미한 세력화를 이룰 수 있는 정치적 에너지가 존재하는가?' 이들이 마주한 질문이다. 정치적 에너지는 **만들고 싶은 세상을 향한 의지**에서 비롯한다. 진보 정당을 이끄는 정치인들마저 세상을 바꾸고 싶어 하는 에너지를 분출하지 못하는 시대다. 다른 세상, 더 나은 세상을 향한 의지는 어디에도 보이지 않는다. 그것은 1980년대 말 현실사회주의 국가의 붕괴 이후 2010년대 유럽 사회민주주의 국가의 실패, 정치적 부족주의와 극우 포퓰리즘 정당의 확산 등으로 위축된 세계 정치 환경과도 이어진 **무력감**이다. 진보나 좌파적 지향을 말하는 이들은 비아냥을 사거나 조리돌림당하기도 한다.

하지만 이는 그동안 진보 정당이 유의미한 제3지대로 존재하지 못하고 제2지대에서 파생한 정당처럼 기능한 탓이기도 하다. 정의당은 진보 세력에 대한 시민적 불신을 샀던 조국 사태에 대해 어정쩡한 태도로 일관했다. 2020년 제21대 국회의원 선거에서는 집권당에 기대 준연동형 비례대표제의 수혜를 누려보려 했다가 위성 정당의 출현으로 가치적 퇴행과 정략적 패착을 반복했다. 녹색당을 비롯한 다른 진보 정당들도 큰 흐름에서 이런 퇴행과 패착으로부터 자유롭지 않았다. 게다가 진보 정당 내부는 혁신과 무관한 정파 갈등에 지리멸렬됐다. 견해 차이에 따른 논쟁과 그 입장을 결속하기 위한 가치 중심의 정파는 필요할지도 모른다. 문제는 지금의 진보 정당 내부 정파들은 이익 기반 활동에만 치중하고 있다는 점이다. '어느 정파가 총선에서 비례대표 앞순위를 받느냐'가 정파 활동의 최우선 가치가 됐다. 게다가 정파 활동에 익숙해지면서 이견을 두고 논쟁하기보다는 가히 **인종주의적**이라고도 할 만한 혐오가 넘쳐나는 적대적 상황에 이르렀다.

이런 정파 정치 역시 비토크라시의 한 사례로 여겨진다.

　시대는 **몫 없는 자들의 몫을 찾는 정치**를 요구하고 있다. 한국의 노동조합 조직률(전체 임금 노동자 수 대비 노동조합원 수의 비율)은 탈정치 바람이 거셌던 2010년 9.6퍼센트로 최저점을 찍은 뒤 2017년 10.5퍼센트를 기록했다가, 2021년 14.1퍼센트로 급증했다. 이런 흐름은 **40대 여성**과 **사업체 종사자 규모 30~99명의 중소기업 노동자**들이 주도했다. 40대 남성과 대기업 중심의 공장 노동자가 주류이던 노동조합이라는 틀거지가, 보호받지 못하던 노동자들의 '사회적 지지대'로 점점 영역을 넓히고 있는 것이다. 게다가 통계청과 법무부의 〈2023년 이민자 체류 실태 및 고용조사 결과〉에 따르면, 국내 거주 이주노동자는 92만 3천 명으로 곧 100만 명을 넘을 예정이다. 이들은 여전히 열악한 노동 및 생활 환경에서 착취당하고 있고 일터 밖에서는 차별과 혐오에 시달린다. 인구절벽 시대에 이주노동자들과 슬기롭게 공존하는, 인종주의적 혐오를 배제한 '세계시민 사회'를 어떻게 만들 것인지에 대한 고민도 점점 커지고 있다. 한국의 신우익(네오라이트)은 반反이주노동자 커뮤니티에서 잉태됐다.

　이런 흐름 속에서 진보 정당이 달려가야 할 곳은 정파 갈등의 현장이 아니라, 사회 변화를 향한 응집력이 커지고 있는 **몫 없는 자들이 살아가는 현장**이다. 이런 기반을 외면한 채 선거 연합 정당이라는 기술적 단위에만 집중하면 진보 정당을 향한 냉소는 더 커질 수밖에 없다.

한국 사회의 제3지대 정치에 대한 요구는 단순히 제1지대와 제2지대의 극심한 대결 정치와 정치적 부족주의에 대한 비판에만 그치는 소극적 요구가 아니다. 제1지대와 제2지대가 똘똘 뭉쳐 정치적 변방으로 밀어내고 있는 다수의 **정치적 소외자**들을 위한 요구다. 그들을 위해 불평등과 차별의 구조를 수면 위로 드러내고 대안을 제시해달라는 적극적 요구다. 작금의 제3지대론은 다수의 소외자를 살리자는 대안이 아니라, 선거라는 이벤트를 앞둔 정치인들이 **어떻게 생존할 것인가**를 두고 내놓은 전술에 불과하다. 제22대 국회의원 선거에서 독자적 진보 정당이 철저히 외면당하고 20년 만에 원외로 밀려났다. 정치인들의 생존만을 위한 전술로는 정치적 소외자들의 마음을 움직일 수 없었고, 정치적 에너지를 끓어오르게 할 수 없었기 때문이다.

2000년대 민주노동당은 시민들의 정치적 에너지를 끓어오르게 할 무언가를 가지고 있었다. 부유세와 같은 경제민주화 정책, 무상의료와 무상교육 같은 복지국가 정책 담론은 시대를 흔들었다. 결국에는 제1지대와 제2지대 정당들이 이 담론들을 흡수해서 선거를 치를 수밖에 없게 만들었다. 많은 시민이 제3지대 진보 정당이 말하는 가치들을 정치에서 이야기해주길 바랐기 때문이다. 무상급식의 물꼬를 튼 2010년 제5회 전국동시지방선거를 거쳐, 보수 정당마저 복지를 말할 수밖에 없었던 2012년 제19대 국회의원 선거와 제18대 대통령 선거가 그랬다. 제3지대 정치는 이런 전성기를 다시 맞이할 수 있을 것인가. 한 시대가 끝났다는 건 새로운 시대가 다시 열릴 가능성을 의미하기도 한다. 다만 그 새로운 시대가 **그저** 열리지는 않을 것이다.

도망쳐서 도착한 곳에
낙원이란 있을 수 없는 거야

MZ노조

강남규

정주식

MZ노조가 처음에는 멸칭인 줄 알았어요. 기성세대들이 젊은 사람들한테 가지고 있는 부정적인 인식을 투사한 좀 기분 나쁜 말이라고 생각했는데 그게 아니더라고요. 일단 영속적이지 못한 인스턴트한 노조의 성격을 잘 보여주는 것 같아요. 마치 '떴다방' 같은 이름이죠. 너무 솔직하다고 생각해요.

장혜영

어쨌든 노조가 생긴 거잖아요. 저는 그거는 좋다고 봐요. 다만, 수많은 사람이 젊은 세대들에게 규정된 그 언어(MZ)를 자꾸 사용하면서 원하는 바를 투사하고 잇속을 챙기려는 게 많은 것 같아요.

강남규

MZ노조의 탄생이 시대정신의 반영 같아요. 2016~2017년 촛불집회부터 이화여대 시위까지 계속 관찰되는 바거든요. 이득을 취하는 개인 리더를 없애고, 모두가 평평해지면서 동등한 발언권을 얻고, 그 어떤 정치적인 의제도 개입시키지 않음으로써 투쟁의 힘을 키우는 방식이죠.

이재훈

MZ노조라고 불리는 새로고침 노동자협의회는 공공기관에서 일하는 사람들 그리고 대기업 사무직이 대부분이잖아요. 젊은 세대 중에서 그런 곳에서 일하는 사람들이 얼마나 될까요? 제가 볼 땐 10퍼센트도 안 될 것 같거든요.

예전에 직장에서 동료들과 노동조합을 만들었다. 총 다섯 명의 조합원 중 가장 나이 많은 사람이 1987년생이고 가장 어린 사람이 1994년생이었다. 모든 조합원이 이른바 MZ세대인 셈이지만 그 노조는 'MZ노조'가 아니다. 이게 대체 무슨 말인가? **MZ세대가 조합원인데 왜 MZ노조가 아닌가?**

2020년대, 정치 혐오와 노조 혐오의 교차점에서 MZ노조가 태어났다. 안팎으로 정치적인 맥락 위에 있으며, 노조 혐오로부터 태어났지만 완전한 노동조합의 형태를 취하고 있다. 이 존재는 단순히 무시하고 넘어가기엔 너무나도 **보편적인 기이함**을 가지고 있다. 한때의 유행에 그칠지도 모르는데 굳이 이 시점에 붙잡고 늘어지려는 이유는 MZ노조가 사라지더라도 또 다른 형태로 이 사회에 남아 있을 바로 그 보편성 때문이다.

MZ노조는 세대를 가리키는 말처럼 보이지만 내용은 세대만을 의미하지 않는다는 점에서 이상한 분류법이다. 젊은 노동자들이 중심이 되어 '기존 노동조합은 우리의 이해관계를 대변하지 못한다'고 성토하면서 결성된 노동조합들이 MZ노조다. 단지 조합의 주체들이 젊기만 해서는 안 되고, 기존 노동조합을 거부해야 한다. 그리고 조합원의 이익 증대를 핵심 의제로 삼아야 한다. 그래야 MZ노조다.

결국 내가 속해 있던 노동조합은 기존 노동조합인 전국민주노동조합총연맹(이하 민주노총)에 가입돼 있고 조합원의 이익 증대만을 핵심 목표로 삼지 않기 때문에 MZ노조의 분류법에 포함되지 못한다.(사실 딱히 MZ노조로 분류되고 싶은 마음도 없긴 하다.) 이 기묘한 분류법만큼이나 MZ노조의 존재와 이들의 주장은 우리 사회에 제법 흥미로운 고민거리를 던진다.

MZ노조 관계자들은 처음 노조를 결성하기로 했을 때 지금처럼 주목받을 것이라고 생각했을까? 그렇진 않았을 것 같다. 이들의 말을 듣고 있으면 그렇게 믿게 된다. 앞서 이익 증대가 MZ노조의 핵심이라고 얘기했지만, 의외로 이들은 그것만 말하진 않는다. 2023년 2월 MZ노조의 연대체인 '새로고침 노동자협의회'가 출범하는 자리에서 이들은 소수 사업장이나 노동 사각지대 근로자의 의견을 청취하고, 개선할 점은 무엇인지 노동시장에서 그들의 입장을 대변할 수 있도록 노력하겠다고 방향성을 밝혔다. 소수 사업장과 노동 사각지대 근로자. 이들이 MZ노조의 이해관계와 직접 연관이 있을까. 이들의 입장을 대변하는 일은 연대, 즉 그들이 거부하던 기존 노조의 문법 아닌가.

벌써 이상해지기 시작했지만, 조합원들의 이익을 키우면서도 노동 약자들과 상생할 수 있다면 좋은 일이니 넘어가자. 실리적으로도 옳고 도덕적으로도 옳은 일이니까. 그런데 이들은 여기에 몇 마디를 더 붙인다. "정치적 구호와 일부 불법적이고 폭력적인 시위라는 기존 방식이 효과가 있는지도 의문 (…) 노사 동반 성장을 위한 새로운 시위 방식을 연구하겠다." 어려운 목표를 설정했으니 선택지를 넓혀도 모자랄 판에 이들은 반대의 길을 택했다.

정치 구호를 배제하고, 사측에 대한 적극적인 투쟁을 자제하면서, MZ노조의 주류인 정규직 노동자가 양보하지도 않는 노동 약자와의 상생. 운동movement의 역사를 학습한 입장에서 보면 이런 과제는 직관적으로 불가능한 것이다. 그런 일은 한국 자본주의 역사에서 일어난 적이 없다. 산업의 성장을 통한 '파이의 확대'라는 단 하나의 예외 상황을 제외한다면 그렇다. **정치 구호의 배제로** 국가에 대한 투쟁이 탈락하고 **노사 동반 성장을 위한 새로운 시위 방식**으로 자본에 대한 투쟁이 사실상 탈락했다. 물론 국가나 자본이 강성 노동조합의 세勢를 죽이는 것을 궁극적인 목표로 MZ 노조의 기를 살려주는 식의 전략을 쓰기도 한다. 그러나 이는 말 그대로 전략일 뿐이며 강성 노동조합이 사라지면 지속되지 않을 것이다. 그러면 남은 선택지는 정규직의 양보뿐인데, 조합원의 이익 증대를 최우선으로 한다던 MZ노조가 양보를 해야 한다니….

보수 성향의 언론과 정권이 MZ노조를 그토록 환영하는 이유가 바로 이 지점 아닐까? 불가능한 방식이라는 걸 알기 때문이다. 기존 노동조합은 철저히 배격하면서 MZ노조를 대화 상대로 인정해주고, 이들에게 이러한 모순적 지향이 가능할지도 모른다는 기대감을 은근히 부여한다. 하지만 이는 보수파들의 직관적인 전술이다. 그들은 궁극적으로 MZ노조가 결단을 내려야 할 때면 내부에서 붕괴가 시작될 수밖에 없다는 사실을 알고 있다. 대한민국의 보수 세력은 종종 한심해 보이지만 이런 일에서는 언제나 맹렬한 직관을 발휘하곤 한다.

MZ노조가 이런 모순에 봉착한 이유를 단지 고민이 부족했다거나 경험이 없었기 때문이라고 말하면 곤란하다. 그런 식의 접근법이야말로 MZ노조를 지나치게 평가절하하는 것이다. 그보다는 오늘날 우리 사회 전반을 지배하는 어떤 보편성의 결론이라고 봐야 하지 않을까. 이 맥락을 이해하려면 한국의 노동 혐오를 살펴봐야 한다. 노동조합을 불신하고 경멸하는 사회 분위기 말이다. MZ노조가 아무리 기성 노동조합에 반기를 들면서 탄생한 노동조합이라고 해도 대중에게 노동조합은 그저 노동조합으로 보일 뿐이다. 그 사실을 MZ노조도 안다. 그렇다면 어떻게 할 것인가? **순수성**을 획득해야 한다는 것이 이들의 판단이었을 것이다.

'귀족노조'라는 프레임이 정규직 노동자들의 이익 투쟁을 오염했으니, 누가 봐도 명백한 사회적 약자인 이들을 도움으로써 이 프레임을 소독해야 한다. 단 정치적이지 않은 방식으로.

순수성을 획득해야, 무결해야 싸움에서 이길 수 있다는 믿음. 새로운 일이 아니다. 이건 일종의 시대정신이다. 최근 몇 년간 한국 사회에서 공정성에 대한 요구만큼이나 도드라지게 발견된 이 시대정신은 여러 정국에서 반복됐다.

2016년 이화여자대학교 본관 점거 농성에서부터 조짐은 보였다. 이 일은 이화여대 학생들이 최경희 당시 총장이 일방적으로 밀어붙인 미래라이프대학 신설에 반대하면서 86일간 본관을 점거하고, 놀랍게도 최순실의 딸 정유라를 발견하여 공론화한 사건으로 역사에 기록되었다. 청년세대에게 공정성 이슈가 얼마나 파괴력이 있는지 보여줬다는 점에서 시대정신의 한쪽 면을 이르게 보여줬다는 평가를 받는다. 여기서 잘 부각하지 않은 면이 바로 순수성 이슈다.

이 농성에서 학생들은 '만민공동회'라는 형식으로 구성원 간의 철저한 평등을 추구하는 한편, 운동조직의 연대를 거부하고 세월호 리본, 일본군 성노예 팔찌, 페미니즘 티셔츠 등을 금지하는 식으로 **외부 세력을 배제**하는 원칙을 세웠다. 시위가 누군가의 성과로 전유되는 걸 막고 농성의 진정한 목적을 지켜내야 하기 때문에 대표를 정하지 않는 형식을 취했다. 바로 뒤에서 얘기할 박근혜 전 대통령 탄핵 촛불집회(이하 촛불집회)에서 이 원칙은 '이러려고 촛불 든 것 아닌데'라는 말로 재현됐고, 새로고침 노동자협의회도 수평적 관계를 강조했다. 외부 세력 배제 원칙은 여론을 인식한 조처였다. 특정 집단이나 세력의 **정치적 목적이 개입되지 않은 순수한 시위**라는 걸 드러내려고 했다.

2016년 10월부터 시작된 촛불집회에서도 같은 시대정신이 관찰됐다는 사실을 기억하는가. 특히 이 집회는 참가자가 청년세대만이 아니었다는 점에서 유의 깊게 살필 만하다. 기억에 남은 한 장면은 거리 한가운데에 '설악산 케이블카 반대' 피켓을 든 시민이다. 한 시민이 그에게 손가락질하며 주제를 흐린다고 소리쳤고 누구도 소리치는 그 시민을 제지하지 않았다. 평화적인 촛불집회에 참여한 **순수한 시민**들은 불순한 운동권 세력들을 향해 깃발을 내리라고 요구했다. 한복판에서 '시민의회'라는 형식으로 시민들의 요구사항을 수렴하려던 어떤 단체는 '숟가락 얹지 말라'는 비난에 부딪혀 주저앉아야 했다. '박근혜 하야' '박근혜 탄핵' 말고는 그 어떤 구호도 허용되지 않는 광장에서 외로움을 느낀 건 나뿐이었을까.

2019년 조국 당시 법무부장관의 파면을 요구하는 대학생들의 집회도 기억하는가. 시위를 주도한 대학생들은 진보와 보수라는 구분을 넘어선 문제라는 점과 특정 정당이나 정치 세력과 관계가 없는 집회라는 점을 반복적으로 강조했다. 보수 유튜버 등 외부인들의 참여 사실이 알려지자, 학생증 검사를 통해 외부인을 제한하는 조치가 등장하기도 했다.

박은하 경향신문 기자는 2016년 12월 촛불집회를 관찰하고 쓴 〈차가운 분노〉라는 제목의 칼럼에서 이런 분위기에 관해 "(시민들이) 이기는 데 집착하며, 전략적으로 행동하고, 자기규율에 익숙하다"고 요약했다. MZ노조가 노동 약자와의 상생을 언급한 것도 이 맥락 위에 있다. 다만 이화여대 농성, 촛불집회, 조국 반대 집회와 달리 핵심 목표(조합원의 이익 증대)와 배치되는 주장으로 순수성을 보강하려 한다는 점이 흥미로운데 이 부분에 주목하고 싶다. 조금 무리해서 추정해보자면, 이것은 한국 사회에 뿌리 깊게 내린 노조 혐오의 영향으로 봐야 할 것이다. 정규직 노동조합이 자기 이익을 주장하는 것이 경멸과 비난의 대상이었던 역사. 노동조합이 구성원의 이익을 추구하면 귀족노조라고 비난을 받고, 정치적 해결을 촉구하면 정치투쟁이 되는 나라. 양 갈래의 압박 속에 MZ노조가 찾은 유일한 샛길이 바로 노동 약자와의 상생이라는 도덕에 대한 호소인 셈이다.

MZ노조처럼 조합원의 이익 증대를 핵심 목표로 삼는 방향성은 그다지 새로운 현상이 아니다. 언론은 이를 기성세대 노조와 MZ세대 노조 사이의 중대한 차이점으로 얘기하지만, 이런 방향성은 노동조합 내에서 이미 오랫동안 논쟁의 대상이었다. 실리주의 또는 조합주의라는 이름으로 말이다. 언론이 MZ노조의 반대

편에 위치시키는 민주노총 내에서도 실리를 최우선으로 여기는 분파는 여전히 존재한다. 이 흐름에 '온건'이라는 별칭이 붙어왔고, 그 반대편에 '강성'이 있다. 실제로 최근의 한 연구 결과에서 "노조는 조합원의 경제적 이익 증대를 최우선으로 해야 한다"는 문항에 동의하는 20~30대의 응답률은 50퍼센트 전후에 걸쳐 있는데, 40대 이상의 응답률은 63.7퍼센트를 기록했다. 민주노총에 대비되는 MZ노조의 특성들은 그다지 새롭지 않다는 뜻이다. 그렇다면 이 특성이 앞서 말한 실리를 중시하는 시대정신과 결합하면서 독특한 방향으로 진화했다고 보는 편이 옳지 않을까?

고민을 쌓다 보니까 이들에게 세대명을 붙여 부르는 것이 나름 합리적일 수도 있겠다는 생각이 들었다. 정치가 양극화되고 운동이 무너져내린 시대에 자라나, 정치와 운동으로 사회적 문제를 해결하는 법을 제대로 배워본 적이 없는 세대. 기성세대의 문법으로 확고하게 다져진 노동조합의 논리에 도무지 익숙해질 수 없었던 세대. 그런 세대가 기존 노동조합에 대한 반감으로 자기들만의 단체를 꾸리고, 방법론으로 실리주의를 택하는 건 자연스러운 일 아닌가. 나아가 MZ노조의 주축을 이루는 사업장들이 공기업이나 대기업같이 취업 경쟁에서 승리한 이들이 모인 곳이라는 사실을 떠올리면 더욱 그렇다. 기성세대라고 특별히 정치와 운동을 확실하게 학습한 것은 아니지만, 경험의 양과 질에서 MZ세대는 전혀 다른 시대를 살고 있는 것이다.

결국 MZ노조는 새로운 현상이 등장했다는 의미라기보다 어떤 **오래된 정치**가 끝을 맺었다는 사실인지도 모르겠다. 연대를 통해 사회적 압박을 돌파하며 멀리 내다보는 오래된 정치는 선택지에 없다. 그런 선택지가 있다는 사실을 배워본 적도 없고 그걸 가르쳐주는 선배도 없다. 그 결과 시민으로 묶이지 못한 개인들이 분업화된 협업을 통해 당장의 장애물을 피해가는 것만이 유일한 선택지로 남았다. MZ노조의 중심을 이루는 청년세대가 그렇다.

이런 방식이 미래라이프대학 신설을 막아내고 대통령을 탄핵하는 데는 유효할지도 모른다. 하지만 당장 눈에 보이는 성과를 거둘 수 있을 뿐 그 문제들을 낳은 근본적 원인을 해결하지는 못한다. 학교를 돈벌이 수단으로 생각하는 본부가 사라지지 않았기 때문에, 혹은 그곳을 제어할 세력을 만들지 못했기 때문에 대학은 여전히 돈 버는 일에 혈안이 되어 있다. 박근혜 전 대통령은 물러났지만 보수와 극우 정치 세력을 몰아내고 진보적 대안을 제시하는 데 실패했기 때문에 우리 사회는 여전히 후퇴하고 있지 않나. 직면한 문제를 빠르게 해결하는 단기 프로젝트만큼이나 **전망의 대안 정치**가 필요한 이유다.

하물며 존재 형식부터 멀리 내다볼 수밖에 없는 노동조합은 어떤가. 임금협상을 비롯해서 당장 해결해야 할 회사와의 쟁점들을 다룰 때는 MZ노조의 전술이 유효할지 모른다. 그러나 이는 지속가능한가? 노동조합이라는 형식을 띤 이상, 앞으로 이들은 정치 혐오와 노조 혐오를 우회할 수 없는 순간을 종종 마주치게 될 것이고, 그때의 선택이 MZ노조의 지속가능성을 결정하게 될 것이다.

착각해선 안 된다. 지금 MZ노조가 정치 혐오와 노조 혐오를 우회하면서도 일정한 영향력을 발휘할 수 있는 것처럼 보이는 이유는 이들이 거대한 양대 노동조합, 특히 민주노총의 대안 세력으로 호명될 수 있기 때문이다. 민주노총과의 전쟁을 선포한 보수 정권이 노동자 갈라치기에 사용할 적당한 도구로서 마침 MZ노조가 나타났을 뿐이라는 뜻이기도 하다. 정권의 목표대로 민주노총이 영향력을 잃는다면, 정권이 민주노총과의 전쟁을 관두게 된다면 그 효용도 사라지는 것이다. 다시 말해 MZ노조의 영향력은 역설적으로 이들이 노동조합으로서 제대로 기능하지 못할 때까지만 유효하다.

이들이 마침내 교섭권을 쥐게 된다면 어떻게 될까. 노동조합으로서 가장 중요한 권한을 행사할 수 있게 된다면 MZ노조는 자기 정체성과 싸우게 될 가능성이 크다. 교섭은 대개 가능과 불가능이 아니라 **많고 적음**의 문제를 다룬다. 이런 문제에서는 조합원들 사이에서 타협에 대한 의견 일치가 어렵다. 또한 교섭은 노조만의 협의가 아닌 사측과의 상호작용인 까닭에 대표교섭위원인 위원장이 조합의 운명을 걸고 무언가를 결단해야 하는 순간이 필연적으로 찾아온다. 조직이 크면 클수록 그렇게 된다.(MZ

노조의 사업장들을 고려하면 교섭권을 쥐었다는 것은 이미 조직이 상당히 커졌다는 뜻이다.) 비정규직 등 노동 사각지대에 있는 사람들을 고용하는 사업장이라면 교섭에서 정규직 조합원이 취할 수 있는 이익은 비정규직 노동자 몫의 이익을 합친 총합 안에서 결정되기 마련이다. 전술적으로 언급했던 노동 약자와의 상생은 이때 비로소 실천이 필요한 과제로 떠오르게 될 테다. 사실 이것 역시 MZ노조의 주요 사업장이 공기업과 대기업인 걸 생각하면 이미 현실에서 마주하고 있는 과제일 가능성이 크다.

시위를 거부하며 타협을 지향하는 문화, 구성원 간의 상호평등을 원리로 삼는 조직, 노동 약자와의 상생을 주장해야 하는 시대정신, 조합원의 이익 증대를 핵심 목표로 하는 설립 취지. 권한이 없을 땐 잠잠했던 그 모든 것이 권한을 가지는 순간 송두리째 문제가 되어 도마 위에 오르게 될 것이다. MZ노조는 그때에도 우회로를 택할 수 있을까. MZ노조가 자신이 딛고 서 있는 정체성과 싸우게 될지도 모른다는 가정은 경험에 기반한다. 지금의 조직 형태와 운영 원리는 이미 여러 기성 노동조합에서 실제로 일어났던 일에서의 경험치를 쌓은 결과이자 적응값이기 때문이다. 꼰대들이 저렇게 구는 것도 나름의 이유가 있다.

오직 지불한 자만,
지불한 만큼 누릴 수 있다

소비자주의

×

박권일

신혜림

온라인 커뮤니티에 올라온 글이에요. 아이가 학교에 도덕책을 안 가지고 갔는데 교사가 수업 시간 내내 서 있게 했다고 해요. 도덕책은 잃어버린 상태고요. 그래서 아이가 경기를 일으켰다고 해요. 이에 학부모가 새벽 1시 46분에 교사에게 메시지를 보내요. "경찰서에 문의해보니 죠패야(쥐어 패야) 아동학대라고 하는데 편법으로 아이들을 죠지시면(조지시면) 저도 편법으로 선생님을 죠질(조질) 수 있다."

이재훈

저는 잘 이해가 안 되네요. 그런 도덕책(과 관련해 벌어진 일)과는 약간 다르게, 아이가 일탈 행동을 하면 어쨌든 부모가 나서서 뭘 하는 것보다 교사가 '너 이렇게 하면 안 된다'라고 교육하고 알려주고 훈육하는 게 훨씬 더 양육에 도움이 될 것 같거든요.

강남규

제게 아이가 있었다면, 이 아이가 사회의 구성원으로서 사회에 맞는 인간으로 자라나길 기대할 것 같거든요. 사회가 없다면, 사회가 제 기능을 하지 못한다고 생각하면 나와 내 아이만 있는 거잖아요. 그러면 내 아이는 내가 지켜야 하지, 이렇게 사회와 단절되는 게 아닌가 생각해요.

정주식

여기서 소비자주의가 나타나는데요, 이건 자식이 너무 사랑스럽고 예쁘고 다칠까 봐 그렇다기보다는 실력 행사의 효능감 때문인 것 같아요. 자신의 효능감을 확인하는 게 더 짜릿하게 다가오는 게 아닐까. 내가 지금 이 사람한테 위력을 행사해서 굴복시킬 권한이 있음을 확인하는 게 더 중요한 것일 수 있죠.

교사 인권 침해 사건을 일으킨 일부 학부모의 이른바 갑질을 해명할 수 있는 유력한 키워드 중에 하나는 **소비자주의**다. 그런데 한국 사회에서 소비자주의는 비단 이 이슈에만 국한되지 않는 전全사회적 문제다.

　소비자주의는 단순하게 말하면 **소비자가 왕**이라는 시각이다. 소비자주의는 과거에도 존재했지만 요즘처럼 강하지는 않았다. 다른 주인 이념master ideology들이 많았기 때문이다. 유교문화권 특유의 권위주의나 공동체적 온정주의, 반독재 투쟁을 거치며 형성된 결속감이나 민주주의에 대한 열망도 소비자주의를 제어하는 기제였을 것이다. 그러나 모든 거대 이념이 종언을 고한 지금, '1인 1표'의 민주주의마저 무기력해진 지금, 유력한 주인 이념의 하나는 '1원 1표'의 시장주의이며, 소비자주의는 그 대표적 표현형이라 할 수 있다. 구매자가 응당 지니는 메리트라는 점에서 소비자주의는 **능력주의**의 친족 이념이기도 하다. 어떤 정치 이념과 보편적 가치도 대문자적 진리로 기능하지 않는 시대이기에 돈을 쓰는 행위, 소유권에 기반한 소비자 정체성이 능력주의와 더불어 사실상 '제1종 규범'으로 등극하게 된 셈이다.

2022년 가을, 팬데믹이 해제되며 축제 준비에 한창이던 대학가 캠퍼스 곳곳에는 거대한 장벽들이 세워지고 있었다. 교내 특정 구역으로 일부 학생들이 출입하는 것을 통제하기 위한 목적으로 대부분 총학생회가 설치한 것이다. 기능은 단순하다. 학생회비를 낸 사람들만 연예인 공연을 보게 하고 돈을 내지 않은 학생들의 관람을 차단하는 것이다. 이 소식이 알려지자 86세대와 X세대 상당수는 "대학이 어쩌다 이렇게까지 됐나"라며 한탄했다. 정작 상당수 대학생의 반응은 전혀 달랐다. "학생회비를 안 낸 사람이 낸 사람과 같은 혜택을 보는 건 무임승차이고 불공정이다."

2023년 10월 중순, 한국 정부가 이스라엘 정부와 팔레스타인 무장 정파 하마스의 교전을 피해 현지에서 철수하려던 일본인 51명을 군용기로 서울까지 이송했다. 인도적 조치에 많은 일본 시민이 감사의 뜻을 전했다. 처음에는 우리나라에서도 잘했다는 평가 일색이었다. 그런데 미묘하게 분위기가 바뀌기 시작한다. 일본이 자국민을 인근 두바이까지만 전세기로 철수시키면서도 소정의 운임을 받았단 소식이 알려지면서부터다. 이를 두고 일본 시민들이 한국의 친절과 대비되는 자국 조치를 비판하자, 일본

정부는 자비로 귀국하는 시민들과 형평성을 고려한 조치였다고 밝혔다. 그런데 이번엔 한국 시민들 사이에서 반발이 터지기 시작했다. 세금 한 푼 안 내는 일본 시민을 왜 우리가 낸 세금으로 이송해주냐고.

이런 광경은 꽤 익숙하다. 우리나라에서 이주노동자들에게 쏟아지는 대표적인 비난이 '세금도 안 내면서 무임승차한다'는 것이다.(국세청에 따르면, 2018년 근로소득세 연말정산을 신고한 외국인 근로자는 57만 3325명으로 이들이 낸 근로소득세는 약 7836억 원에 이른다. 외국인이 낸 종합소득세 약 3793억 8600만 원을 합치면 1조 원이 넘는다.) 코로나 팬데믹 당시 '코로나 지원금'을 노점상에게 확대하자 자영업자들이 노점상은 세금도 안 내는데 왜 지원하냐고 항의했다. 세월호 참사, 이태원 참사, 전세 사기 등 사회적 재난이 발생했던 당시에 적지 않은 사람들이 안타까운 일이지만 자기가 낸 세금을 거기 쓰는 건 공정하지 않다고 말했다. 일베가 이주노동자, 여성, 호남 사람, 민주화 운동 세력을 향한 갖가지 혐오 표현을 정당화하던 논리와 유사하다. 자격과 능력도 없는 자들이 무임승차해서 과도하게 많은 자원을 가져가고 있다는 것이다. 이 논리회로 속에서는 약자와 소수자의 구조적 불리함을 조금이나마 교정하려는 실질적 기회균등 조치들이 모두 역차별이고 불공정이다. '된장녀'와 '김치녀' 등의 유행어에는 '분수를 모르는 탐욕스러운 여자'라는 의미가 공통적으로 담겨 있다. 심지어 세금은 '내가 낸 돈으로 먹고사는' 공무원에게 갑질할 수 있는 근거가 되기도 한다. 양상과 성격은 조금씩 다르지만 이 현상들에는 공통된 정서가 깔려 있다. **무임승차에 대한 증오**다. 이는 달리 표현하면 **지불한 자만 누릴 수 있다**는 철칙이며, **지불한 만큼 누릴 수 있다**는 황금률이다.

어떤 사람에게는 이 철칙과 황금률, 한마디로 비용과 권리가 상응한다는 원칙이 너무나 당연해서 설명할 필요조차 없을 것이다. 실제로 이 원칙은 오늘날 자본주의 사회의 상식으로 여겨진다. 사실 이 사고방식 자체는 자본주의보다 훨씬 오래된 것이다. 아리스토텔레스는 "공적axia에 따른 분배가 정의"이며, "동등함에도 동등하지 않은 몫을, 혹은 동등하지 않은 사람들이 동등한 몫을 분배받아 갖게 되는 것은 정의롭지 않다"고 생각했다. '각자에게 각자의 몫을suum cuique tribuere'이라는 신조는 《로마법대전 Corpus Iuris Civilis》에 표현된 이후 서구 사회의 관용구가 되었고, 이러한 **비례-형평의 원리**는 한국을 포함한 비서구 문화권에서도 상식으로 받아들여진다.

큰 틀에서 보면 능력에 따른 분배를 정당화하는 능력주의나, 성과 혹은 기여에 따른 분배를 요구하는 성과주의 모두 비례-형평의 원리에 속한다고 할 수 있다. 각자에게 응당 돌아가야 할 몫이라는 의미의 응분 개념도 주로 이런 맥락에서 사용된다. 인간은 각자 다르게 대우할 이유가 있다는 것이다.

한편, 어쩌면 비례-형평의 원리보다 더 오래된 것도 존재한다. 바로 **평등의 원리**다. 이 원리에 따르면, 아무리 자본주의 사회라 하더라도 일반적으로 개개인의 생명을 비례성 또는 형평성을 기준으로 판단하지 않는다. 모든 인간은 똑같이 존중되어야 한다. 제도의 차원에서 평등의 원리를 구현한 대표적인 예는 다름 아닌 **민주주의**다. 가난하든 부유하든, 지식이 많든 적든 정치적 권리는 모두에게 동등하다. 우리는 한 명의 시민으로서 평등하며, 더 똑똑하거나 더 부자라고 해도 '1인 2표'를 적용할 수 없다.

비례-형평의 원리가 틀렸고 평등의 원리가 맞다거나 그 반대의 주장을 하려는 건 아니다. 형평과 평등은 모두 정의를 구성하는 요소다. 어느 한쪽만 존재하는 사회는 없었고 앞으로도 없을 것이다. 언제나 관건은 유무가 아니라 정도다. 그런데 비례-형평의 원리가 극단적으로 팽창하여 평등의 원리를 완전히 압도해버리면, 다시 말해 정의를 전부 형평으로 대체해버리면 그때부터 문제가 발생한다. 무임승차라는 말이 빈번하게 공론장에 등장하고 동시에 그 단어에 대한 대중의 반응이 격해지고 있다. 얼핏 공정성에 대한 사람들의 감각이 예민해지고 사회정의에 대한 요구가 강해지는 신호처럼 보이지만 실상은 정반대에 가깝다.

소득 불평등이 극심해지고 분배 및 재분배의 효과를 체감할 수 없을 때, 즉 사회의 통합력과 구심력이 떨어질 때, 사람들은 내부의 적을 찾아 응징하려 든다. 가장 쉽게 지목되는 적은 경제

소비자주의

적 기여가 작아 보이는 구성원이다. 장애인, 이주노동자, 빈곤층은 '결격사유를 가진 자', 심지어 '공동체의 기생충'으로 너무 쉽게 낙인찍힌다. 만약 평등의 원리가 비례-형평의 원리만큼 작동하는 사회라면 헌법상 권리, 즉 주권적 평등과 시민적 존중을 통해 이와 같은 배제나 차별을 어느 정도는 제어할 수 있다. 그러나 평등이 무력화되고 형평이 정의를 독점하면 공동체 구성원이 되는 기준이 사회적 지위나 지불 능력 같은 개인의 상징자본으로 환원되어버린다. 그 순간 민주주의는 치명적 위기를 맞는다. 이제 비례-형평의 원리는 정의로운 분배를 위한 저울이 아니라 **내부의 무능력자와 저능력자를 솎아내는 배제과 차별의 거름망**이 된다. 모든 사람의 평등이 부정되고 성원의 자격, 즉 멤버십을 따지기 시작하면 그때부터 민주주의는 도무지 민주주의라 부를 수 없는 기괴한 무언가로 돌변한다.

일본 식민 지배를 포함한 근대국가 형성기를 거치며 한국에서는 '국민'이라는 강요된 정체성이 다른 정체성을 압도했다. 국민만큼은 아니지만 '산업역군'이란 정체성도 있었다. 주로 군부독재 시기에 부각된 관제 용어이지만 결국 이는 '노동자'라는 계급 정체성과 거의 동일한 것이었다. 오늘날 그 자리를 꿰찬 건 **소비자 정체성**이다. 사회학자 지그문트 바우만Zygmunt Bauman은 이 점을 정확히 감지한 사람 중에 하나였다.

노동은 자기 건설과 정체성 건설에서 다른 모든 노력들의 중심축
이라는 특권적 지위를 잃었다. (…) 지난날 노동윤리가 지배했던
부분을 오늘날 지배하고 있는 건 소비의 미학이다.

소비자 정체성에서는 **등가교환적 정의**가 핵심 원리로 작동한
다. 사회학자 위르겐 하버마스Jürgen Habermas에 따르면 등가교환
적 정의는 시장제도에 근거하며, 이러한 정의가 관철되는 사회
에서는 소유권 중심의 질서가 자연법처럼 정당화된다(원문 용어
는 'Äquivalententausch innewohnende Gerechtigkeit'). 등가교환
적 정의 개념의 핵심은 개인의 권리를 상품 논리로, 즉 등가교환
의 대상으로 본다는 점이다. 예컨대 '내가 이만큼의 의무를 다했
으니 그만큼의 권리가 생긴다'는 식이다. 이 논리구조 속에서는
1000을 가진 이는 1000의 권리를 가지고, 1을 가진 이는 1의 권
리를 가지는 게 **공정하다**. 등가교환적 정의가 소비자주의로 발현
된다면 아마도 이런 명제가 될 것이다. '나는 구매했다. 고로 내
마음대로 할 수 있다.' 이런 관점을 장착하면 세금을 안 내거나
덜 내는 사람은 권리가 박탈되거나 줄어드는 게 당연해진다. 반
대로 세금을 많이 내면 권리도 더 많아져야 한다.

소비자 정체성은 피해자 정체성과 짝패를 이루어 **소비자-피
해자 정체성**이 된다. 그것은 살벌한 각자도생의 세계에서 개인을
보호하는 최선의 보호막으로 기능할 수 있다. 비용을 지불했다는

사실은 나의 권리를 보장하고(소비자), 피해를 입었다는 사실은 나의 도덕을 보증한다(피해자). 여기서 내 억울함을 보증해줄 가장 유력한 힘은 여론인데, 이들을 내 편으로 만들기 위해서는 어디까지나 **순수한 피해자**일 필요가 있다. 특히 성폭력과 젠더, 인권 등의 이슈에서 이러한 경향이 두드러진다. 절대다수가 여성인 성폭력 피해자들은 폭로 이후에 평소 행실과 처신이 입방아에 올랐다. 정숙하고 조신하며 순종적인 여성이어야 완벽한 성폭력 피해자가 될 수 있었다. 순수성 강박은 세월호 유가족들의 집회에서, 성주 주민들의 사드THAAD(고고도미사일방어체계) 반대 집회에서, 박근혜 전 대통령 탄핵 촛불집회에서, 이화여자대학교의 미래라이프대학 철회 시위에서, 스타벅스 트럭 시위에서 공통적으로 나타난 현상이다. 약자들끼리의 연대는 피해자의 '불순함'을 증명하는 '외부 세력'의 개입으로 규정되고, 순수성 강박은 모든 투쟁의 내부 검열 기제가 되었다.

소비자이거나 순수한 피해자가 아니면 자신의 옳음과 억울함을 효과적으로 전할 수 없다는 것. 돈을 지불했다는 걸 증명했을 때(소비자), 혹은 열악하고 낮은 곳에 있음을 보여줄 때(피해자), 오직 그때만 비로소 타자에게 나의 고통을 들려줄 자격을 획득한다는 것. 이 사실이야말로 우리의 세계가 얼마나 남루하며 참혹한지 드러낸다. 물론 소비자-피해자 정체성이 특정한 국면에서 개인을 강하게 만들 수는 있다. 하지만 그것은 개념상 자격적

합성을 기준으로 개인들을 선별하기 때문에 다양성·이질성보다 동질성·순수성이 강조될 수밖에 없다. 동질성·순수성을 강조할수록 개인들은 극히 작은 부족들로 파편화된다. 소비자-피해자 정체성이 노동자-시민 정체성과 결정적으로 다른 지점이 바로 이 부분이다.

경제학자들은 경제적 지대추구를 혐오한다. 지대추구는 아무런 생산성 향상 없이 소유권만 이용해서 이익을 꾀하는 행위이고, 이는 결과적으로 자원배분의 왜곡과 생산성의 위축을 가져오기 때문이다. 대표적인 사례가 부동산 불로소득자, 바로 건물주다. 우리나라에서 흥미로운 점은 무임승차를 그토록 혐오하면서도 한편으로는 최악의 무임승차자인 건물주가 되기를 꿈꾼다는 것이다. 그 자체로 충분히 조롱받을 만하지만, 거기서 멈추지 말고 무임승차에 대한 생각을 조금 확장해보자. 이를테면 이런 질문은 어떤가. 무임승차는 과연 절대악인가? 비례-형평의 원리는 절대로 깨져서는 안 될 금과옥조인가?

꼭 그렇지는 않다. 사회적 차원에서 보면 모든 지대추구가 나쁘다고만은 할 수 없다. 예컨대 사회적 약자에게 경쟁에서 우선순번을 부여하는 적극적 우대조치도 경제적 지대의 일종이다. 하지만 그것은 구조적 불평등을 완화하는 공익적 효과, 최소 수혜자에게 최대의 이익을 주는 분배적 정의의 실현을 고려하면 사회적 가치가 상당하다. 문제는 모든 지대추구가 아니라 승자독식, 부익부빈익빈을 낳는 지대추구다. 다시 강조하거니와 등가교환적 정의(하버마스), 비례-형평의 원리(아리스토텔레스), 지대추구 금지 같은 것은 보편타당한 원칙이 아니다. 이 원칙들을 적용할 영역이 있는 반면에, 그렇지 않은 영역도 분명히 있다. 있는 정도가 아니라 너무 많다. 정말로 고민해야 할 문제는 등가교환적 정의 같은 경제학적 관점이 프로크루스테스의 침대*처럼 모든 비경제적 영역에 폭력적으로 적용되는 경향일지 모른다.

여기에 참고할 만한 개념이 경제학자 코라이 찰리쉬칸Koray Çalışkan과 미셸 칼롱Michel Callon이 제기한 **경제화**economization다. 경제화는 사회과학자들과 시장 행위자들에 의해 경제적이라고 묘사되는 행동, 장치, 분석적·실무적 설명의 자격 및 조합을 뜻한다. 이는 경제적인 것을 통해 비경제적인 공간과 행위에 적합한 지식과 형식, 내용, 지침을 재구성하는 과정이다.

경제화 과정을 통해 모든 것은 비용-편익 게임으로 변환되고, 당연히 인간 역시 한낱 **인적 자원**이 된다. 세상만사를 전부 경제 개념으로 환원하는 태도는 모든 걸 경제 논리의 식민지로 만든다. 경제적 이익이 없거나 손실이 발생하는 행위는 불필요하거나 심지어 **악**이 된다. 그런 측면에서 볼 때, 개인과 가족은 있지만

---

* 그리스 신화의 등장인물 프로크루스테스는 행인을 붙잡아 자신의 침대에 누이고는 행인의 키가 침대보다 크면 다리나 머리를 자르고, 작으면 억지로 침대 길이에 맞추어 늘여서 죽였다.

사회 같은 건 없다고 말한 마거릿 대처Margaret Thatcher는 경제화의 힘을 깊이 이해한 인물이었다. 대처의 시대로부터 40여 년이 흐른 지금, 세상만사를 비용-편익으로 재단할 수 있다는 믿음은 전례 없이 광범위하게 퍼져 있다. 이런 현실 앞에서 법학자 알랭 쉬피오Alain Supiot는 분노를 숨기지 않는다.

> 모든 규칙을 효용성의 계산과 결부시키다보면, 약속을 한 사람이 이를 지키지 않을 수도 있다는 생각에 다다른다. 결과적으로 약속을 어기는 편이 그에게 더 이득이 된다면, 효용성 기준에 따라 약속을 어길 수도 있기 때문이다. 이른바 '효율적 계약 파기' 이론이다. 이 이론은 채무를 이행하는 것과 채무 불이행을 변상하는 것 사이에 차이점이 없다고 가르치는 프랑스 법학자들 사이에서 반향을 일으키고 있다. 믿음은 계산할 수 없는 가치이기 때문에 여기에서 믿음의 가치는 대수롭지 않게 여겨진다.

쉬피오는 '약속은 지켜져야 한다'는 윤리나 '사람의 존엄이 경제적 수치로 환산될 수 없다'는 사실을 거듭 지적했다. 그는 법이나 국가가 자기 정당성의 근거를 경제나 과학기술에 위임하는 것은 결국 나치즘과 같은 전체주의적 폭력으로 이어질 수밖에 없다고 경고한다. 스스로를 시민이 아니라 시장행위자-소비자로만 보는 사람은 각자도생과 약육강식 논리를 내면화하기 쉽고, 끝내는 민주주의만이 아니라 정치 자체를 혐오하게 된다. 그런 사회는 끝내 모래성처럼 허물어질 것이다. 물에 빠진 아이를 구하는 사람은 등가교환적 정의나 비례-형평의 원칙을 생각하지 않는다. 단지 고통을 호소하는 타인의 얼굴에 감응해서 행동하는 것이다. 이렇듯 **윤리적인 태도에는 경제학적 근거가 없다**. 그런 윤리들이야말로 사회를 유지하고 구성원 각자를 존엄하게 만든다.

오늘날 소비자와 피해자라는 정체성을 소환할 수밖에 없는 이유는 사람들이 어떤 대의도 믿지 않기 때문이다. 무엇이 필요할까? 지금까지 살펴본 것처럼 비례-형평의 원리와 평등의 원리는 둘 다 필요하지만 평등의 원리가 지나치게 위축되었다. 따라서 가장 필요한 대의는 평등이다. 철학자 랑시에르는 평등을 장기적 목표가 아니라 **지금, 여기, 우리**를 규율하는 원리로 곧장 도입해야 한다고 주장했다. 우리는 **평등을 목표가 아닌 출발점으로 삼을 때**만 존재하지 않는 자들로 간주되는 이들의 목소리를 들을 수 있고, '몫 없는 이들의 몫'을 설립할 수 있으며, 지배의 자연적 질서를 전복할 수 있다. 랑시에르는 인간의 지적 평등과 해방을 증명한 조제프 자코토Joseph Jacotot의 삶을 통해서, 불평등을 전제한 뒤 평등을 지향하는 진보주의자의 프로젝트는 언제나 실패할 수밖에 없다고 단언한다.

평등의 관점에서 출발하고, 그것을 긍정하며, 그것의 전제로부터 작업을 하여 그것이 산출할 수 있는 모든 것을 보고, 자유와 평등으로부터 주어진 모든 것을 극대화하는 것이 열쇠다. 반대로 불신에서 출발한 자, 불평등에서 출발하여 그것을 축소할 것을 제안하는 자는 불평등을 위계화하고, 우선권들을 위계화하며, 지적 능력을 위계화하고 불평등을 무한정 재생산한다.

만연한 소비자주의는 언젠가부터 시민과 노동자가 함께 걸어가는 여정을 멈추고 각자의 껍질 속에 웅크리게 되었다는 증거다. 그렇기에 세계 속에 의미를 그려가는 새로운 지도가 필요하다. 그것은 능력과 자격을 따지는 능력주의 논리에 대한 근본적 문제 제기를 포함하며, 동시에 소비자-피해자가 아닌 정치적 주체로 서기 위해 서로가 서로에게 연결되는 외부 세력이 되는 일을 의미한다.

토론의 즐거움 1

왜 우파 정권들은
도서관을 싫어할까

2023년 5월 6일

이재훈 오늘은 도서관에 대해 이야기해볼까 합니다. 최근 서울 마포구에서 도서관 문제를 두고 구청장과 주민들 사이에 대립각이 거세게 일고 있습니다. 이게 꼭 마포구만의 문제가 아니라 전반적인 도서관 문화에 대한 현 정부나 국민의힘 보수 우파 쪽의 생각들에 교차하는 지점이 있어서 이 부분을 폭넓게 들여다보면 좋겠습니다. 남규 님께서 마포구에서 일어난 일에 대해 말씀해주시죠.

강남규 먼저 마포구 도서관의 체계를 설명드리겠습니다. 2017년 11월에 마포구청 근처에 마포중앙도서관이라는 큰 도서관이 개관했어요. 당시 기준으로 자치구가 운영하는 단일 도서관 중에 가장 큰 규모였고요. 각종 편의시설들, 식당이나 편의점 등이 지하에 쫙 깔려 있는 아주 편리한 도서관입니다. 마포구에는 중앙도서관 외에도 아홉 곳의 '작은도서관'이 있어요. 작은도서관이란 10평 이상에 1천 권 이상을 보유하고 있는, 중앙도서관보다는 작은 규모의 지역밀착 도서관입니다. 2017년 11월에 만들어진 중앙도서관은 이런 작은도서관들을 비롯해서 관내 영어 도서관이니 유치원 도서관이니 하는 모든 도서관을 아우르고, 연결하고, 발전시키고, 필요한 시스템들을 제공하는 허브 역할로서 여론에서 많이 주목을 해왔습니다.

이재훈 네. 그런데 2022년 6월 지방선거에서 당선된 단체장인 국민의힘 소속 박강수 구청장이 무슨 일을 저지른 건가요?

강남규 도서관 관련한 정책과 예산안에 문제가 생겼어요. 작년 말에 작은도서관 아홉 곳을 다 폐관하고 청소년들을 위한 독서실로 전환하겠다, 일종의 스터디 카페로 바꾸겠다는 방안을 검토 중인 사실이 언론을 통해서 알려졌고요. 이에 마포구의 수많은 시민들이 강력하게 반대를 했습니다. '책과 마포구 도서관을 사랑하는 사람들의 모임'이라는 모임도 만들어서 적극적인 반대 활동을 펼쳤고 그 이후로 일단은 보류된 상태예요. 이 외에도 도서관에서 요청한 예산을 총 30퍼센트 가까이 삭감하는 예산안도 발표를 하면서 마포구의 도서관 죽이기로 불거지고 있습니다. 그래서 송경진 마포중앙도서관장이 공개적으로 SNS에서 문제 제기를 했어요. 도서관을 운영하려면 예산이 꼭 필요한데 오히려 삭감을 하려고 한다는 내용이었습니다. 이에 구청장이 '구를 위해 일하는 도서관장이 공개적으로 구에 문제 제기를 했다' '품위 유지와 복종 의무를 위반했다'는 혐의로 인사위원회에 회부해서 지난 5월 3일에 관장에 대한 파면 징계가 결정된 바 있습니다.

이재훈 파면 사실을 송 관장이 SNS에 알리면서 이슈가 확산이 됐죠. 그런데 도서관 예산 삭감이 마포구만의 문제는 아니라고 알고 있는데요?

강남규 네. 1월 19일 《한겨레》 보도로 서울시에서 '작은도서관 지원 예산을 전액 삭감하겠다'라고 한 소식도 알려졌습니다. 공문으로 내려온 내용이에요. 작년 12월에 각 구 도서관으로 2023년 작은도서관에 대한 예산 미편성으로 이 사업이 종료된다는 공문을 일방적으로 내려보낸 겁니다. 작은도서관 지원액수는 서울시 전체 380여 곳에 총 5억에서 6억 원 정도. 한 곳당 월 150만 원에서 200만 원 정도일 거예요. 이것들을 다 삭감하겠다는 취지였고요. 보도가 나간 뒤로 또 난리가 났죠. 사람들이 반대를 하고 항의를 했어요. 그러자 서울시가 최근에 방침을 바꿔서 이 예산을 다시 한번 확보하겠다는 식으로 입장을 내놓은 상태입니다. 오세훈 시장 본인은 몰랐다 하고, 예산을 추경으로 마련하겠다고 해요. 어떻게 된 경위인지는 잘 모르겠습니다.

홍준표 시장이 단체장으로 있는 대구시에서도 같은 일이 일어났습니다. 대구에는 총 265곳의 작은도서관이 있고 총액은 2억 원 정도 들어갑니다. 대구시의 입장은 작은도서관마다 들어가는 예산 150~200만 원 정도는 각 기초 지자체에서 예산으로 해결해라, 시에서는 대표 도서관을 크게 만들거나 시에서 운영하는 큰 도서관들에 주력하고 싶다는 거예요. 이런 취지로 입장을 냈는데 이후에 대구시의회에서 여야 의원들이 모두 작은도서관 예산은 지속되어야 한다는 취지로 합의가 되었대요. 6월 추경을 통해서 예산 복원 예정이라고 합니다.

이재훈 네. 일단 마포구 쪽 문제를 잠깐 이야기해보죠. 혜영 님이 싸움의 양상이 어떻게 진행되고 있는지 설명을 좀 해주시겠어요?

장혜영 마포구에서 갑작스럽게 조치를 발표한 것에 대해서 당사자인 관장이나 작은도서관에서 일하는 분들, '책과 마포구 도서관을 사랑하는 사람들의 모임'이 마포구민들 중심으로 빠르게 만들어졌어요. 그 문제를 공식적으로 제기하기 위해서 서명운동부터 시작해서 엄청 여러 가지 활동들을 온·오프라인으로 활발하게 펼쳐 많은 사람들이 알게 됐고요. 덕분에 이 문제가 단순히 마포구만의 문제가 아니라는 것을 훨씬 더 많은 사람들이 알게 됐고요. 이 안에는 시민과 시민사회가 결합되어 있기 때문에 정당이 나서는 게 별다른 도움이 안 된다고 판단했어요. 그래서 정당 차원에서도 뒤에서 서명운동을 돕는 방식으로 협력하고 있어요.

이재훈 이슈 자체가 보도로 알려졌죠. 보통 보도가 나왔을 때 별로 반응이 없으면 이슈가 되기 힘든 경우가 많잖아요. 그런데 이번에는 보도 이후 시민들이 즉자적으로 결합하고, 또 이렇게 조직을 만들고 모임을 통해서 사실상의 운동 형태로 저항하고 있다는 것에서도 의미를 찾을 수 있는 것 같고요.

장혜영 마포구가 솔직히 '힙스터 성지'라는 약간 비판조의 얘기를 듣기도 하지만 힙스터들도 도서관을 없앤다고 하면 할 일을 한다.

맴버들 ㅋㅋㅋㅋㅋ

장혜영 다 성지가 되는 이유가 있다는 것을….

강남규 다 아이패드로 전자책 보는 거 아니에요?

장혜영 요즘 진정한 힙은 오프라인이란 말이에요. 굉장히 공간이 중요합니다. 이거 말고도 홍대 근처에 있는 '출판문화플랫폼P'라는 플랫폼도 지금 입주사를 싹 다 갈아 옮긴다, 없앤다, 이런 조치를 마포구에서 취하고 있기 때문에 같이 스크럼을 짜서 반대 전선을 만들었거든요. 도서관 문제가 마포구 민주주의 문제로 전화되는 양상입니다.

이재훈 쭉 보셔서 알겠지만 오세훈 서울시장, 박광수 마포구청장, 홍준표 대구시장 모두 국민의힘 소속이죠. 보수 우파 쪽에서 권력을 잡게 되면 늘 도서관 문제, 책 문제를 건드리는 역사들이 있어왔어요. 우리 역사 전문가 권일 님께서 그 역사를 한번 설명을 좀 해주시죠.

장혜영 분서갱유의 역사를….

박권일 분서갱유를 얘기하시니까 진짜 기원전까지 가야 될 것 같은데요(웃음). 검열과 탄압은 전체주의 사회의 특징이자 한국 우파 정권들의 특징이기도 했죠. 이명박 정권 때 '진중문고'라고 하는 군대의 도서관 서적에 일종의 사상 검열을 했죠. 그 유명한, '국방부 불온서적 사태'입니다. 2015년 박근혜 정권 때도 당시 친새누리당 인물이 회장으로 있는 '스토리 K'라는 업체를 통해, 이승만 정권을 나쁘게 얘기하고 미 군정에 대해 비판적으로 쓴 책 12권을 골라냈어요. 이 책들을 도서관에서 다 빼라는 공문을 당시 문광부(문화체육관광부)에서 내려보내면서 크게 문제가 된 일이 있었죠.

우파 정권들이 전체주의적인 성향을 보이고 또 사상 검열을 하고 특히 출판·언론·도서에 대한 검열을 자행했던 일은 매번 연례행사였어요. 근데 지금 마포구, 대구시나 서울시에서 벌어지고 있는 일은 약간 다릅니다. 과거 사건들이 사상 검열이나 반공주의, 매카시즘에 가까운 일이었다면, 지금은 아예 지성 자체를 파괴하고 소멸하려는 일종의 문화적 반달리즘이 아닌가 합니다. 무지성과 반지성주의적인 행태가 이런 방식으로 표출된다는 거죠. 이는 윤석열 정권과 그 지지자들의 성격을 가장 극명하게 드러내는 사건이기도 해요. 별거 아닌 것처럼 보이지만 저는 엄청난 상징성을 띤다고 봐요. 사상·이념·지식을 파괴함으로써 그들이 얻게 되는 메리트는 분명하거든요. 한마디로 우민화하는 것이죠. 대통령 연설에서 자유를 몇백 번씩 외치지만, 정작 사상의 자유를 하나도 존중하지 않는 모습들을 보면서 이 정권의 성격을 새삼 확인하게 됩니다.

이재훈 기본적으로 윤석열 대통령과 정권이 강조하는 자유라는 것 자체가 기업이나 가진 자들의 자유로 향해 있다는 사실을 명확하게 보여주는 사건이 아닌가 싶네요. 도서관이라는 공간 자체에 대한 의미를 이야기해볼 수 있으면 좋겠습니다. '보수 우파들이 도서관이라고

하면 왜 학을 떼는가'라는 부분과도 연결이 될 수 있을 것 같은데 혜림 님은 도서관을 이용해보신 경험 있으세요?

신혜림 엄청 자주 이용한다고 볼 수는 없지만 그래도 종종 방문합니다. 조카들을 데려갔을 때 특히 인상 깊었어요. 조카 집에는 이미 책이 많아요. 당근마켓에서 저희 언니가 사다 준 책이 한가득이죠. 그럼에도 도서관에 조카들을 딱 데려갔을 때 아이 본인이 직접 수많은 책 사이사이를 다니면서 취향에 따라 고르는 재미가 있다, 그리고 또 그 책이 굉장히 다양하게 선별되어 있다는 느낌이었어요. 거기서 저는 조카들이 되게 자유롭게 뭔가를 누리고 있다는 느낌을 받았습니다. 이는 어린이라서라기보다는 우리 모두가 도서관 안에서 누리는 특징이라고 생각하고요. 특히 마포중앙도서관이 너무 괜찮아요. 저도 사실 도서관에 대한 편견이 있는 편이었거든요. 10~20년 전의 도서관은 너무 딱딱하고 조용해서 저한테는 좀 숨 막히는 공간이기도 했었어요. 사실은 근데 '마중도(마포중앙도서관의 줄임말)' 같은 경우는 편의시설도 되게 잘되어 있고 층별로 카페처럼 되어 있고, 거기에 한층 더 내 취향을 자유롭게 공유할 수 있는 공간같이 느껴져서 어린아이나 저 할 것 없이 좋았어요.

강남규 키즈 카페도 있더라고요.

신혜림 네. 키즈 카페도 위층에 있더라고요. 시끌벅적한 분위기에서도 책을 볼 수 있고, 여러 가지로 잘 갖추어져 있어요.

이재훈 말씀하시는 부분이 중요한 것 같은데요. 동네서점이 점점 사라지고 있잖아요. 어린 시절에 어떤 이슈나 쟁점, 영역별로 다양한 책이 잘 정리되어 있는 특정한 공간 안에서 마음에 드는 책을 선택함으로써 자기 취향을 점검해보는 경험 자체가 대단히 소중한데요. 저는 어릴 때 살던 집에서 한 100미터 떨어진 곳에 조그마한 서점이 있었어요. 그곳이 저한테는 엄청 소중한 공간이었거든요. 어릴 땐 돈이 없으니까 책을 사지는 못하고, 맨날 쪼르르 가서 서점 주인 눈치를 보면서 책을 골라서 보고, 그중에서 마음에 드는 게 있으면 엄마 졸라서 사기도 한 경험이 있습니다. 서점이 어쩌면 취향의 보고 같은 공간이잖아요. 작은 서점이었지만 그런 경험이 저한테는 읽는 기쁨을 주었어요. 특정 영역을 찾아내서 내 취향으로 만드는 경험들이 되게 소중했는데, 요즘같이 동네서점이 없는 시절에는 작은도서관이나 걸어갈 수 있는 공간에 도서관이 있고, 거기에서 아이들이 다양한 책을 선택할 수 있다는 것 자체가 엄청 의미 있을 것 같아요. 이런 부분을 감안하면, 도서관을 제대로 운영을 못 하게 한다면 문제가 생기는 게 아닌가라는 생각을 저도 했거든요.

신혜림 우리 조카가 아파트에 사는데요, 위치가 목동이고 놀이터도 그 아파트 안에 있는 데에서만 노니까 제가 볼 때는 약간 특정 집단의 테두리 안에서 자라고 있는 느낌이 들었거든요. 근데 도서관 같은 경우는 진짜 어느 동네 아이 할 것 없이 와가지고 평등하게 책을 뽑아서 보잖아요. 그래서 그 공간이 더 소중했던 것 같아요.

이재훈 요즘에 아이를 키우는 분들이 보통 영어 학습이나 한문 학습, 역사 학습같이 학습과 관련된 책들을 많이 사주잖아요. 도서관이 좋은 건 학습용 책만 있는 게 아니라 정말 자기 취향을 누릴 수 있는 책들이 있기 때문이죠. 상상력을 키울 수 있는 만화책도 많고요. 제 아내가 은평뉴타운도서관에서 짧게 비정규직으로 일을 했었어요. 그때 저한테 몇 명의 아이들 이야기를 몇 번 해줬거든요. 아이들이 막 뛰어온대요. 자기가 정말 좋아하지만 엄마가 사주지 않는 책이 있는 거죠. 재미는 있는데 학습에 도움이 되지 않는 책을 찾아서 엄청 즐겁게 읽는대요. 만약에 그 책이 이미 대여가 나갔으면 엄청 아쉬워하고 막 물어본대요. 그 책 어디 갔냐고. '이럴 수 있는 공간 자체가 지금 아이들에게 있는가'라는 질문을 어른들이 하다 보면 결국은 도서관이라는 공공시설에서 이런 공간을 확보해줘야지만 아이들이 이런 것들을 누릴 수 있다는 결론이 나와요. 작은도서관 같은 경우는 모든 도서관이 사람들 근처에 있을 수 없으니까 프랜차이즈 가게처럼 퍼져 있는 거잖아요. 그런 곳 자체가 더 소중한 게 아닌가, 그런 면에서 이 문제가 이슈가 될 만하지 않을까 이런 생각이 듭니다.

정주식 학습에 도움이 되지 않는다는 이유로 아이들에게 '즐거운 책'을 잘 사주지 않으려는 부모의 태도와, 서울·대구에서 지역도서관을 자꾸 줄이려고 하는 행정의 태도가 유사한 것 같아요. '한국은 우파 정권이 집권하면 왜 도서관들을 자꾸 위축시키는가'라는 질문에도 닿아 있는 것 같은데요. 마포구에서 그런 변명을 하더라고요. 효율이 떨어지니까 지원을 하지 않겠다고요. 대구에서도 작은도서관에 투자하느니 큰 데, 굵직굵직한 곳만 하겠다고 이야기했다면서요. 이게 효율성의 원리잖아요.

홍준표 시장과 오세훈 시장, 이 사람들이 갖고 있는 정치가로서의 공통점이 있죠. 오세훈은 모든 아이들에게 밥을 주는 건 효율적인 복지가 아니라며 밥그릇 싸움 벌이다가 물러났던 사람이고, 홍준표는 경남도지사 시절에 진주의료원의 적자를 운운하며 공공의료기관을 폐쇄했던 사람이죠. 작은도서관 죽이기는 그들의 정치 노선의 연장선에 있는 것 같아요. 정치인들의 치적 욕심으로 극도의 효율성을 추구하는 시장지상주의의 논리를 도서관까지 적용시킨 거예요. 예전에 병원이 적자 난다고 문 닫고, 지하철이 적자 나니까 제일 먼저 안전관리자들을 해고하는 일이 벌어졌을 때 시민사회에서 목소리를 더 크게 내지 못했던 후과로 이런 일들이 도서관 같은 공공영역에까지 미치고 있는 거라는 생각이 들고요.

재밌는 게 마포구에서는 '작은도서관 지원 사업을 줄이고 청소년 독서실로 만들겠다'라는 계획을 발표했었더라고요. 독서실과 도서관이라는 두 공간은 유사한 듯하면서도 정반대의 기능을 하고 있어요. 도서관 같은 경우에는, 아까 혜림 님이 조카 이야기를 했던 것처럼 열려 있는 공간이고 세계의 지식과 내가 만나는 공간이죠. 독서실은 그야말로 닫힌 공간이잖아요. 폐쇄에 특화되었고 나를 격리시키기 위해 들어가는 공간이에요. 도서관이 민주적인 공간이라면, 한국 사회에서 독서실은 경쟁의 공간이거든요. 도서관을 독서실로 만들겠다는 사고는 너무 한국적인 게 아닌가 싶고요. 정리하자면 이 사건이 한국 사회를 지배하고 있는 두 가지 원리를 드러내는 단면인 것 같아요, 시장지상주의와 입시지상주의라는.

이재훈 생각해보면 홍준표 시장의 당선은 참 아이러니하네요. 경남도지사 시절에 공공의료원을 없앤 사람으로 악명이 높았는데요. 대구는 특히나 가장 먼저 코로나가 창궐하면서 공공병원과 종합병원 의료진들이 많은 역할을 해내고, 많은 간호사가 헌신하면서 초기 대응을 잘했던 상징적인 곳이잖아요. 그런데 그곳에서 또 홍준표라는 시장을 뽑았다는 것 자체가….

정주식 아, 재훈 님 대구 분이시죠?

강남규 (웃으면서) 약간 화가 나 있으셔.

박권일 제 생각은 아니지만 가상의 반대자를 가정하고 반박하자면, '의료나 급식 같은 경우 공공성을 인정하고 경제적 효율의 논리로 다뤄선 안 된다는 것에 동의할 수 있다, 하지만 책 좀 안 읽는다고 사람이 죽냐, 이게 그 정도로 중요한 공적 의미를 가지는가?' 이렇게 반박할 수 있을 것 같아요. 그랬을 경우에 어떻게 우리가 대답할 수 있을까요.

장혜영 제가 한번 해볼게요. 책을 안 읽는다고 죽는 건 아니지만 저는 공공의 공간, 어느 순간 돈 없이 동네에서 앉아 있을 수 있는 자리가 얼마나 남았는지 돌이켜봤으면 좋겠어요. 병원이나 급식은 오히려 목적이 굉장히 명확한 공공 서비스이지만, 대한민국 시민이라면 책도 있고 자리도 있고 돈 없이도 환대를 받을 수 있는 공공의 공간이 그나마 도서관이잖아요. 이 장소를 없애는 게 죽고 사는 문제는 아니겠지만 사적인 공간에서 돈을 지불해 지식을 접할 수 없는 사람에게는 죽고 사는 문제일 수 있죠.

신혜림 굉장히 인상 깊었던 장면이 갑자기 떠올랐어요. 점심시간에 마중도 구내식당에 가면 그렇게 노인 분들이 많아요. 도서관은 그분들한테 어떻게 보면 죽고 사는 문제일 수도 있다는 생각이 문득 들었어요.

이재훈 저는 구내식당 매니아거든요. 국회에 있을 때도 약속 없으면 무조건 구내식당에 가고, 제가 일하는 한겨레신문사 근처에 있는 서부지방검찰청과 서부지방법원에도 구내식당이 따로 있습니다. 거기에도 동네 주민들이 많이 갑니다.

신혜림 식사한다는 의미로 제가 죽고 사는 문제라고 하는 건 아니고 요. 거기서 책을 읽으면서 밥을 드시더라고요. 끼니도 챙기면서 자기 문화를 향유할 수 있는, 인생의 끝자락을 굉장히 충만하게 보내고 있 다는 느낌이 들었어요.

강남규 노인들이나 학교 밖 청소년 같은 계층에게는 최상의 공간이 죠. 진짜 한국적으로 대답을 해보면요, 도서관을 이용해서 한 사람이 라도 훌륭한 지식인이 되어 우리나라를 빛낸다면!

맴버들 ㅋㅋㅋㅋㅋ

박권일 그 질문을 한 건 여러분의 대답을 듣고 싶어서였어요(웃음). 저도 비슷합니다. 제가 생각한 대답은 '도서관은 빵과 장미를 같이 제공한다'였습니다. 사람이 살아가는 데 빵도 필요하고 장미도 필요 하거든요. 먹고사는 것만큼 의미와 즐거움도 중요한데, 요즘은 도서 관에서 대부분 식당이나 문화시설을 같이 운영하고 있고 어떻게 보 면 많은 사람이 일상의 일부 또는 대부분을 보내는 곳이기도 합니다. 그런 빵과 장미를 동시에, 그것도 사실상 무료로 제공할 수 있는 복 지 시설이 과연 어디 있는가 생각해봅시다. 도서관 말곤 없어요. 그 만큼 필수적인 시설이라는 거지요. 아까 민주주의 얘기를 했는데, 시 민으로서 누릴 수 있는 권리 중에 도서관은 최상의 것이면서 동시에 최소한의 마지노선이라고 생각해요.

이재훈 저희 동네에도 교보문고가 있어 저도 가끔씩 가는데요, 여기에 제가 원하는 책을 볼 수 있는 공간은 너무나 좁고 대부분 입시 관련된 책들을 전면에 배치해놓고 베스트셀러도 대부분 그런 책들이 올라와 있어요. 그냥 자녀를 학습시키기 위한 부모들의 공간이 되어버린 느낌이어서 좀 답답해요. 도서관도 그런 느낌이 없다고 하기에는 좀 그렇지만, 그럼에도 불구하고 도서관은 상대적으로 훨씬 더 자유로운 공간이라고 할 수 있고요. 그러다 보니까 도서관의 희망도서를 어떻게 받아서 어떤 책들을 배치하느냐에 대한 논란도 최근에 있었던 것 같아요. 그 부분에 대해서 남규 님이 한번 설명을 해주시죠.

강남규 어느 지역의 도서관을 가도 보통 인기 도서가 10위까지 정해져 있습니다. 대부분의 장르는 재테크죠. 이런 것들에 대한 도서관 사서들의 문제의식이 있었어요. 도서관에 희망도서 신청 제도가 있어요. 이용자가 책을 신청하면 구입해서 도서관에 비치해주는 제도인데, 최근에 서울 동작도서관에서 이런 공지사항을 올렸어요. 시세 차익형 재테크 관련 도서들, 그러니까 주식·부동산·가상화폐와 관련한 희망도서의 구입을 잠정적으로 중단하겠다. 이유는 예상하실 수 있을 것 같은데요. 최근 2년간 도서관에서 새롭게 구입한 사회과학 도서 중에 거의 절반 이상이 경제학 관련 서적이었고, 그중에서도 35퍼센트가 금융 관련 책들이었대요. 도서관을 이용하는 사람들이 신청하는 장서들이 인문학이나 정치학이나 사회학 책들은 거의 없고, 금융이나 재테크 책들로만 쏠리고 있어서 장서 불균형이 발생하고 있다는 이유로 이런 공지사항을 올린 거죠. 도서관은 공공성 측면에서 운영을 신경써야 한다는 논리로 이야기하고 있고요. 서울의 노원평생학습관, 평택의 서정작은도서관에서도 비슷한 취지로 재테크 관련 서적들의 신청을 제한하고 다른 책들을 좀 더 권장하는 식으로 공지사항을 올린 바가 있습니다.

이재훈 희망도서 신청 제도가 결국은 시민들이 원하는 책을 도서관에서 예산을 들여 대신 구입해주는 것이고, 이는 한 시민의 것이 아니라 공공의 자산으로 만들어가는 시스템이잖아요. 그러다 보니까 어떤 분들은 시민의 요구에 따라서 사서들이 그냥 사면 되는 거지 뭘 선택권을 제한하느냐 하고 반론을 하시는 분도 계시는데요, 이게 경제나 재테크 책을 아예 사지 말라는 게 아니라 기본적으로 신청도서가 개인의 소유가 아니니까, 공공의 예산으로 만들어지는 공공의 재원이니까 많은 사람이 볼 수 있도록 선택권들을 다양화하자는 취지입니다. 즉 사서들의 선택권 문제에 대해 이야기하고 있는 것 같더라고요.

저희 아내가 도서관에서 짧게 비정규직으로 일하면서 새삼스럽게 알게 된 사실이 있습니다. 우리는 보통 공공도서관 사서들이 공무원이라고 알고 있잖아요. 그런데 그게 아니더라고요. 공무원 사서 비율이 아주 낮습니다. 2019년 기준 서울 지역 공공도서관 사서 전체 인원이 1640명인데요, 그중에 공무원 신분인 사서는 468명, 즉 28.5퍼센트에 불과합니다. 나머지 71.5퍼센트인 1172명은 비공무원 신분이에요. 왜냐하면 서울시가 공공도서관 운영을 이명박 시장 때부터 외주화하기 시작했어요. 그렇게 해서 대다수의 도서관들이 서울시나 구청에서 운영하는 게 아니라 민간 재단이나 아니면 많은 경우에 종교법인에서 위탁 운영을 하고 있습니다. 살펴보니까 서울시에서 공공 위탁으로 운영하고 있는 곳이 94곳, 민간 위탁하는 곳이 52곳이나 되는데요. 대체로 이런 곳에서는 1~2년 정도 비정규직 사서들을 상당한 저임금으로 고용합니다. 1년 차 사서들의 월급이 182만 원이고요, 3년 미만의 경우에는 192만 원 정도를 받는 것으로 알려져 있습니다. 최저임금 수준의 임금으로 고용하다 보니 대다수가 2~3년 정도 일하다가 그만두는 일들이 벌어지고 있는 거죠.

사서들의 기본적인 노동 조건 문제도 분명히 있지만, 그 이상으로 도서관을 운영하는 핵심 주체인 사서들의 전문성 자체가 축적될 기간이 없는 거죠. 보통 한 도서관에 오래 있는 사서들은 그 지역 주민들이 무엇을 원하고 어떤 책들을 좋아하는지 파악하기 쉽고 그에 따른 도서 배치 작업들을 할 수 있잖아요. 그리고 나중에는 도서를 선별해서 버리는 작업들도 하게 되는데요, 전문성이 있는 사서들은 선별해서 버리는 작업도 훨씬 효율적으로 할 수 있는데, 비정규직이고 계속 교체되다 보니까 이런 상황들이 전승이 안 되는 거죠. 그런 측면에서 도서관 운영 자체가 공공성을 잃어가고 있는 모습도 현 주소라고 할 수 있겠습니다.

정주식 '시민들의 요구에 맞는 장서를 보유하는 것이 민주적인가'라는 질문은 쉽지 않은 것 같은데요, '재테크 공부하고 싶은 사람은 누구나 도서관에서 그런 책을 빌려볼 수 있다'고도 해석할 수가 있겠지만, 이미 정해진 사람들의 선호를 충족시켜주는 게 도서관의 역할은 아닌 것 같거든요. 다 각자의 취향이 고정돼 있다고 생각하지만 아까 권일 님 말씀처럼 개가식 도서관은 내가 알지 못했던 선호나 취향을 발견하고 개발할 수 있다는 게 장점이지요. 그런 게 아니라 내가 원하는 책을 고를 수 있는 시장의 연장선상으로 본다면 그다지 공공성이 있는 공간이라고 여겨지지 않는 것 같아요. 어린아이들이 이런저런 책들을 보면서 지적 호기심을 탐구할 수 있는 장이 없잖아요. 그런 역할이 도서관의 공공성이라고 생각해요. 재테크 열망이 인간의 순수한 선호라고 볼 수 있을지 개인적으로는 의문이기도 하고요. 선호보다는 '강요된 욕망' 같은 거잖아요. 시장에서 강요된 욕망을 해소할 수 있는 공간으로 도서관이 남는 것은 그렇게 큰 의미가 있나 싶어요.

박권일 도서관을 수요 공급의 논리로 운영하면 망가질 수밖에 없죠. 대중적인 선호는 어느 시대에나 가장 통속적인 것들로 채워질 수밖에 없어요. 그런 지식들 말고도 정말로 필요한 지식이 있죠. 딱히 재미도 없지만 꼭 필요한 지식들이요. 《종의 기원》을 완독한 사람은 책 좀 본다는 사람 중에도 거의 찾아보기 힘들어요. 근데 어쨌든 그 책은 도서관에 있어야 돼요. 그 책을 빼고 '찰스 다윈에게 배우는 재테크' 같은 책을 넣을 수는 없는 거예요.

예전만큼은 아니겠지만 사서의 역할은 굉장히 중요하죠. 사서라는 직업은 요즘식으로 말하면 '지식 큐레이터'입니다. 책을 찾는 사람들이 다 전문가가 아니기 때문에 어떤 책을 어떻게 봐야 되는지 모른단 말이에요. 어린이와 청소년만이 아니라 대다수의 성인에게 책에 대한 정보를 체계적으로 가이드해줄 수 있는 고도의 지식 전문가 직업이 사서예요. 그래서 과거에는 도서관학과나 문헌정보학과 들이 어지간한 종합 대학마다 있었죠. 요즘은 다 없어졌지만…. 실제로 사서들에게 도움을 받아서 훌륭한 작품을 쓰거나 지적 성취를 이룬 작가들도 많아요. 그런 자기의 경험을 서문이나 에필로그에 쓰는 사람들도 여전히 많고요.

저 역시 대학에 와서 너무 좋았던 것 중에 하나가 시원스럽게 뻥 뚫려 있는 개가식 서가였어요. 저는 중고등학교 때 부산에 있는 보수동 책방 골목에서 보고 싶은 책들을 보는 게 너무나 즐거웠어요. 거기는 헌 책들도 많은데다가 고서점 사장님들이 책에 대해 너무나 잘 아시는 전문가예요. 거의 사서나 다름없는 분들이었죠. 그런데 대학에는 그분보다도 훨씬 더 전문적인 분이 상주하면서 도와주시는 거예요. 내가 찾는 책만이 아니라, 이 책 말고 다른 책도 있다, 혹은 이 책은 여기보다는 오히려 저쪽 서가에서 찾아보면 관련 자료를 더 많이 찾을 수 있다는 식의, 정말 피가 되고 살이 되는 도움을 많이 받았어요. 그런 경험을 하면서, 요즘 유행어로 말하자면 '이게 나라지' '이게 대학이지' 생각을 할 수밖에 없더라고요(웃음).

그런 방식의 지식 축적 모델이 요즘은 굉장히 드물어졌죠. 모든 것을 다 온라인에서 하고 또 책도 종이책이 아닌 전자책 형태가 많으니까 어떻게 보면 아날로그식의 독서 문화가 줄 수 있는 장점들을 다 잃어버리고 있는 것 같기도 해요. 그렇다고 해서 온라인의 장점을 온전히 취하느냐 하면 또 그것도 아닌 것 같아요. 그냥 전체적으로 책 자체를 안 읽는 문화로 가니까요. 윤석열 정부나 박강수 구청장 같은 사람들이 더욱더 그런 흐름들을 가속시키고 있다는 점에 정말 상당히 분노하고 있습니다.

강남규 두 문제 모두 재미있네요. 작은도서관 예산 삭감 문제나 희망도서를 제한하는 문제나, 전자가 효율의 문제라고 하면 후자는 시민들의 어떤 직접적인 요구를 거스르는 이슈인 거잖아요. 자본주의와 직접민주주의 사이의 갈림길을 사서들이 직업윤리로서 지켜나가고 있는 것 같아요. 민주주의와 공공성에 대해서 다시 한번 생각해볼 만한 하나의 주제가 아닌가 싶어요. 단순히 도서관 문제로 끝날 것이 아니라 공공성이란 무엇인지, 진짜 참된 민주주의란 무엇인지 토론할 수 있는 소재로서 중요해 보여요.

박권일 되게 중요한 쟁점이라고 생각해요. 무조건 다수가 원하는 방향으로 가는 게 민주주의라고 저는 생각하지 않거든요. 그러니까 '무엇이 맞는 방향인가' '무엇이 가장 억압받고 피해받는 사람들에게 도움이 되는 방향인가'를 깊이 고민하는 것이 제대로 된 숙의민주주의겠죠. 지금은 많은 시민이 효율지상주의를 내면화해서 자신의 욕망을 그런 방식으로 표현하고 있잖아요. 이 수요를 그대로 쫓아가는 것이 민주주의라고 주장할 때, 그 과정에서 약자와 소수자의 권리가 누락될 때, 이를 어떻게 대응해야 하는지가 매우 중요한 민주주의의 과제입니다.

강남규 사서라는 직업은 도서관의 존재 목적, 의미, 방향성을 그 어떤 시민들보다 가장 오래 전문적으로 고민해온 사람들이잖아요. 그런 점에서 어떤 직업적 전문가 혹은 숙련된 시민으로서 가질 수 있는 역할도 같이 고민할 수 있겠고요.

장혜영 제일 친한 친구가 비정규직으로서 더는 계약 연장이 안 되는 사서로 일하고 있거든요. 그 친구도 이번에 한숨을 되게 많이 쉬어요. 사서로 일한다는 게 말씀하신 것처럼 전문성도 있지만 대중성이 되게 중요하다는 거예요. 그리고 그 대중성은 결국에는 도서관을 찾아오는 시민들을 계속 오게 만드는 기획을 하고, 온 사람들한테 이 공간을 어떻게 활용할 수 있는지를 알려주는 일이죠. 도서관 이용하는 방식도 디지털로 많이 바뀌고 회원증 만드는 것도 다 온라인으로 하다 보니까 노인들이 적응을 못하시는 거예요. 그래서 그 노인분들한테 회원증을 만들어 드리고 사용법을 가르쳐주는 게 제 친구가 가장 많이 했던 일이라고 이야기하더라고요. 사서들의 전문성이 계속 이어질 수 있는 방식의 계약 형태는 없다 보니까 걱정이 된다는 얘기를 많이 했어요.

이재훈 우리가 초반에 아이들 이야기를 많이 했지만 노인들에게도 도서관이 엄청 소중한 공간이거든요. 갈 데 없고 당장 특별한 일거리가 없는 분들이 요즘은 TV나 유튜브를 보며 시간을 소비하는데요, 저는 예전에 그런 분들을 많이 봤어요. 도서관에 신문들이 쭉 진열되어 있잖아요, 아침에 오셔서 그 신문들을 돋보기 끼고 보면서 이런저런 뉴스들을 접하는 분들의 모습이 익숙한 하나의 장면이었는데, 그런 모습들도 많이 사라져가고 있는 것 같아요. 아까 혜영 님이 기획에 대해 잠깐 언급하셨는데요, 예를 들어 뉴스나 잡지의 배치, 기획전이나 기획 강의 등도 다 사서들이 기획하시잖아요. 이런 역할의 전문성이 당연히 축적되어서 도서관이 대중하고 호흡하는 다리 역할을 해주어야 하는데 이를 1년 하다가 그만둬버리면 이전에 어떤 기획을 했는지도 축적되지 않고 그러다 보면 점점 도서관이 딱딱하게 사람들이 오가기만 하는 공간이 되는 상황이 올 수 있을 것 같아요.

강남규 파면당한 송경진 관장이 《오마이뉴스》에 쓰신 글의 대목을 제가 인용해보겠습니다. "공간이 있고 책이 있다고 해서 도서관이 되는 게 아니다. 도서관은 책과 사람이 연결되고 그 과정에서 오고 가는 정보와 지식을 나누는 행위를 통해 공동체를 성장시킨다는 걸 알리고 싶다." 참 맞는 말이에요. 도서관이라는 하나의 큰 공간이 있는 거잖아요. 사람들이 오고 가고, 거기에 강의나 문화 행사 포스터가 붙고, 사람들이 와서 보고, 그러면 또 새로운 경험을 하게 되고. 그런 것들이 가능한 공간으로서 도서관이 존재한다는 거죠.

신혜림 이용객이 많지 않은 작은도서관을 독서실로 전환할 게 아니라 어떻게 하면 이용하게 만들지 고민해야죠. 독서실로 전환해도 추가로 예산을 쓸 거 아니에요. 그렇다면 원래 취지를 더 잘 살리기 위해서 써야 하지 않나.

강남규 독서실로 전환하려면 돈이 더 들 수도 있죠. 칸막이를 치니까.

박권일 확인되지 않았지만 이 정권에서 도서관을 자꾸 없애려고 하는 이유가 '사람들이 도서관에 모여 반정부 음모를 작당하고 있어서다'라는 설도 돌고 있습니다. 실제로 과거 박근혜 정권 당시 청와대가 작은도서관과 공동 육아 협동조합 등에 좌파가 있다며 대책 마련을 논의한 일이 소위 '캐비닛 문건'을 통해 사실로 확인된 적도 있었고요.

맴버들 ㅋㅋㅋㅋㅋ

강남규 오세훈 시장이 서울시장으로 들어와서 박원순 전 시장의 유산을 다 청산하고 있잖아요. 마을 만들기 운동이라든지 각종 기념관들이나 여러 가지 위탁 시설들, 또 NPO지원센터 같은 곳들을 다 청산 중인데, 거기에도 그런 이야기가 제기되고 있는 거죠. 이런 데 다 모여가지고 결국 자기들 나눠먹기 하고, 시민사회들이 풀뿌리로 올라오려고 정치 활동하는 것 아니냐. 사실 맞아요(웃음). 그것들이 갖고 있는 공동체적인 의미가 있는 거고요.

박권일 저는 그 이야기를 딱 듣는 순간 레이 브래드버리Ray Bradbury가 쓴 《화씨 451》이라는 소설이 바로 생각났어요. 1953년에 나와서 이미 고전이 된 유명한 환상소설이죠. 당시에 이미 벽걸이 텔레비전과 블루투스 이어폰을 예견한 소설로도 유명해요. 화씨 451도는 섭씨 233도인데, 비유적으로 책이 불타는 온도라고 해요. 소설 속에서는 파이어맨이란 직업이 나와요. 보통은 소방관으로 해석되지만 거기서는 '방화사'로, 주민들 집에 들어가서 불온한 책들을 불태우는 직업이에요. 위험한 책이라는 판단이 내려지면 방화사들이 소방관처럼 긴급 출동해서 다짜고짜 책을 불살라버립니다. 이 브래드버리라는 작가는 이념 성향이 우파예요. 지금으로 치면 극우파에 가까운 사람이에요. 소설에서 불태워지는 책들 중 하나는 소수자의 권리를 지나치게 옹호하는 책들이에요. 하지만 이 작가는 '모든 책은 불태워지면 안 된다'고 말하기 위해서 소설을 썼습니다. 사상의 자유는 조건 없이 보장되어야 한다는 것이죠. 지금 한국 사회가 도서관에 대고 벌이는 짓을 보면 《화씨 451》에 나오는 방화사들과 무슨 차이가 있나 생각이 들어요.

신혜림 공간을 불질러버리는 거네요.

박권일 그렇죠. 책이 있는 공간 자체를 그냥 소각해버리는 거죠.

정주식 반정부 활동을 모여서 하면 안 되는 건가요? 그래도 되잖아요. 억울하면 우파들도 모여가지고 친정부 활동을 하면 되겠지만 우파들은 재테크 책만 읽기 때문에….

이재훈 아닙니다. 요즘 우파들이 광화문에 맨날 모이는 거 모르세요?

정주식 죄송합니다. 제가 업데이트가 안 되어서 너무 옛날 우파들만 생각했네요.

이재훈 요즘 유튜브에는 우파들의 콘텐츠가 넘쳐납니다. 유튜브를 엄청 열심히 해요. 그들이 이제 각기 자기계발하는 주체들이 아닙니다.

박권일 공교롭게도 박강수 마포구청장은 한국유튜브방송협회 회장이더라고요.

이재훈 인터넷 언론 시사포커스 출신이에요.

박권일 의미심장하죠. 유튜브방송협회가 이런 짓을 하고 있다는 게.

이재훈 요즘 또 특히나 아파트 주거 공간에 거주하는 사람이 엄청 많잖아요. 아파트에 살다 보면 정말 이웃이 누군지 모르고 생활하죠. 저도 당장 그렇게 살고 있는데요. 그런데 제가 사는 아파트에도 작은

도서관이 있거든요. 아까 말씀드린 구립은평뉴타운도서관은 지역에서 나름 큰 도서관이고요. 작은도서관은 '살림도서관'이라고 불러요. 거기서 가끔씩 아파트 엘리베이터에다가 공고를 붙이더라고요. 기획 행사도 하고, 참여하면 떡을 주는 이벤트를 보면 왠지 가고 싶어지고, 거기에서 무슨 일이 있을지 한번 들여다보게 되거든요. 예전에는 동네 반상회에서 마을 자치 모임을 할 수 있었는데, 요즘은 작은도서관이 자치 공간이 되기도 하는 것 같아요. 사람들이 같이 모여 동네의 문제에 대해서 이야기할 수 있는 물리적 공간이 필요한데, 그렇게 모이다보면 당장 우리 동네에 뭐가 필요하고 뭐가 문제고 어떤 것들이 이슈가 되는지 이야기를 나눌 수 있잖아요. 온라인 공간에선 컴퓨터 뒤에서 불만 표출이 주가 되는 경우가 많지만, '오프라인 공간에 얼굴을 보고 모이면 같이 더불어 사는 이슈들을 나눌 수 있지 않을까' 싶어서 작은도서관의 존재 의미를 여기서 찾을 수 있을 것 같다는 생각도 드네요.

박권일 요즘 서점은 '굿즈 공간'이 되어가고 있어요. 서점들이나 몇몇 유명 도서관들이 다양한 상품, 굿즈를 팔면서 책이 아닌 물건들이 중심이 되고 있는 거예요. 일본도 참 책을 많이 읽고 도서관의 나라이자 책의 나라로 오랫동안 유명했죠. 그 일본도 서점이 변하고 있어요. 예전에 츠타야서점 다이칸야마점에 간 적이 있는데, 거기서 책은 그냥 배경처럼 전시돼 있더라고요. 이제 서점에서 책이나 책 읽는 사람들이 주인공이 아닌 느낌이 들었어요. 또 다케오도서관은 아름다운 건축으로 유명한데, 여기는 도서관이라기보다는 차라리 미술관에 가깝단 인상이었습니다. 사람들이 대화도 거의 하지 않아요. 지나다니면서 그 분위기를 소비할 뿐이죠. 눈으로 둘러보기엔 참 좋은데, 과연 공공도서관으로 제대로 기능하는지는 의문이었어요. 파면된 마포중앙도서관장 말씀처럼, 도서관은 책을 매개로 사람들이 만나고 삶의 고민들을 같이 나눌 수 있는 공간이에요. 사람들, 독자들의 관계가 핵심이죠. 그런 공간들이 없잖아요. 굿즈도 중요하고 교양과 지식도 물론 중요하지만, 너무 거기에만 집중하면 정작 중요한 것들을 놓칠 수 있다는 생각이 듭니다.

강남규 미국에서 최근에 반스앤노블이라는 대형 서점이 몰락해가고 있다가 되살아나서 많이 이슈가 됐잖아요. 원래는 본사에서 책들을 콕 집어서 이것들을 '큐레이션'하라고 내려보냈는데, 이제는 그 권한을 각 지점에 줬어요. 그 지역의 특성에 맞게, 거기에 자주 방문한 사람들의 특성을 파악해서 큐레이션하는 권한을 지점들에 부여했다는 거예요. 그랬더니 지역에 밀착된 책들 혹은 지역민들이 특별히 관심 가질 만한 주제의 책들이 큐레이팅되기 시작하면서 서점이 부활하기 시작했다는 이야기들이 많이 나오죠. 말씀하신 것처럼 결국 서점이든 도서관이든 사람이 오가는 공간이에요. 그들에게 맞춰진 서비스도 사서나 서점의 매니저들이 있기 때문에 제공 가능한 것이죠.

박권일 그만큼 사서와 직원들의 역량, 독립성과 자율성이 어우러져야 도서관이나 서점도 빛을 발할 수 있다는 거죠.

강남규 정확하게 이런 표현을 쓰네요. 반스앤노블 사장이 "우연한 마주침이 있어야 된다"고 말하면서 "위대한 서점은 그것이 존재하는 공동체의 반영이다"라는 철학을 밝혔다고 합니다.

이재훈 그런 측면에서 여기 마포구에서 일어난 자발적인 시민운동이 좀 더 확장되어서 사서들의 노동 조건까지 이야기하면 좋겠습니다. 최소한 서울시에 있는 도서관에서 일하는 사서들의 노동 조건이나 근무 형태, 채용 형태까지 공공성을 확보할 수 있는 방향으로 나아갔으면 좋겠다는 바람입니다. 일하는 사람들을 좀 더 들여다볼 수 있는 이슈가 됐으면 좋겠습니다. 이것으로 오늘 토론을 마치도록 하겠습니다. 고생 많으셨습니다. 감사합니다.

토론의 즐거움 2

우린 아직 어른이 안 됐는데
홍세화는 없네

2024년 4월 20일

이재훈 오늘은 장애인의 날입니다. 어제 서울교통공사 쪽에서 전장연 시위를 또 강하게 막으면서 오전에 SNS에서 난리가 났던데요. 여러 가지로 착잡한 날입니다.

오늘 저희가 이야기하려는 주제도 어두운데요. 우리 사회의 지식 인이자 시대의 어른이라고 불린 홍세화 선생이 지난 4월 18일 타계 하셨습니다. 많은 추모와 애도의 물결, 메시지들이 쏟아지고 있는데 요. 오늘은 홍세화라는 인물에 대해 토론해보는 시간, 일종의 오비추 어리를 만들어보는 시간을 가지려고 합니다.

저는 홍세화 선생을 한겨레 기자로서 가까이서 뵌 적도 있고, 개 인적으로는 제 결혼식 주례를 봐주었던 오랜 인연이 있는 분입니다. 저만이 아니라 SNS 등에서 홍세화 선생의 타계 소식에 추모와 애도 의 글이 많이 올라왔더라고요. 그것들을 보면서 제가 몰랐던 수많은 홍세화가 이 세상에 있었다는 것을 다시 한번 알 수 있었습니다.

오늘은 우리 각자가 생각하는 홍세화란 어떤 분이었고 우리 사회 나 개인이 그 뜻을 이어받거나 비판할 것들은 무엇일지 이야기해보 겠습니다. 먼저 권일 님에게 홍세화는 어떤 인물이었습니까?

박권일 아무래도 제가 이 바닥에 오래 있다 보니까 본 게 많죠. 선생 님은 그 유명한 책 《나는 빠리의 택시운전사》로 처음 알게 되었고요. 그 책이 1990년대에 나왔잖아요. 어마어마하게 많이 팔려서 미용실 이든 어디든 다 그 책이 꽂혀 있던 시절이 있었습니다. 홍세화라는 이름은 몰라도 책 제목은 다들 아는 유명한 책이었죠. 그 시기를 이를테면 '홍세화 1기'였다고 할 수 있겠습니다. 글 잘 쓰고 잘생긴 프랑스에 사는 중년 남성 이미지?

개인적으로 책 내용은 별로 마음에 안 들었습니다. 계속해서 프랑스와 한국의 상황을 오버랩할 수밖에 없는 내용들이었고, '프랑스와 한국은 상황이 다른데 이런 식의 비교가 무슨 큰 의미가 있나'라는 생각도 했었고요. 그런 방식으로 글을 쓰는 지식인들이 워낙 많았고, 유의미한 이야기들과 별개로 사대주의적이란 느낌도 받았던 것 같아요. 나중에 다시 보니 막상 또 그런 대목이 많지는 않더라고요. 어쨌든 어린 마음에는 그렇게 생각했던 것 같습니다. 이후 홍세화 선생이 귀국하고, 과거 한국에서 구체적으로 어떤 일을 했는지는 그때 돼서야 알게 됐습니다, '남민전'*의 전사였다는 것을.

이재훈 남민전의 풀네임은 '남조선민족해방전선준비위원회'입니다. 남민전보다는 풀네임으로 부르면 대단히 강력한 느낌이 들죠.

박권일 한국에 오신 뒤 제가 몇 번 술자리 같은 데서 뵙고 얘기를 들었습니다. 이분은 젊은 시절 생각을 그대로 갖고 계신 분이더라고요. 당시에도 이미 많은 좌파들이 변절하던 시기였어요. 그래서 홍세화라는 사람이 되게 신선하게 느껴졌어요. 한편으로는 그럼에도 불구

---

* 1976년 2월 이재문, 신향식, 김병권 등이 반유신 민주화와 반제 민족해방 운동을 목표로 결성한 비밀 단체. 유신 체제에 대한 유인물 배포 투쟁, 독점 재벌 및 부유층에 대한 투쟁을 전개하였다.

하고 이분이 외국에서 오래 살다 왔기 때문에 '한국 상황을 잘 몰라서 좀 순진한 소리를 많이 하시는구나'라는 생각은 여전히 갖고 있었습니다. 이후에 한겨레에서 기획위원을 하셨죠. '왜냐면'이라는 지면을 만들었고 당시 나름대로 호응이 컸던 걸로 알고 있습니다. 저널리스트로서의 역량도 출중하셨던 걸로 기억을 하고요.

당시 제가 기자 시험을 준비하던 백수였는데요. 선생님이 '왜냐면' 지면을 맡을 당시 〈100분 토론〉에 나가서 민주노동당을 지지하는 발언을 하셨어요. 당시에 《아웃사이더》 편집위원이라는 직함으로 한 발언이었는데, 그걸 가지고 한겨레 내부에서 징계 과정이 시작됐습니다. 원래 한겨레 윤리강령에 당적을 가질 수 없다는 조항이 있고, 이를 어겼기 때문에 직무를 정지당하게 된 것입니다.

그 부분에 대해서 사회적으로도 논쟁이 일었어요. 언론인도 시민의 일원인데 그들의 정치적 권리를 제한하는 게 타당하냐는 거죠. 그때 당시 진중권 씨처럼 같이 '안티 조선' 운동을 했던 사람들이 많이 분노하면서 한겨레 사옥 앞에서 1인 시위를 하기도 했습니다. 제가 그때까지 단체로 데모는 많이 했어도 1인 시위는 안 해봤는데, 덕분에 인생 최초로 1인 시위를 해봤습니다. 당시 동기 녀석이 같이 한겨레 (입사) 시험을 봤는데 저는 떨어지고 걔는 붙었어요. 한겨레를 지나가던 친구가 "너 여기서 뭐 하고 있냐?"고 해서 "1인 시위 하고 있다"고 대답했던 기억이 납니다.

이재훈 그 동기 녀석이 이번에 장례위원장을 하고 있죠.

박권일 네, 이번에 빈소에 가니까 그 동기가 장례위원장으로 있더라고요. 그 이후 저는 개인적으로 홍세화 선생님과 어떤 일을 같이했던 기억은 없습니다. 근데 무엇을 하든 간에 항상 돌아보면 선생님이 계셨어요. 민주노동당 시절에도 그랬고, 진보신당 시절에도 그랬고, 노동당 시절에도 그랬습니다. 제가 어떤 사안에 대해서 명확한 입장을 정하지 못할 때마다 한 번씩 찾아보고 '홍 선생님이 이런 글을 쓰셨구나' '이런 말씀을 하셨구나' 하며 제 생각을 가다듬곤 했습니다.

가깝지고 멀지도 않게 정치적 기준점을 잡아주셨던 분으로 기억하고 있습니다. 그래서 홍 선생님께서 돌아가셨다는 얘기를 들었을 때 기분이 되게 뭐라고 해야 할까요, 바다 위에서 부표를 잃어버린 느낌이 들었어요. 되게 막막하다….

이재훈 주식 님은 어떠셨나요?

정주식 저한테는 그냥 사회주의자 노인으로 느껴졌어요. 저는 그 책도 안 읽었는데 책에서 어떤 얘기를 했는지는 워낙 많이 알려져 있으니까 '많은 사람들의 존경을 받는 어른이구나' 정도를 알고 있었는데, 돌아가신 뒤 많은 사람들의 회고를 통해서 어떤 사람인지 조금 더 알게 된 것 같아요. 몇 가지 흥미로운 포인트가 있었는데, 많은 사람들이 홍세화 선생이 마지막 순간에 무슨 얘기를 했는지 궁금해하더라고요. 《한겨레21》에서 했다는 마지막 인터뷰를 정말 많은 사람들이 기다리는 걸 봤고요. '이분의 마지막 메시지를 기다리는 사람들의 마음이 뭘까'라는 생각을 해봤어요. 사람들은 홍세화의 입을 통해서 지금 우리의 문제가 뭔지 확인하고 싶었던 것 같아요.

이분은 끊임없이 현재를 살았던 사람인 것 같아요. 계속해서 자기를 갱신한 사람. 노동당의 논평이 재미있었어요. '나이 먹으면 보수화되는 게 보통인데 이분은 자유주의자들을 비판하면서 왼쪽으로 더 갔다. 그래서 특이한 분이다' 이런 이야기였는데 노동당 입장에서는 그렇게 볼 수 있겠지만 다른 시각에서 보자면, 이분은 그때그때 그 시대의 가장 핵심적인 모순에 대해서 끊임없이 논점을 옮겨가며 본인을 변화시켜온 사람인 것 같아요.

흔히 '원로'라는 사람들이 죽었을 때 그 사람이 임종 직전에 무슨 메시지를 냈는지 사람들이 궁금해했던 적은 없는 것 같아요. 홍세화 선생의 죽음에서 사람들의 반응 중에 가장 특이한 건 그거였던 것 같아요. 이 사람이 어느 시점에 무슨 얘기를 했는지도 중요하겠지만, 끊임없이 한국 사회의 핵심 문제를 이동해가면서 비판해온 삶의 궤적이 더 중요한 포인트가 아닌가 싶습니다.

이재훈 혹시 마지막 인터뷰를 읽으셨다면 홍 선생이 남긴 말들 중에서 주식 님에게 어떤 말들이 인상적이었나요?

정주식 에리히 프롬Erich Fromm을 인용하면서 소유에서 관계로 옮겨와야 된다고 주장했던 말씀을 이번 인터뷰에서 다시 한번 강조하셨더라고요. 프롬이 '소유적 인간'과 '존재적 인간'을 구분하면서 이렇게 말했어요. 소유적 인간은 자기가 소유한 것에 의존하고 전전긍긍하기 때문에 새로운 것을 만날 수 없는 반면, 존재적 인간은 그것으로부터 자유롭고 본인의 살아 있음에 대한 확신을 갖고 있기 때문에 새로운 것들의 탄생에 거리낌없이 만날 수 있다고요. 이분의 살아온 모습과 이분이 말년에 비판했던 사람들의 면면을 본다면 홍세화 자신이 존재적 인간의 전형에 아주 가깝다고 생각해요.

독재 반대 운동하면서 만났던 관계들도 있을 것이고 독재와 싸우면서 형성했던 관념과 사상이 있었을 텐데 홍세화는 거기에 매이지 않았어요. 예를 들면 '내가 사회주의를 소유했다'고 생각하는 사람들은 거기서 벗어나지 못하거든요. 반면 '사회주의 운동을 하는 나'를 존재로 느끼는 사람들은 사상 자체에 얽매이지 않고 새로운 것들을 계속 만날 수가 있는 거죠.

이재훈 지난 4월 14일 녹색병원 병실에서 했던 마지막 인터뷰, 이문영 기자의 인터뷰에 제가 참관을 했습니다. 선생께 "다시 칼럼을 쓴다면 어떤 말씀을 더 하시고 싶냐"고 물었는데 되게 힘겹게 말씀을 하셨어요. 암세포가 많이 퍼져 있던 상황이니까요.

그러면서 '관계성의 형성'을 되게 천천히 말씀하셨어요. 자유라는 건 누구에게도 나의 생각을 말할 수 있는 자유, 표현할 수 있는 자유, 거침없이 비판할 수 있는 자유 등이 침해당하면 안 된다는 관점이 있겠지만, 단순히 이런 독립적인 개인들의 개별적 자유만이 아니라 '이 개별자들이 어떻게 연대하느냐'를 중요하게 생각하셨던 것 같고, 그

맥락에서 관계성의 형성을 말씀하셨던 것 같아요. 지금은 우리 사회가 파편화되었고 각자 소비자가 되어 있다는 점을 개탄하셨습니다.

마지막 인터뷰에도 '고객' '고객화됐다'라는 말이 나와요. 우리가 평소에도 얘기했던 소비자 정체성에 대한 거잖아요. 모두가 소비자로서 돈을 낸 만큼의 권리를 얘기하고 거기에 따라서 자기의 생각과 맞지 않으면 소비하지 않는다거나 절독하는 방식으로 표현하는 사회. 파편화된 사회에 대한 비판을 하시고 싶었던 것 같고, 그 대안으로 관계성과 연대를 말씀하신 것 같습니다. 당신은 마지막 인터뷰할 때 이미 여러 가지를 예감하셨고, 또 몸 상태가 안 좋았기 때문에 힘겹다는 걸 알고 있었고… 말씀을 많이 못 하셨어요. 그럼에도 불구하고 핵심적인 말씀을 남기시지 않았나라는 생각이 들긴 합니다.

강남규 제 앞에 두 분이 어떤 사람에 대해서 이렇게 좋은 말만 하는 거를 보는 게 정말 오랜만이라서 '정말 훌륭한 분이셨구나'라고 평가하게 됩니다(웃음). 저는 개인적인 인연은 거의 없어요. 그냥 (홍세화라는 자석의) 자장 근처에서 맴돌던 사람이라 직접 뵌 것도 강연 한 번 정도밖에 없었던 것 같아요.

이분이 처음에는 《나는 빠리의 택시운전사》로, 그러니까 유럽의 담론을 한국에 소개하는 유통가처럼 등장하셨잖아요. 그러다가 2000년대 초중반에는 논객처럼 사셨고. 제가 처음 접한 것도 논객으로서의 모습이었던 것 같아요. 2008~2009년 한창 논객들의 책을 읽던 시절이 있었는데 그때 선생님 책을 많이 읽었고.

그러다가 제가 군대에 있던 2012년에 선생님은 진보신당 대표가 되셨지요. 대표에서 물러난 이후로는 쭉 '소박한 자유인' 모임이나 《르몽드 디플로마티크》 한국판 편집인이나 '장발장은행장' 같은 권위를 갖춘 사람으로서 할 수 있는 활동들을 쭉 해오셨던 것 같아요. 유통가, 논객, 대표, 어른으로 모습이 변해왔다는 것에 주목합니다. '본인이 있어야 할, 본인을 필요로 하는 위치에 놓이기를 항상 망설이지 않으셨던 사람'이라는 느낌이 들더라고요. 참 드문 삶의 궤적이죠.

수많은 권위자들 혹은 원로들이 항상 떠받들어지는 자리에 가고 싶어 하고 혹은 '내가 이만큼 했으면 국회의원쯤 돼야 하는 거 아니야?'라면서 노욕을 숨기지 못하고 몰락의 길을 가는 것만 봐오다가, 딱 이렇게 가고자 하던 길만 가다가 그 길에서 저물어가는 사람을 한 명이라도 봤다는 것 자체가 너무 감격스러웠습니다.

장혜영 홍세화 선생께서 돌아가신 소식이 알려지면서 온갖 SNS에 이분과의 인연을 쓰면서 추모하는 글을 진짜 많이 봤습니다. 저는 개인적인 인연이 하나도 없어요. 《나는 빠리의 택시 운전사》를 보기는 했지만 별다른 감흥을 받지 못한 청소년이었고, 그냥 '프랑스에 살아서 좋겠다' 그 정도의 아주 건조한 감상만 받았어요. 그 이후에도 훌륭한 어른이라는 말씀은 들었지만 막 일부러 찾아뵙는 스타일은 아니어서 '훌륭한 분이 계시다는 것에 감사하자' 정도로 생각했죠. 오히려 이분의 존재감을 담론 지형 안에서는 굉장히 강하게 느꼈어요.

조국 대표에 대해서 자신이 지켜왔던 가치관, 그리고 이걸 뒷받침

하는 자기 삶이 있기 때문에 한마디를 해도 굉장히 또렷하게 하셨었고, 생각이 비슷한 사람들에게는 '말할 수 있는 공간'이 되어준 몇 안되는 사람이었다는 느낌을 받았거든요. 근데 그랬기 때문에 이 이야기를 너무너무 불편해하는 사람들이 진짜 많아서 그 공격을 오롯이 감당하시는 걸 굉장히 인상적으로 봤고, '몇 안 되는 어른이구나'라는 생각을 많이 했었죠.

차별금지법 투쟁할 때도 칼럼으로 같이 연대를 해주셨었거든요. 차별금지법이 처한 정치 상황 속에서의 모순을 정확하게 짚어주셨어요. 홍세화 선생님께서 《한겨레》에 칼럼을 써주셨는데 "국민의힘은 하면 안 되는 일을 하는 집단이라면, 민주당은 해야 되는 일을 안 하는 집단이다"라고 아주 정확하게 보셔서 굉장히 반가웠고, '차별금지법은 곧 정체성 정치'라는 식으로 보통 원로들이 머릿속에서 자동으로 분류해버리는 편견이 있었단 말이에요. '분배에는 관심 없는 다양성에 대해서, 성소수자나 마이너 담론을 대표하는 힙스터 법안이다'라는 식의 오해들이 많았는데 홍세화 선생님은 그렇지 않았어요.

저는 이게 독립적 사고, 그리고 그 중심에 자유라는 가치를 두는 사람이기 때문에 그런 것일지 혼자서 추론해봤는데, 개인이 내면적인 사상의 자유도 있지만 사회가 이 사람의 자유를 존중해야 되는 거잖아요. 그렇기 때문에 차별 문제에 있어서 공적으로 보호되는 영역이 분명히 필요하고. 그걸 정확하게 포착하고 계시다는 점에 위로를 많이 받았어요. 이런 어른이 오래 계시면 좋겠다고 생각했는데 너무 빨리, 갑자기 사라지셔서 외롭다고 느꼈어요. 그러면서 어제 빈소에서 한겨레 기자가 취재를 하셔서 인연이 있는지, 어떤 기분인지 물어봐서 '우리 사회에 어른이 자꾸 사라지는데, 우리는 아직 어른이 안 됐는데 빨리 어른이 되라고 하시는 건가?' 그런 느낌도 든다고 말씀드렸습니다. 굉장히 쓸쓸했어요.

이재훈 한 사람을 두고 추도하고 애도하는 걸 토론 주제로 삼는다는 것 자체가 적절할지 모르겠다는 생각도 하지만, 그만큼 홍세화라는 사람이 한국 사회에, 특히 진보 좌파들에게 남긴 것들이 많기 때문에 많은 사람들이 홍세화에 대해 추억하고 기억하는 게 아닐까 싶습니다.

추모글들이 전부 본인들이 싸우고 있거나 공부하고 있는 현장에 선생님이 찾아와서 같이 사진 찍었다, 이런 것들입니다. 그 현장에 항상 홍세화라는 사람이 와줬다는 거거든요. 와서 연대하고 같이 목소리를 냈다, 어떨 때는 앞장서서 목소리를 냈다는 것인데 과연 이 정도로 많은 사람들의 옆자리에 가 있었던 인물이 있었을까.

홍 선생님 행동 중에 제일 인상 깊었던 행동은 가장 아픈 사람들, 가장 소외된 사람들 옆에 늘 있었다는 점 같아요. 어떤 당적을 가지고 있고, 어떤 주의자이고, 이런 것들로만 설명할 수 없는 실천적 행동이죠. 주식 님이 말씀하신 것처럼 어떤 주의자, 아니면 사상 등에 얽매이지 않고 가장 소외되고 힘겨운, 목소리를 내기 힘든 사람들 옆에 항상 홍세화라는 사람이 있었다는 것 자체가 우리 사회에 큰 울림을 주는 게 아닌가 생각하게 됩니다.

정주식 우리가 이야기한 홍세화에 대한 평가와는 조금 다른 회고를 하는 사람들이 있더라고요. 그분에 대한 각자의 기억을 이야기할 자유는 있지만, '과거의 홍세화'를 말할 수밖에 없는 사람들이 있어요. 특히 똘레랑스의 의미만을 언급하는 사람들이 있는데, 그들은 죽기 전 홍세화에게 맹렬히 비판받았던 사람들이에요. 그들은 말년의 홍세화에 대해서 이야기할 수가 없는 거예요. 그래도 홍세화는 어른으로서, 자기들이 존중할 수밖에 없는 사람이어서 한마디씩 추모를 하긴 하는데, 할 수 있는 얘기가 옛날에 그 '똘레랑스'밖에 없는 거죠. 누가 봐도 노회찬의 꾸짖음 대상이었을 것 같은 사람들이 노회찬을 소환하는 것처럼 말년의 홍세화가 매섭게 비판했던 사람들이 '이 시대에 보여준 홍세화의 모습'에 대해서 말할 수가 없는 거죠.

박권일 홍 선생은 거의 기적이라 해도 좋을 역진적인 인생 행보를 보였어요. 보통은 활동가나 지식인으로 활동하다가 유명세를 얻으면 점점 명망가의 길로 우경화합니다. 이건 이른바 진보 좌파 진영에서도 늘 보였던 모습이거든요. 어디 가서 장관이나 국회의원 한 자리를 하는 식이었죠.

처음에 이분은 강남 좌파들조차도 좋아했던 명망가, 이른바 '셀럽'이었단 말이에요. 그것도 옛날 한국 사람들이 환장하는 프랑스적인 냄새를 확 풍기면서 말이죠. 2000년대 초반에 홍세화 선생은 종종 바바리코트를 입고 다녔어요. 또래에서 키 크고 잘생긴 데다가 지적인 남성이었고, 프랑스적인 모습까지 더해져서 문화적인 아우라가 있었단 말이죠. 그런 양반이 시간이 지날수록 우경화·보수화하기는 커녕 점점 '래디컬'해지더군요. 말년에 이를수록 사회의 가장자리로 가셨죠. 장발장은행의 활동가로 마지막 모습을 맞았잖아요. 정말이지 대단한 분이죠.

이재훈 장발장은행은 생계형 절도 등 경범죄를 저질러 벌금형을 선고받았으나 생활고로 벌금을 낼 수 없어 노역을 살아야 하는 빈곤층 및 취약계층에게 벌금을 대납해주고 나중에 그 돈을 갚게 하는 은행입니다.

홍세화 선생이 마지막까지 활동했던 단체 중에는 '마중'도 있었는데요. 이 단체는, 한국 사회에서 축출되기 전에 잠시 외국인 이주노동자를 가둬두는 화성의 이주노동자 보호소에서 계속 발생하는 인권 침해에 문제 제기를 하는 곳이었습니다. 제가《한겨레21》칼럼에도 썼는데, 홍세화 선생이 저한테 이런저런 내용으로 기사를 좀 써달라고 하는 청탁을 많이 하셨는데요. 가장 많이 하셨던 말씀 중에 하나가 이 이주노동자 보호소 이야기였어요.

마지막 인터뷰에서도 마중에 대해 이야기하십니다. 2002년 영구 귀국할 때 두 가지 결심을 하셨다고 해요. 하나는 나 자신을 위한 글을 쓰지 않는 것이고, 다른 하나가 프랑스 난민이었던 자신처럼 한국에 있는 난민들과 연대하겠다는 말씀이었습니다. 그런데 그 약속을 지키지 못해서 미안하다고 하시더라고요. 제가 그 자리에서 물었어요. "선생님만큼 열심히 활동하신 분도, 그 말을 지킨 분도 없는 것 같은데 뭐가 미안하십니까." 그랬더니, "더 열심히 못했던 것 같아서 미안하다"는 말씀을 하시더라고요.

그분은 늘 사회에 부채감, 특히 사회에서 소외된 자들에게 부채감을 느끼고 있고, 저희는 그분이 최선을 다해 연대해왔다고 생각하지만 그분은 그게 최선이 아니라고 보는, 그런 분이었던 것 같아요.

박권일 어제 빈소에서 봤던 장면이 마음에 오래 남았습니다. 절을 드리려고 영정 앞에 갔는데 제 앞에 한 여성분이 계셨어요. 교회에 다니는지 절은 안 하시는데, 안 나와도 너무 안 나오시는 거예요. 멀찌감치 서 있다가 가까이 가서 들여다봤죠. 어깨를 떨면서 울고 계시더라고요. 그렇게 5분 정도 울다가 나오셨어요. 진보 진영이나 운동권 사람은 아닌 것 같고 그냥 시민 같았는데 어쩌면 마중이든 장발장은행이든 도움을 받은 분이었던 것 같아요. 현장에서 말하기론 그런 분들이 온종일 오셔서 엄청 울고 가셨대요. 이것이 홍세화 선생이 마지막까지 어떻게 사셨는지 너무 잘 알 수 있는 장면 아닌가 싶어요.

이재훈 저는 《나는 빠리의 택시운전사》도 읽었지만, 본격적으로 홍세화라는 인물을 접했던 건 2000년대 초반에 나왔던 《아웃사이더》라고 하는 잡지를 통해서였던 것 같아요. 그 잡지에 홍 선생을 비롯해 박노자 선생, 진중권 선생, 김정란 시인, 김규항 선생 등이 참여했죠. 이밖에도 홍 선생은 당대의 많은 지식인과 연대하고 함께 활동했어요.

그중에 어떤 지식인들은 부나방처럼 권력 가까이 가서 인사이더가 되기도 했죠. 그런데 홍세화 선생은 《아웃사이더》 잡지를 만들던 자리에서 더 가장자리로 갔어요. 마지막에는 노동당이라는 '한국 정당 중에 가장 왼쪽에 있는 정당'으로 가고, 그 정당의 투표 지지율이 거의 의미 없을 만큼 미미한 상황임에도 마지막까지 사전투표소에 가서 투표를 하셨잖아요. 당의 성격 등을 떠나서 여하튼 진보 좌파의 정당 중에서도 가장 작고 초라한 정당을 끝까지 지키려고 했던 것도 또 하나의 인상적인 모습이 아닐까 싶습니다.

홍세화라는 인물을 묘사하는 여러 표현들이 있지만, 저는 '자유'라는 개념에 대해서도 한번 이야기해봤으면 좋겠어요. 본인이 마지막까지 꾸려갔던 독서 토론 모임 이름이 '소박한 자유인'이었잖아요. 그런데 이 개념이 지금 우리 사회에서는 많이 오염되었죠. 심지어 제가 1990~2000년대 초반까지 봤던 자유의 개념은 그런 것들이 아니었거든요. 그리고 지금 대통령이 자유라는 말을 가장 많이 언급할 정도로 '자유주의'라는 말 자체도 상당히 오염되었고요.

지금은 소위 '리버럴'이라는 세력에 의해 자유주의가 많이 오염되었어요. 애초에 자유라는 개념이 무엇이고, 홍세화라는 인물이 던진 자유의 개념은 어떤 것인지를 한번 생각할 필요는 있을 것 같습니다. 권일 님이 보시기에 자유는 어떤 개념인가요?

박권일 홍세화 선생님은 소박한 자유인이 맞는 것 같고, 용산에 계신 분은 술 취한 자유인 같아요(웃음). 자유라는 말이 좌파나 사회주의자들한테서 먼 이야기라고 오해하는 분들이 되게 많은데, 사실은 좌파들한테 각별히 중요한 개념이죠. 마르크스주의에서도 가장 중요한 개념 중 하나고요. 마르크스가 꿈꿨던 세상이 '자유로운 개인들의 연합체'거든요. 그 연합체라는 말이 바로 홍 선생님이 계속해서 강조하셨던 관계성과 연결된다고 봅니다. 원자화되어서 뿔뿔이 흩어진 각자도생의 개인들끼리 모인다고 해서 사회가 되는 것이 아니에요. 사람들이 관계망 속에서 서로 돕고, 연대하고, 배려하고, 돌보면서 사회가 형성되는 거죠. 소박하게 말하면 그런 것이 결국 사회주의의 이상이라는 거죠.

홍세화 선생이 꿈꿨던 자유는 그런 자유예요. 내가 하고 싶은 대로 하고, 100을 가진 사람들이 100의 자유를 누리고, 10을 가진 사람들이 10의 자유를 누리는 그런 식의 자유가 아니에요. 굉장히 자본주의화된 자유, 프롬식으로 얘기하면 '소유 중심의 자유'를 비판하면서 자유의 본래 의미를 강조하신 거죠. 홍 선생이 가장 활발하게 활동했던 시기에 시장화 경향이 너무 강했고 그걸 보며 굉장히 괴로워하셨어요. '부자 되세요'라는 광고가 나오는 속물적인 시대를 살아내면서도 '자유란 원래 이런 것'이라고 계속해서 보여주려 하셨습니다. 그런 점에서 고전적인 좌파이자 자유의 의미를 제대로 얘기했던 몇 안되는 진보의 어른이기도 하셨습니다.

이재훈 2002년 1월에 영구 귀국하셨을 때 거리에서 BC카드의 '부자 되세요'라는 광고를 보고 엄청 충격받았다는 얘기를 칼럼에도 쓰고 여러 번 많은 사람들한테 얘기하셨어요. 그 이후 22년 동안 한국 사회에서 신자유주의적인 행태가 급속도로 퍼져나갔고, 사람들이 파편화됐고, 각자도생의 사회가 되는 과정을 한국에 와서 보신 거죠. 선생께서 프랑스에 있었던 이유는 단순한 유학이 아니라 남민전 전사로서 한국에 못 들어왔던 거죠.[*] 여권을 발급해주지 않았고, 프랑스에서 난민 신분으로 가지고 있던 여행사증에는 "꼬레가 아니면 어디든 갈 수 있다"라고 적혀 있습니다.

그렇게 망명한 난민 신분으로 한 20년 동안 프랑스에서 살다가 한국에 오셨죠. 그러다 보니 독재 시대의 한국을 기억하고 계셨겠지만, '한국은 민주화가 됐는데 왜 이렇게 민주화 이후에 급속하게 가치를 잃어가고 있냐'라는 말씀을 22년 동안 줄기차게 해오셨던 것 같아요.

장혜영 저는 선생의 마지막 말씀 중에 "정치·사회적 영혼을 담은 아나키스트"라고 하셨던 이야기가 제일 인상적이었어요. '그게 이분이 가지고 있는 자유의 단위구나'라는 생각을 했습니다. 우리 사회가 혼자서 다른 생각을 가지기 쉽지 않잖아요. 근데 결국에 우리는 한 사람으로 살아갈 수밖에 없고 그런 한 사람으로서 사회의 총체를 마주하면서 눈앞에 일어나는 일을 어떻게 볼 건가, 나는 어떻게 살 건가, 남들하고 어떻게 관계 맺을 건가, 이런 것들을 결정하잖아요.

근데 자기 자신 안에 있는 생각들을 마주하면서 답을 찾는 게 아니라, 옆을 둘러보면서 '우리 사회에 힘센 사람은, 지금 내가 물적으로 혹은 정신적으로 기대고 있는 사람은 이걸 어떻게 보지?'를 먼저

---

[*]   홍세화는 생계를 위해 취직한 한 무역회사의 해외지사 근무원으로 있던 중, 남민전에 가담한 사실이 드러나면서 고국에 돌아갈 수 없는 처지가 됐다.

살피고 그에 따라 자기 생각을 결정하고 사회를 규정하는 자유는 사실 엄청나게 축소되어 있는 세태잖아요. 그 속에서 '소박한 자유인'이라는 독서 토론 단체가 있다는 걸 제가 만약에 알았으면, 그랬다면 '토론의 즐거움'이랑 뭔가 조인트를 해서….

이재훈 저는 '소박한 자유인' 회원입니다.

장혜영 세상에. 함께하지 못해 아쉽다는 생각이 드는 한편, 되게 뭐랄까요? 부유한 자유인들은 굉장히 많은 것 같던데(웃음), 사상적·정신적 세계에서의 자유, 한국 아니면 다 갈 수 있지만 그럼에도 한국에 돌아와서 마지막까지 살아가는 삶을 선택하는 자유는 얼마나 어마어마한 자유예요. 소유적 자유라고 할 수 있죠. 경제적 자유 측면에서 보자면 이해할 수 없는 결정이지만 이분한테는 그게 가장 자유로운 선택이었으니까. 그런 점에서 이분의 자유가 주는 호쾌함이 있다고 생각하고, 그 대척점에서 윤석열 대통령이 얘기하는 자유는 오로지 경제적 자유에 초점을 맞춰서… 정확하게 말하면 자본의 자유를 나의 자유라고 착각하게 되는….

박권일 요즘 보면 그런 것도 아닌 것 같아요. 그냥 내 마음대로 하는 거.

장혜영 맞아, 맞아.

이재훈 권력을 가진 자가 마음대로 하는 것.

정주식 취객의 자유.

박권일 시장 논리조차 없어요.

장혜영 맞아요. 패션을 빌려오지도 않는 지경에 이르렀지만 대부분의 사람들은 '경제적 자유를 쟁취하는 것이 자유를 쟁취하는 것이다'는 세계관을 갖고 사니까. 윤석열 대통령의 자유를 인지하는 데 별 관심도 없고, 내용도 없다는 걸 아니까. 우리가 되찾아야 하는 자유의 향취를 간직한 사람의 죽음을 빌어 그 의미를 다시 한번 환기하면 좋겠다, 그냥 날려보내지 않았으면 좋겠다는 마음입니다. 그게 다시 홍세화에 대해서 토론을 하는 것이든, 아니면 최근까지 책을 꾸준히 집필하신 책들을 다시 읽으면서 현재와 연결하는 작업이든. 홍세화 선생이 가지고 있었던 자유를 여전히 소중하게 여기는 사람들이 계속 이어서 해나가야 한다고 생각해요.

정주식 홍세화가 자유에 관해서 썼던 글 중에 이런 문장이 있어요. 재훈 님이 인터뷰 기사에서 인용하셨더라고요. "나를 짓는 자유를 누리는 자유인은 고결함을 지향한다. (…) 그는 '회의하는 자아'다. 회의하지 않는 사람에게 나를 짓는 자유는 무의미하다. 고쳐 짓거나 새로 지을 게 없는, 이미 완성된 존재이기 때문이다." 여기서 말하는 이 사람의 자유는 회의할 수 있는 자유, 새롭게 나를 기대할 수 있는 자유를 말하는 것 같아요. 그건 '현재를 계속 살아갈 수 있는 자유'를 의미한다고 생각해요.

또 이 말은 '그렇지 않은 사람들'에 대한 비판이라고 봐요. 그 책을 썼을 무렵 이분이 계속해서 과거 자기의 기억과 사상에 빠져서 벗어나지 못했던 낡은 586세대 자유주의자들을 계속해서 비판했어요. 그런 사람들과 달리 계속 현재를 살고 새로운 미래를 기약하는 인간으로 살 수 있었던 자유, 저는 거기에 이분이 말하는 자유의 방점이 있지 않나 생각해요.

홍세화 선생 입장에서 자유가 없는 사람들은 누구냐? 과거에 빚진 사람들이죠. 과거에 자기 모습이 지금의 나라고 착각하는 사람들은 갱신을 할 수 없어요. '홍세화가 역진적으로 변화했다' '왼쪽으로 더 갔다' 등의 여러 가지 평가들이 나오지만 그것들을 관통하는 하나의 표현은 '변화했다'는 거예요. 변화할 수 있는 힘, 스스로 변할 수 있는 자유가 홍세화가 말한 자유의 핵심인 것 같습니다.

이재훈 기본적으로 어떤 이데올로기, 주의, 사상에 대해서 아나키스트라는 정체성을 가진 분이었기 때문에… 그런 사상이 현실에서 어떻게 적용되는지, 지금 2024년 시점에 그 사상을 어떻게 우리 실천에 적용할 수 있는지에 대한 고민, 그게 결국 사유인 거고 회의를 계속하는 거잖아요. 이데올로기가, 마르크스가 100년 전에 무슨 얘기를 했는지에 얽매여 있는 것이 아니라, 2024년에 우리가 그걸 위해서 뭘 할 것인지를 고민하는… 그런 것들이 자유주의적 면모를 넘어서는 홍세화 선생의 또 다른 면모인 것 같기도 하고요. 그걸 위해서 '지금 당장은 내가 무엇을 할 것인가'를 늘 고민했던 분인 것 같아요.

강남규 진정한 덕후는 영업하는 덕후잖아요. 나한테 좋다면 남한테도 좋을 것이고, 남한테 못 줘서 안달인 사람들이 진짜 덕후인데. 자유라는 개념과 가치도 홍세화 선생한테 중요했던 것이기 때문에 이를 나만 누리지 않고 남들도 누릴 수 있는, 자유롭지 못한 사람들이 자유롭게 되는 것을 원하셨지 않았을까? 그래서 지금까지 자유를 그렇게 사랑하는 자유주의자지만 사실상 사회주의자처럼 살아올 수밖에 없었던 게 아닌가 싶었어요. 결국 자유롭기 위해서는 사람들을 규제하고 제도 안에 묶어놔야 하는 역설이 한국 사회에 있는 것 같아요. 그 부분을 놓치지 않으면서 자유에 대해서 끊임없이 얘기했다는 거는 정말 대단한 집념이자 고집이었다는 생각도 들고요.

계속해서 '나이브함'에 대해서 얘기를 하잖아요. 홍세화라고 하면 자유주의자, 자유주의자는 나이브해. 물론 자유주의라는 개념이 사회주의에 비해서 또는 사회주의자들의 입장에서는 나이브해 보일 수는 있지만, 사회주의를 얘기하면서 자유주의자처럼 사는 것보다 자유주의를 얘기하면서 끝까지 사회주의자처럼 사는 것이야말로 진정한 급진성이 아닌가 싶어요.

이재훈 그렇네요. 나이브하다는 생각들이 '이 시점에서 저런 말을 하는 것이 과연 현실성이 있을까'라는 생각과 연결되어 있는 것 같은데, 그럼에도 불구하고 홍세화라는 지식인에게 느껴졌던 결기 같은 것들이 있거든요. 그 시점에서 '나는 이것을 무조건 해야 한다' '이 말은 무조건 할 것이다'라는 생각이 한번 들면 누구도 말릴 수 없는 사람이 얼마나 있나 생각도 들어요.

박권일 주식 님이 그런 사람이죠.

이재훈 이 토론 모임에서 주식 님이 홍세화 선생과 가장 비슷한 분이죠.

정주식 아니 저를 왜 죽이려고 하는 거죠? 이분들이 저를 매장하려고.

맴버들 ㅋㅋㅋㅋㅋ

이재훈 이 말은 이 시기에 꼭 해야 할 중요한 말이다, 나의 존재감을 드러내기 위해서가 아니라 '이것이 더 공적으로 중요한 일이기 때문에 발언해야 한다'는 정신을 잊지 않으셨던 분 같고요.

강남규 어떤 점에서는 제자로부터 나이브하다는 평가를 받는 것이 영광일 수도 있어요. 본인을 거쳐 사회에 진입한 제자들과 후세대들이 본인의 사상을 바탕으로 더 급진적으로 나아간 거니까. 그 길을 열어준 사람이 스승이고 어른이라는 거죠.

이재훈 우리가 스승, 선생 단어들을 많이 이야기하지만, 보통 스승들에게는 권위 같은 것들이 느껴지잖아요. 근데 저는 개인적으로 홍세화 선생을 만나면서 한 번도 그런 권위의식을 느껴본 적이 없었어요. 끝까지 상대에게 늘 존대하는 그런 분이었습니다.

박권일 굉장히 '나이스'하신 분이에요. 개인적으로 만나면.

이재훈 (유튜브 구독자들에게) 이번 《한겨레21》(1510호) 표지를 보여드릴게요. 이런 표지를 저희가 만들었습니다. 표지에 등장하는 '가장자리를 살다'라는 표현을 오래 고민했습니다. 홍세화를 나타내는 표현이 무엇이 있을까?

박권일 홍 선생 부인께서는 이 표지 사진이 평소에 굉장히 뭔가 못마땅한 사람을 바라볼 때의 표정이라고 하시더라고요(웃음).

이재훈 저는 이 표정이 되게 좋았어요. 이 인터뷰가 2013년쯤에 진행됐어요. 제가 잠깐 참여했다가 망한, 한겨레에서 만든 《나-들》이라는 잡지가 있는데 거기에 '3차원 인터뷰'라는 인터뷰를 할 때 찍은 사진이에요. 이 얼굴이 누군가에게 뭔가를 지적할 때, 비판할 때 나오는 표정이거든요. 이 표정이 우리 사회에 던지는 표정이 아닐까 하는 생각이 들어서 약간의 반대를 무릅쓰고 표지로 밀었습니다.
　《홍세화의 공부》 공저자인 천정환 교수의 글을 제가 급하게 받아 실었는데요, 여기도 이런 표현이 나와요. "그는 운동가들의 운동가, 먹물들의 먹물, 교사들의 교사, 좌파들의 좌파 같은 사람이었다. 70이 넘어서도 언제나 읽고 쓰고 번역하고 젊은 사람들과 토론했다. 아니, 그냥 자연스럽게 묻고 답했다. 가르치되 가르치지 않았다고 할까? 반대로 가르치지 않았지만 늘 가르쳤다고 할까?" 늘 토론하고 대화하는 걸 즐겁게, 어떻게 보면 상대를 비열하게 공격하지 않고 상대의 약점을 파고 들어가는 토론이 아니라 우리가 '토론의 즐거움'에서 하는 토론처럼 정말 생각을 나누고…. 똘레랑스를 우리가 보통 '관용'이라고 표현하는데 이분은 '용인'이라고 계속 표현해요. 다른 사람의 생각을 용인하고 다른 사람의 생각을 비판하는 걸 용인할 수 있는 사회를 꿈꾸셨던 분이라는 생각이 들고. 그런 대화를 통해서 공부해나가자는 생각을 많이 했던 분 같아요.

정주식 똘레랑스가 지금은 너무나 평범한 이야기, 누구나 생각할 수 있는 이야기처럼 들리기도 하지만, 이분의 삶을 역으로 비춰봤을 때는 그렇게 간단한 이야기가 아니었을 거라는 생각도 들어요. 이분은 남민전 사건으로 독재 정권과 최전선에서 싸우다가 추방당한 사람이잖아요. 아마도 남민전 활동과 추방당했던 무렵이 이분의 사상과 관념을 형성하는 데 가장 중요했을 텐데, 그런 일을 겪은 사람이 한국에 대해 어떻게 생각하겠어요? 나를 쫓아낸 독재 정권의 후예들이 지배하는 고국에 관용과 용인의 정신이 필요하다는 메시지를 전달한다는 건 이분의 상황으로 봤을 때 쉽지 않은 일이었던 것 같아요. 왜

냐하면 그런 투쟁을 하다가 추방당한 사람에게 독재 정권과 그 후예들은 여전히 절대악이었을 가능성이 높고, 같이 싸웠던 동지들은 평생을 함께해야 할 존재였을 거란 말이에요.

그런데 그 두 개를 다 깨버린 거죠. 자기가 맞서 싸웠던 사람들에게 똘레랑스를 이야기하고, 나중에는 자기 편이었던 동지 후배들을 맹렬하게 비판했던 이분의 궤적은 평범한 좌파의 삶과 많이 다릅니다. 사람은 누구나 과거에 했던 자신의 선택들을 맹신하는 선택맹이 있어서 '옛날의 나'에서 벗어나지 못하는 경향이 있어요. 그런데 홍세화 선생은 전혀 그런 거리낌이 없이, 말 그대로 자유롭게 살아온 사람이라는 거예요. 똘레랑스도 이분의 죽음 이후에 다시 생각해보게 되는 것 같아요.

이재훈 그거에 대해서도 《한겨레21》 오비추어리를 쓴 안영춘 기자가 표현한 대목이 있습니다. "홍세화 선생의 긴장론이라고 하는 거는 똘레랑스(용인)와도 조응한다. 《나는 빠리의 택시운전사》를 통해서 한국 사회에 널리 알린 똘레랑스는 지식생태계에 커다란 유행을 일으켰다. 그러나 지식생태계와 진보 진영의 문해력은 똘레랑스에 똘레랑스하지 못했다. 똘레랑스 안에는 필연적으로 비판이 내재돼 있으나 한국 사회는 그 비판에 앵똘레랑스, 즉 '불용인'했다. 귀국 이후 선생의 삶은 한국 사회의 앵똘레랑스에 대한 비판으로 채워졌다 해도 지나친 말이 아니다." 똘레랑스라는 개념 자체가 지금은 보편화됐는데, 주식 님 말씀처럼 그런 과정 속에서도 '홍세화의 삶은 똘레랑스가 아니라 앵똘레랑스로 귀결되는 삶으로 가지 않았나'라고 생각합니다.

박권일 똘레랑스를 그냥 철 지난 말로 내다 버릴 게 아니라 지금 시점에서 다시 번역하고 수용해야 할 필요도 있어 보입니다. 홍세화 선생이 '관용'이라는 말이 아니라 '용인'으로 얘기한 이유가 있다고 생각해요. 관용이라 하면 더 높은 위치에서 낮은 쪽을 바라보면서 시혜적으로 '너 이거 해도 돼'라고 허락해주는 느낌이죠. 반면에 용인은 수평적인 관계 속에서 저 사람의 행동이 마음에 들지는 않지만 견뎌내는 것에 가깝거든요. '똘레랑스Tolerance'는 원래 '견디고 참는다'는 뜻이에요. 이는 헤겔식으로 '상호인정', 서로가 서로의 존재를 인정해주는 것이기도 합니다.

서로 조금만 불편해도 극렬하게 비난하고, 거의 벌레 취급하듯이 멀리하는 시대이기에 오히려 상대방을 더 알려고 하는 태도들이 점점 더 중요해지는 것 같아요. 요즘에는 이념보다 상호인정의 태도가 더 중요한 것이 아닐까 생각합니다. 용인과 상호인정이야말로 우리 시대에 만연한 부족주의나 '필터 버블' 같은 것들을 완화해줄 수 있는 키워드가 아닌가 싶어요.

선생께서 과거 파리 택시운전사 시절에 쓴 똘레랑스는 분명 나이브한 측면도 있었어요. 그러나 훗날 선생께서 자기의 사상을 성숙시킨 뒤에 이야기했던 똘레랑스는 그때와는 다른, 웅숭깊어진 용인이었다고 봅니다. 홍세화의 똘레랑스를 지금 세대들이 조금 더 깊게 받아들어야 하지 않을까요.

정주식 지금 한국 사회는 용인하지 말아야 할 것들에 대해서는 너무 쉽게 용인하고, 오히려 견디고 인정해야 할 것들에 대해서는 너무 엄격한 것 같아요. 홍세화 선생이 마지막까지 연대하려고 했던 사람들은 사회가 잘 못 견디고 불편하다고 여기던 이들이에요. 권일 님 말씀대로 '상호인정해야 할 사람들이 사회에서 인정을 못 받고 있다고 여기셨던 게 아닐까'라는 생각을 하게 되고요. 반대로 이분이 누구에게 단호했는가를 떠올리게 되죠. 똘레랑스를 이야기했던 사람이 그토록 맹렬하게 비판하고 단호하게 용인하지 않으려고 했던 것들이 무엇인지 기억해야 할 필요가 있는 것 같아요. '우리는 그와 반대로 하고 있는 게 아닌가'라는 생각이 문득 드네요.

이재훈 똘레랑스의 개념을 본인들 마음대로 가져가서 시혜적으로 뭔가를 판단한다거나, 누군가를 내려다보는 식으로 얘기를 하는 상황들이 너무 많아요. 용인容忍한다는 말에서 '인忍' 자에 참을 인, 견딜 인이라는 글자가 내재하고 있어요. 끝까지 상대에 대한 희망을 잃지 않고 같이 무엇으로 나아갈지 대화할 수 있는, 어떤 사람도 포기하지 않고 대화 상대로 여기는 개념이 아닐까 하는 생각도 듭니다.

정주식 차별받는 사람들을 다른 말로 하면 용인받지 못하는 사람들이잖아요. 그런 사람들에 대한 용인은 더 필요하죠. 반면에 권력을 움

켜쥐고 더 나쁜 방향으로 밀고 가려는 권력자들은 너무 용인하는 태도가 있는 것 같아요. ('토론의 즐거움'에서 했던) 총선 토론에서도 비평했듯이 엄격해야 할 부분에 대해서는 우리가 더 단호해질 필요가 있고, 지금 용인받지 못하고 있는 사람들에 대해서는 더 적극적인 똘레랑스가 필요합니다.

장혜영 '소박한 자유인'과 늦게라도 연대를….

이재훈 제가 한번 다리가 되어보겠습니다.

장혜영 남아 있는 사람들이 이제 없는 사람을 계속 생각하는 마음도 관계성에서 소중한 재료가 될 수 있다고 생각해요. 그 관계를 잘 이어나갔으면 좋겠고, 이 글을 보고 계신 여러분께서도 동참해주시면 좋겠습니다.

이재훈 알겠습니다. 오늘은 홍세화라는 인물에 대해서 우리가 이야기해봤습니다. 오늘이 4월 20일인데요, 내일 발인을 하고 영면에 들어가는 홍세화라는 인물이 한국 사회에 남긴 많은 생각과 가치들을 잊지 않고 되짚어보는 자리가 될 수 있으면 좋겠습니다. 오늘 여기까지 하겠습니다. 모두 고생 많으셨습니다.

생각의 협업이 주는
다채로운 즐거움

　미국의 정치철학자 마사 누스바움Martha Nussbaum은 저서《인간성 수업》에서 '세계시민'으로서 인간성을 계발하기 위해서는 세 가지 능력을 갖춰야 한다고 말했다. 첫째, 자기 자신과 자신의 전통을 비판적으로 성찰하는 능력으로, 소크라테스의 말을 빌려 '성찰하는 삶'이라고 부를 수 있는 삶을 영위하는 능력이다. "단순히 권위에 따르기보다 스스로 생각할 줄 아는 시민, 근거 없는 주장과 반박을 주고받기보다 자신의 선택을 두고 이성적으로 논의할 줄 아는 시민"이 민주주의에 필요한 시민이라는 것이다. 둘째, 자신을 단순히 소속 지역이나 집단의 시민으로 바라보는 것을 넘어 인정과 관심이라는 유대로 다른 모든 인간과 묶여 있는 인간으로 바라보는 능력이다. 이런 능력이 결여되면 차이를 무시하는 잘못을 저지르게 된다. 셋째, 다른 사람의 입장이 되면 과연 어떨지 생각하고, 그 사람의 이야기를 지적으로 읽어내고, 그런 처지에 있는 사람의 감정과 소망, 욕망 등을 이해하는 서사적 상상력이다. 누스바움은 "다른 사람의 관점에서 세계를 이해하는 일은 모든 책임 있는 판단 행위에서 필수적으로 행해야 하는 첫 번째 단계"라고 말했다.

인간은 연결된 존재다. 내가 지금 생각하는 것들은 남에게서 왔다. 인간은 배움을 통해 자신의 존재 가치를 깨닫는다. 배움을 통해 자신의 미숙함과 무지는 물론이거니와 자신의 끝없는 가능성까지 파악한다. '최소한의 시민'은 자신과 연결된 또 다른 시민들과 대화하고 토론하며 새로운 배움과 상상으로 세계를 이해하려는 존재다. 하지만 우리는 어느덧 그런 대화와 토론은 잊고 승자와 패자를 가르는 말의 승부라는 의미로 토론을 떠올리고 있다. 한국 사회의 공론장을 오랫동안 지배한, 이른바 논객 문화에서 비롯한 선입견이다.

논객들의 토론에서는 상대의 주장에서 가장 약한 고리를 파고드는 칼과 같은 말이 끊임없이 오간다. 논쟁 자체보다는 상대방을 얼마나 잘 깎아내리는지, 어떻게 하면 상대방이 할 말을 잃게 만들지가 더 중요하다. 이런 토론에선 서로의 주장을 인정하는 것은 곧 지는 것이다. 결국 토론이 끝나고 나면 승자의 통쾌함과 패자의 찝찝함만 덩그러니 남는다. 아울러 우리가 당면한 사회적 모순과 부조리 역시 그대로 남아 있게 된다. 토론에 참여한 누구도 문제 해결에는 아무런 관심이 없기 때문이다.

유튜브, 페이스북, 팟캐스트를 비롯한 SNS가 차츰 미디어를 지배하면서 이런 문화는 한층 진화했다. 자신의 견해나 주장에 도움이 되는 정보만 선택적으로 취하고, 믿고 싶지 않은 정보는 의도적으로 외면하는 **확증 편향적 성향**이 강화했다. 또한 진영논리에 따라 대안적 사실로 가득한 세계를 창조하는 일에 동참하는 이들도 늘어나고 있다. 나아가 비슷한 사람들끼리만 소통하면서 생각이 다른 사람을 모두 적이나 악으로 치부하는 **정치적 부족주의** 경향도 강해지고 있다. 이런 사회에선 사회적 신뢰가 파괴되고 정치 혐오가 창궐하여 민주주의가 서서히 병들어간다.

그 결과, 정치는 점점 시민의 삶과 유리되고 있다. 역대급 비호감 정치인들끼리 아무런 시대정신이나 정치적 비전도 없이 맞붙은 제20대 대통령 선거. 그 선거에서 겨우 이긴 대통령은 2년 만에 '해도 해도 너무한 역대급 빌런'이 되었다. 그의 무도함을 심판 당한 제22대 국회의원 선거는 최악으로 치달은 혐오 정치가 현실의 정치에 반영된 생생한 사례들이다. 대선과 총선 성적표를 받아들고도 '이게 시민의 삶을 윤택하게 하는 정치'가 맞는 건지 갸우뚱하게 된다. 적대와 심판만 오가는, 정치평론가 김민하가 말한 "저쪽이 싫어서 투표하는 민주주의"가 가져온 결과에 아무런 희망이 남아 있지 않기 때문이다. 이렇게 희망이 사라진 사회에서 시민들은 각자도생의 삶을 선택하는 동시에, 동료 시민들이 사회적 모순이나 부조리 때문에 어려움에 처해도 '누칼협("누가 칼 들고 그렇게 하라고 협박했냐"의 줄임말)'이라고 말하며 서로를 조롱한다.

2022년 4월, 《지금은 없는 시민》의 저자 강남규, 독립연구자 박권일, CBS PD 신혜림, 한겨레 기자 이재훈, 제21대 국회의원 장혜영, 〈직썰〉의 편집장을 지낸 정주식은 이런 사회에 대한 문제의식을 공유하며 한자리에 모였다. 그리고 우리만의 토론을 시작해보기로 했다. 강남규는 "좋은 토론은 승자와 패자를 나누는 게 아니라 서로의 부딪힘 속에서 모두가 1센티미터만큼이라도 성장하는 것"이라고 했고, 박권일은 "토론은 대결이 아니라 일종의 협업이다. 대화의 우발적 마주침 속에서 대안의 오솔길을 점점 넓혀가는 작업들이 지금 절실하다"고 했다. 신혜림은 "어떤 입장을 갖기까지 나름의 치열한 고민을 거치고, 그 과정에서 생각이 다른 사람의 의견을 듣기도 하고 비슷한 사람에게 되묻기도 하는 대화를 좋아한다"고 했고, 장혜영은 "사회에 기여하는 공적 토론은 배틀이 아니라 협업이며, 이런 협업의 즐거움을 함께하는 다른 분들, 그리고 이 콘텐츠를 마주하실 분들과 나누고 싶다는 마음으로 참여했다"고 말했다. 정주식은 "토론이 사라진 공간은 토론으로 위장된 키보드 배틀이 지배하고 있다. 거대한 이야기를 하기 전에 토론의 회복이 먼저"라고 했고, 나는 "견해와 차이를 두고 갈등하되, 서로를 존중하면서 길을 찾아가는 그런 토론을 하고 싶었다"고 말했다.

그렇게 모인 여섯 명이 치열한 토론(?) 끝에 '토론의 즐거움(이하 토즐)'이라는 타이틀을 정하고 매주 토요일 오전 10시에 모여 토론을 하고 있다. 때로는 당대의 정치 현안에 대해 토론했고, 때로는 〈이상한 변호사 우영우〉 같은 콘텐츠를 함께 보고 문화비평적 토론을 했으며, 때로는 '꼰대론' '국뽕' '범죄자 신상 공개' 'MZ노조' '동성혼' '세대론'과 같은 사회 현상이나 쟁점을 두고 토론했다. 그렇게 2024년 4월까지 2년 동안 이뤄진 토론이 모두 **98번**이나 된다.

이 책에는 지난 2년 동안 이뤄진 98번의 토론 가운데 고갱이를 추려 담았다. 다만 이 책은 단순히 토론 녹취록을 옮겨 적은 기록물이 아니다. 토론 당시에 있었던 이슈와 쟁점에 대한 잠정적 결론을 전하는 녹취록 전문 수록은 두 차례로 최소화했다. 대신 '토즐' 멤버 각자가 토론을 통해 한층 진전시킨 사유와 관점을 바탕으로 쓴 별도의 글 16개를 추리고 추려서 실었다. 최소한 이 주제들에 대해서는 시민으로 살아가기를 바라는 이들과 대화해보고 싶은 마음을 담아 글을 썼다. 요컨대 단순히 이슈가 됐던 쟁점을 정리하는 기록이라기보다는, 쟁점을 두고 **생각의 협업**을 하면서 **1센티미터만큼이라도 성장한 관점**을 바탕으로 쓴 글들의 모음이다. 각자가 주제를 나눠서 글을 썼지만, 모든 글에는 우리 멤버들 모두의 다채로운 생각들이 어우러져 있다.

토요일 아침 늦잠을 포기하고 토론을 하러 나간다고 할 때마다 사람들은 눈을 동그랗게 뜨고서 "휴일에 다른 것도 아니고 '토론이라는 걸' 하는 게 재미있냐"고 묻는다. 이런 질문을 던지는 사람들이 꼭 '토론'이라는 단어가 아니라 '토론이라는 걸'이라는 문구로, 굳이 토론을 대상화하는 말을 던지는 것도 징후적이다. 고백하건데 나도 처음에 이 토론 모임을 2년 넘게 할 수 있으리라고는 생각하지 않았다. 하지만 그 누구보다 동료 시민들을 애정하고, 사회적 문제에 대한 통찰력이 뛰어나며, 세상의 변화에 명민한 촉을 곤두세우고 있는 사람들과 함께하는 토론을 직접 경험해보지 않은 사람들에게 '토즐'이 주는 **즐거움**을 설명할 방법은 없다. 서로가 서로의 부족한 생각을 채우며 함께 성장하는 토론이 때로는 정해진 시간을 넘어 온종일, 어떨 때는 밤샘으로 이어지기도 했다. 그 시간은 매주 내가 '토즐' 멤버들은 물론이거니와, 세계시민들과 연결된 존재임을 재확인하는 시간이었다.

그렇게 이어져온 지난 2년 동안의 즐거움을 이 책을 통해 독자 여러분과 나눠보려고 했다. 모든 독자께서 그 설명할 수 없는 즐거움을 책으로나마 만끽할 수 있었으면 좋겠다.

이재훈

단행본

그레타 툰베리, 이순희 옮김,《기후 책》, 김영사, 2023.

김민하,《저쪽이 싫어 투표하는 민주주의》, 이데아, 2022.

레이 브래드버리, 박상준 옮김,《화씨 451》, 황금가지, 2009.

마사 누스바움, 정영목 옮김,《인간성 수업》, 문학동네, 2018.

마이클 샌델, 함규진 옮김,《공정하다는 착각》, 와이즈베리, 2020.

박권일 외,《우파의 불만》, 글항아리, 2012.

복거일,《죽은 자들을 위한 변호》, 북앤피플, 2012.

스티브 파인먼, 이재경 옮김,《복수의 쓸모》, 반니, 2023.

스티븐 핑커, 김한영 옮김,《마음은 어떻게 작동하는가》, 동녘사이언스, 2007.

슬라보예 지젝, 이수련 옮김,《이데올로기의 숭고한 대상》, 새물결, 2013.

아리스토텔레스, 김재홍 외 옮김,《니코마코스 윤리학》, 도서출판 길, 2011.

아이리스 매리언 영, 허라금 외 옮김,《정의를 위한 정치적 책임》, 이화여자대학교
　　　출판문화원, 2018.

알랭 쉬피오, 배영란 외 옮김,《법률적 인간의 출현》, 글항아리, 2015.

요한 하리, 김하현 옮김,《도둑맞은 집중력》, 어크로스, 2023.

우치다 다쓰루, 김경옥 옮김,《하류지향》, 민들레, 2013.

우치다 다쓰루, 박동섭 옮김, 《스승은 있다》, 민들레, 2012.

위르겐 하버마스, 임재진 옮김, 《후기 자본주의 정당성 문제》, 종로서적, 1983.

자크 데리다, 진태원 옮김, 《마르크스의 유령들》, 그린비, 2014.

자크 랑시에르, 양창렬 옮김, 《무지한 스승》, 궁리, 2016.

자크 랑시에르, 양창렬 옮김, 《정치적인 것의 가장자리에서》, 도서출판 길, 2013.

조너선 하이트, 왕수민 옮김, 《바른 마음》, 웅진지식하우스, 2014.

조형근, 《우리 안의 친일》, 역사비평사, 2022.

지그문트 바우만, 안규남 옮김, 《왜 우리는 계속 가난한가?》, 동녘, 2019.

피터 버거 외, 이종수 옮김, 《고향을 잃은 사람들》, 한벗, 1981.

피터 비에리, 문항심 옮김, 《자기 결정》, 은행나무, 2015.

하르트무트 로자, 김태희 옮김, 《소외와 가속》, 앨피, 2020.

한나 아렌트, 김선욱 옮김, 《예루살렘의 아이히만》, 한길사, 2006.

홍세화, 《결: 거칢에 대하여》, 한겨레출판, 2020.

홍세화, 《나는 빠리의 택시운전사》, 창비, 2006.

홍세화 · 천정환, 《홍세화의 공부》, 알마, 2017.

기사

〈[MZ핫이슈] 전장연의 '우영우 만평', 난타 혹은 공감〉, 《뉴시안》, 2022.7.26.

〈[단독] 서울시, 작은도서관 예산 없앴다⋯예고 없이 "지원 끝"〉, 《한겨레》, 2023. 1.19.

〈[심층분석]구태노조 대안 MZ노조, '정치를 멀리'〉, 《주간조선》, 2023.2.24.

〈'실리추구 노조'는 MZ세대 성향?⋯아뇨, 기성세대가 더 선호〉, 《한겨레》, 2023. 9.12.

〈"MZ세대가 제일 싫다"는 X세대가 기억 못하는 것〉, 《오마이뉴스》, 2022.5.25.

〈"기후 위기 제대로 보도하라" 伊 과학자 100명 대언론 호소문〉, 《연합뉴스》, 2023. 7.28.

〈"법무부 공지가 장관 의견 피력 코너임?"…한동훈 입장문 두고 '와글와글'〉,《경향
　　신문》, 2023.8.16.

〈"최악 가뭄에 물 펑펑" 골프장 홀 흙으로 메워버린 기후행동가들〉,《연합뉴스》, 2023.
　　7.4.

〈100년에 한 번 극단 폭염, 5년에 한 번으로…지구 덮친 기후위기〉,《한겨레》, 2023.
　　5.19.

〈MZ세대 '역꼰대'는 어떤 유형?〉,《경향신문》, 2021.7.19.

〈X세대 「나」만 있고 「우리」는 없다〉,《매일경제》, 1997.1.17.

〈강력범죄자 신상, 개인이 공개?…10명중 6명 "찬성" [리얼미터]〉,《동아일보》,
　　2023.6.19.

〈기온 3도 오르면 도시가 이렇게 변합니다…8억명 위험〉,《서울신문》, 2021.10.14.

〈기후위기 대응 공약 평가 1위 후보와 꼴찌는?〉,《미디어오늘》, 2021.12.16.

〈대안 우파 지도자로 떴다가 축출된 '청년 이준석'이 남긴 것〉,《한겨레》, 2022.7.17.

〈도서관 지키려던 관장 '파면'…박강수 마포구청장이 또〉,《한겨레》, 2023.5.4.

〈브렉시트, 기후변화 대응에 불똥 튀나?〉,《한겨레, 2019》.10.19.

〈역사적 첫 내한공연 U2 "모두가 평등할 때까지 누구도 평등하지 않다"〉,《한겨레》,
　　2019.12.8.

〈유희동 기상청장의 경고 "韓, 지구평균보다 3배 빠른 온도 상승"〉,《중앙일보》,
　　2023.4.11.

〈이주민, 세금 꼬박꼬박 내고도 재난지원금은 못 받는다는데…〉,《조선일보》, 2020.
　　4.14.

〈퐁니 학살 '한겨레21' 첫 보도 23년 만에 한국 배상책임 인정〉,《한겨레》, 2023.
　　2.7.

〈한국 기후변화대응지수 67개국 중 64위, 산유국 빼면 최하위〉,《경향신문》, 2023.
　　12.8.

〈홍세화의 마지막 인사 "쓸쓸했지만 이젠 자유롭습니다"〉,《한겨레》, 2024.4.19.

칼럼, 논문

Piers J. Sellers, 〈Cancer and Climate Change〉, 《뉴욕타임스》, 2016.1.16.

박권일, 〈우리 안의 일베〉, 《시사인》, 2013.6.11.

박은하, 〈차가운 분노〉, 《주간경향》, 2016.12.27.

송경진, 〈마포중앙도서관이 그대로 이어졌으면 좋겠습니다〉, 《오마이뉴스》, 2023. 4.21.

송상용, 〈황우석, 참여정부의 일그러진 영웅〉, 《한겨레21》, 2010.5.21.

안영춘, 〈똘레랑스를 전한 시대의 어른, 홍세화〉, 《한겨레21》, 2024.4.20.

유창선, 〈황우석 몰아세운 '일그러진 진보주의'〉, 《오마이뉴스》, 2005.12.5.

이주환, 〈새로운 단계를 맞이한 노동조합 조직화 흐름〉, 《참여와혁신》, 2023.11.20.

임경구, 〈'소신'과 맞바꾼 유시민 의원의 '충성심'〉, 《프레시안》, 2005.11.29.

임재성, 〈'베트남전 민간인 학살' 55년간 눈감은 정부…이젠 진실 밝혀야〉, 《한겨레》, 2023.2.13.

임재성, 〈매력적인 오답, 신상공개〉, 《한겨레》, 2023.7.11.

홍세화, 〈[홍세화 칼럼] 응답하라, 차별금지법!〉, 《한겨레》, 2021.10.28.

Arendt, H., "Collective Responsibility", in James W. Bernauer, ed., *Amor Mundi: Explorations in the Faith and Ibought of Hannah Arendt* (Springer, 1987): 43~50.

Calışkan, K., & Callon, M., "Economization, part 1: Shiftingattention from the economy towards processes of economization", *Economy and Society* 38(3) (2009): 369~398.

기타

〈[보도자료] 대다수 국민 "기후위기로 인한 심각한 영향 이미 나타나고 있어.. 대선 과정에서 강력한 기후위기 대응 공약 촉구"〉, 녹색연합, 2021.9.6.

〈[이슈페이퍼 2020-02] 공공도서관 민간위탁 운영과 도서관 사서 노동실태〉, 한국
　　노동사회연구소, 2020.1.28.

〈2020 장애인 건강보건통계〉, 국립재활원, 2022.

〈2021 발달장애인 실태조사〉, 보건복지부, 2022.

〈2023년 이민자 체류 실태 및 고용조사 결과〉, 통계청·법무부, 2023.12.18.

〈국민 96.3%, "강력범죄자 신상공개 확대 필요"〉, 국민권익위원회, 2023.7.19.

〈상승하는 지구 온도..'기록적 폭우' 잦아진다〉, MBC, 2022.8.15.

〈혹시 나도? 직장인 젊은 꼰대 유형!_[워라벨 직장학개론]〉, 고용노동부일생활균
　　형, 2020.7.2.

경기도 안산 상록고 교사 이민동이 2023년 7월 21일 자신에 페이스북에 게시한 글.
　　https://www.facebook.com/kbjoman/posts/pfbid0D5csNoJcnp7FCKJwY
　　dBazwZNQor5EDF7sccsf7a5v5UF3yWgWTaph4go7UHSZ6Qrl

기후변화에 관한 정부 간 협의체가 발간한 보고서, https://www.ipcc.ch/reports/

| 지은이 |

강남규

서울에서 태어나 경기도 고양시에서 자랐다. 대학에서 정치학을 전공했지만, 학과 강의보다는 대학 언론 활동과 사회 운동에서 정치를 더 많이 배웠다. 문화사회연구소의 운영위원을 지냈고, 《경향신문》과 《미디어스》에 정치와 사회에 대한 칼럼을 연재했다. '냉소하지 않는 사람은 성취를 이룬다'는 마음을 담아 《지금은 없는 시민》(2021)을 썼다.

박권일

기자를 그만두고 쉬던 시기인 2007년, 공저한 《88만원 세대》가 베스트셀러가 되는 바람에 자의 반 타의 반 저술과 강연을 하며 전국을 돌아다녔다. 참여정부 마지막 해에 국정홍보처 주무관으로 채용돼 《노무현과 참여정부 경제 5년》 (2009) 집필에 참여했다. 《한국의 능력주의》(2021)와 《소수의견》(2012) 등을 썼으며 현재 박사학위 논문을 준비하고 있다.

신혜림

CBS 뉴미디어 〈씨리얼〉의 PD. 2015년부터 정치, 노동, 환경, 페미니즘 등 여러 분야의 영상 콘텐츠를 기획하고 제작했다. 구석진 이야기를 기민한 방식으로, 대중적 이야기를 구조적 관점으로 풀어가는 데 관심이 있다.

이재훈

사람과 사건을 둘러싼 구조에 관심이 많고, 이런 구조를 내러티브형 스토리텔링으로 재현하는 일이 기자의 중요한 책무 가운데 하나라고 생각한다. 노동, 복지, 교육 정책에 관심이 많다. 2003년부터 기자로 일했으며, 《저널리즘 글쓰기의 논리》(2013, 공저)를 썼다. 지금은 2010년부터 재직 중인 한겨레에서 《한겨레21》 편집장을 맡고 있다.

장혜영

18년이라는 시간을 장애인 거주 시설에서 살아온 중증 발달장애인 여동생을 다시 사회로 데리고 나와 함께 살아가면서 발달장애인의 탈시설과 자립에 관한 화두를 던졌다. 이 이야기를 담아 다큐멘터리 〈어른이 되면〉(2018)과 동명의 책(2020)을 세상에 내놓았다. 제21대 국회의원으로서 정치라는 새로운 무대에서 차별과 싸웠고, 앞으로도 계속 싸울 예정이다.

정주식

〈직썰〉을 운영하며 다양한 콘텐츠 실험을 했다. 좋은 뉴스가 세상을 바꾼다고 믿는 뉴스 신봉자. 이불 속에서 〈심슨 가족〉을 볼 때 제일 행복하다.

최소한의 시민

1판 1쇄 펴냄	2024년 6월 25일
1판 2쇄 펴냄	2024년 7월 19일
지은이	강남규, 박권일, 신혜림, 이재훈, 장혜영, 정주식
펴낸이	김정호
주간	김진형
책임편집	이형준
디자인	엄혜리, 박애영
펴낸곳	디플롯
출판등록	2021년 2월 19일(제2021-000020호)
주소	10881 경기도 파주시 회동길 445-3 2층
전화	031-955-9504(편집) · 031-955-9514(주문)
팩스	031-955-9519
이메일	dplot@acanet.co.kr
페이스북	facebook.com/dplotpress
인스타그램	instagram.com/dplotpress
ISBN	979-11-93591-06-2 03300

디플롯은 아카넷의 교양·에세이 브랜드입니다.
아카넷은 다양한 목소리를 응원하는 창의적이고 활기찬 문화를 위해 저작권을 보호합니다. 이 책의 내용을 허락 없이 복제, 스캔, 배포하지 않고 저작권법을 지켜 주시는 독자 여러분께 감사드립니다. 정식 출간본 구입은 저자와 출판사가 계속해서 좋은 책을 출간하는 데 도움이 됩니다.